JOACHIM SIGEL

Die Wertschöpfung in den Volkswirtschaftlichen Gesamtrechnungen

Betriebswirtschaftliche Forschungsergebnisse

Band 97

Die Wertschöpfung in den Volkswirtschaftlichen Gesamtrechnungen

Untersuchungen zu einem Merkmal für die Messung der Unternehmungskonzentration

Von

Dr. Joachim Sigel

Duncker & Humblot · Berlin

CIP-Titelaufnahme der Deutschen Bibliothek

Sigel, Joachim:
Die Wertschöpfung in den Volkswirtschaftlichen Gesamtrechnungen: Untersuchungen zu einem Merkmal für die Messung der Unternehmungskonzentration / von Joachim Sigel. – Berlin: Duncker und Humblot, 1990
(Betriebswirtschaftliche Forschungsergebnisse; Bd. 97)
Zugl.: Tübingen, Univ., Diss., 1990
ISBN 3-428-07022-4
NE: GT

Fotoprint: Werner Hildebrand, Berlin 65
Printed in Germany

ISSN 0523-1027
ISBN 3-428-07022-4

Inhaltsverzeichnis

2. *Kapitel*

Die "gesamtwirtschaftliche" Wertschöpfung als Bezugsgröße für die Messung der Unternehmungskonzentration

Verzeichnis der Schemata

Verzeichnis der Tabellen

Einleitung

Die vorliegende Arbeit ist die vierte, die im Rahmen eines langfristigen Forschungsprogramms der Konzentrationsforschungsabteilung des Wirtschaftswissenschaftlichen Seminars der Universität Tübingen Untersuchungen für Zwecke der Messung der Unternehmungskonzentration in der Bundesrepublik Deutschland auf der Grundlage der Wertschöpfung anstellt. Der Gedanke, die betriebliche Wertschöpfung als Basis für die Darstellung der Unternehmungskonzentration zu verwenden, geht auf Dicter Pohmer, den Leiter der oben genannten Konzentrationsforschungsabteilung, zurück.[1] Ein allgemein anerkanntes Merkmal zur Messung der Unternehmungskonzentration gibt es zwar nicht,[2] doch konnte sich diese Idee immer mehr durchsetzen, und die Wertschöpfung[3] gewann gegenüber Größen, wie Umsatz, Beschäftigtenzahl, Ei-

1 Vgl. dazu Pohmer, Dieter (IV): Zur Konzentration in der Wirtschaft unter besonderer Berücksichtigung der Einflüsse der Besteuerung, in: Pohmer/Steinberg: Kapitalaufstockung, Wirtschaftskonzentration in steuerlicher Sicht, Steuer und Recht, Heft 10, herausgegeben vom Institut für Steuerrecht der Rechtsanwaltschaft e. V., Herne 1961, S. 9 ff., hier S. 12; Pohmer, Dieter (V): Betrieb und Unternehmung als Merkmalsträger von Konzentrationserscheinungen, in: Der Betrieb in der Unternehmung, Festschrift für Wilhelm Rieger zu seinem 85. Geburtstag, herausgegeben von Johannes Fettel und Hanns Linhardt, Stuttgart 1963, S. 102 ff.; Pohmer, Dieter, und Kroenlein, Günter: Wertschöpfungsrechnung, betriebliche, in: Handwörterbuch des Rechnungswesens, herausgegeben von Erich Kosiol unter Mitarbeit von zahlreichen Fachgelehrten aus Wissenschaft und Praxis, Stuttgart 1970, Sp. 1913 ff., und Pohmer, Dieter, und Bea, Franz Xaver: Konzentration, in: Handwörterbuch der Betriebswirtschaft, Enzyklopädie der Betriebswirtschaftslehre, Band I/2, herausgegeben von Erwin Grochla und Waldemar Wittmann, Vierte, völlig neu gestaltete Auflage, Stuttgart 1975, Sp. 2220 ff.

2 Vgl. Pohmer, Dieter, und Fischer, Klaus: Steuerliche Beeinflussung der Unternehmenskonzentration unter besonderer Berücksichtigung der BRD, in: Die Konzentration in der Wirtschaft, On Economic Concentration, Erster Band: Einleitung - Grundprobleme, Gestaltung der Unternehmenskonzentration, Schriften des Vereins für Socialpolitik, N. F., Band 20/I, herausgegeben von Helmut Arndt unter redaktioneller Mitarbeit von Hans-Jürgen Scheler, Zweite, völlig neu bearbeitete Auflage, Berlin 1971, S. 811.

3 Zur Geschichte des Gedankens der Wertschöpfung und der Wertschöpfungsrechnung vgl. Schäfer, Erich: Vom "Mehrwert" zur "Wertschöpfung", in: Zeitschrift für Betriebswirtschaft, 21. Jg. (1951), S. 449 ff., und Lehmann, Max Rudolf: Leistungsmessung durch Wertschöpfungsrechnung, Essen 1954, insbesondere S. 102 ff. Lehmann war wohl der erste, der sich eingehend mit Fragen der betrieblichen Wertschöpfung befaßt hat. Von der betriebswirtschaftlichen Literatur zu diesem Thema seien noch Auler, Kroeber Riel und Keller erwähnt. Vgl. Auler, Wilhelm: Wertschöpfungsrechnung, in: Lexikon des kaufmännischen Rechnungswesens, herausgegeben

genkapital u. a. m. als Merkmal für die Quantifizierung des Wachstums, der Größe und der Leistungskraft einer Unternehmung sowie für die Konzentrationsmessung, zusehends an Bedeutung.[4]

Die Probleme der Ermittlung der betrieblichen Wertschöpfung aus dem im Prinzip jedermann zugänglichen handelsrechtlichen Jahresabschluß publizitätspflichtiger Unternehmen wurden von Günter Kroenlein für die Aktiengesellschaften[5] (Industrie- und Handelsunternehmen), von Werner Göckeler für die Kreditinstitute und Bausparkassen[6] und von Helmut Weinstock für die Versicherungsunternehmungen[7] aufgezeigt. Außerdem wurden von allen die Schwierigkeiten herausgearbeitet, die die Konzernrechnungslegung für die Wertschöpfungsrechnung mit sich bringt. Die Ergebnisse dieser drei Arbeiten waren mehrere "Wertschöpfungsstaffeln", die es ermöglichen, verschiedene betriebli-

---

von Karl Bott, Zweite, vollständig neugestaltete Auflage, Stuttgart 1957, Sp. 2810 ff.; Kroeber Riel, Werner: Die betriebliche Wertschöpfung unter besonderer Berücksichtigung der Wertschöpfung des Handels, Vertriebswirtschaftliche Abhandlungen des Instituts für industrielle Verbrauchsforschung und Vertriebsmethoden an der Technischen Universität Berlin, Heft 6, herausgegeben von Otto R. Schnutenhaus, Berlin 1963, und Keller, Manfred (I): Betriebliche Wertschöpfung, Ermittlung an Hand veröffentlichter Jahresabschlüsse, in: Der Betrieb, 26. Jg. (1973), S. 289 ff.

4 Vgl. u. a. Lenel, Hans Otto: Ursachen der Konzentration unter besonderer Berücksichtigung der deutschen Verhältnisse, 2., neubearbeitete Auflage, Tübingen 1968, S. 6 ff.; Arbeitskreis "Das Unternehmen in der Gesellschaft" im Betriebswirtschaftlichen Ausschuß des Verbandes der Chemischen Industrie e. V.: Das Unternehmen in der Gesellschaft, in: Der Betrieb, 28. Jg. (1975), S. 163; Weber, Helmut Kurt (I): Die Bedeutung der betrieblichen Wertschöpfung, in: Unternehmen und Gesellschaft, Festschrift zum 75. Geburtstag von Wilhelm Hasenack, herausgegeben von Hans-Joachim Engeleiter in Gemeinschaft mit Klaus Bartölke, Wilhelm Bierfelder u. a., Herne und Berlin 1976, S. 33 ff.; Wedell, Harald: Die Wertschöpfung als Maßgröße für die Leistungskraft eines Unternehmens, in: Der Betrieb, 29. Jg. (1976), S. 205 ff.; Weber, Helmut Kurt (II): Wertschöpfungsrechnung, Stuttgart 1980, S. 38 und S. 46 ff., insbesondere S. 50; Schubert, Werner, und Küting, Karlheinz: Unternehmungszusammenschlüsse, München 1981, S. 42 ff., insbesondere S. 49 f. und S. 58; Monopolkommission (I): Fortschritte bei der Konzentrationserfassung, Hauptgutachten 1980/81, Baden-Baden 1982, S. 81 ff., insbesondere S. 96 ff., und Coenenberg, Adolf Gerhard, unter Mitarbeit von Brandi, Ernst; Eifler, Günter, und Schmidt, Franz: Jahresabschluß und Jahresabschlußanalyse, Betriebswirtschaftliche, handels- und steuerrechtliche Grundlagen, 8., durchgesehene Auflage, München 1985, S. 470 ff., insbesondere S. 473.

5 Vgl. dazu Kroenlein, Günter: Die Wertschöpfung der Aktiengesellschaft und des Konzerns, Untersuchungen zu einem Merkmal für die Messung der Unternehmungskonzentration, Berlin 1975.

6 Vgl. Göckeler, Werner: Die Wertschöpfung der Kreditinstitute, Untersuchungen zu einem Merkmal für die Messung der Unternehmungskonzentration, Berlin 1975.

7 Vgl. Weinstock, Helmut: Die Wertschöpfung der Versicherungsunternehmungen, Untersuchungen zu einem Merkmal für die Messung der Unternehmungskonzentration, Berlin 1986.

che Wertschöpfungsgrößen[8] aus den Gewinn- und Verlustrechnungen der Unternehmungen zu berechnen. Den dabei zugrunde gelegten Begriff der betrieblichen Wertschöpfung entwickelte Pohmer aus dem betrieblichen Werteumlauf[9] auf der Basis der pagatorischen Erfolgsrechnung. Im übrigen erhielten die drei Untersuchungen ihre gedanklichen Grundlagen durch die schon 1958 von Pohmer erarbeiteten Grundsätze der Wertschöpfungsrechnung.[10]

Die betriebliche Nettowertschöpfung zu Faktorkosten wird in diesem Zusammenhang als der geeignete Maßstab für die Unternehmungskonzentration herangezogen. Sie dient der Messung der absoluten Konzentration mit Hilfe der sogenannten concentration ratios. Durch diese wird ausgedrückt, wie groß der Anteil des größten und/oder der 2, 3, ..., 10, ..., 100 usw. größten Merkmalsträger am gesamten Merkmalsbetrag ist.[11] Als Merkmalsträger gelten dabei sowohl einzelne (konzernfreie) Unternehmungen als auch Konzerne im Sinne von rechtlich selbständigen Unternehmen unter einheitlicher wirtschaftlicher Leitung.[12] Die

---

8 Die Wertschöpfungsstaffeln, die auf der indirekten Methode beruhen, erlauben es, jeweils spezifisch für Aktiengesellschaften (Industrie- und Handelsunternehmen), Kreditinstitute, Bausparkassen und unterschiedliche Versicherungsunternehmungen, die Bruttowertschöpfung zu "Marktpreisen" und zu Faktorkosten unter Berücksichtigung aperiodischer Erträge und Aufwendungen zu berechnen. Aus den direkten Wertschöpfungsstaffeln ergibt sich die Nettowertschöpfung zu Faktorkosten ebenfalls unter Berücksichtigung aperiodischer Erträge und Aufwendungen. Vgl. dazu Kroenlein, S. 155 ff.; Göckeler, S. 101 f. und S. 112 f., und Weinstock, S. 189 ff.

9 Vgl. dazu Pohmer, Dieter (VI): Über die Bedeutung des betrieblichen Werteumlaufs für das Rechnungswesen der Unternehmungen, in: Organisation und Rechnungswesen, Festschrift für Erich Kosiol zu seinem 65. Geburtstag, herausgegeben von Erwin Grochla, Berlin 1964, S. 305 ff., hier insbesondere S. 331 ff. und S. 346 f.

10 Vgl. Pohmer, Dieter (I): Betriebswirtschaftliche Bedeutung und Ermittlung der betrieblichen Wertschöpfung, in: Die Wissenschaft im Dienst der Wirtschaftspraxis, Festschrift aus Anlaß des zehnjährigen Bestehens des Hochschul-Instituts für Wirtschaftskunde, herausgegeben von Wilhelm Eich, Berlin 1958, S. 115 ff. (Ein Vorabdruck erschien in: Zeitschrift für Betriebswirtschaft, 28. Jg. (1958), S. 148 ff.)

11 Vgl. hierzu Arndt, Helmut, und Ollenburg, Günter: Begriff und Arten der Konzentration, in: Die Konzentration in der Wirtschaft, On Economic Concentration, Erster Band: Einleitung - Grundprobleme, Gestaltung der Unternehmenskonzentration, Schriften des Vereins für Socialpolitik, N. F., Band 20/I, herausgegeben von Helmut Arndt unter redaktioneller Mitarbeit von Hans-Jürgen Scheler, Zweite, völlig neu bearbeitete Auflage, Berlin 1971, S. 3 ff., hier S. 12, und Marfels, Christian: Erfassung und Darstellung industrieller Konzentration, Statistische Grundlagen und Möglichkeiten, Baden-Baden 1977, S. 44.

12 Zu den Begriffen vgl. Pohmer (V), S. 108 f. Zu den beiden Varianten der Unternehmungskonzentration vgl. Pohmer, Dieter (VII): Das Verhältnis der Wirtschaftswissenschaft zur Rechtswissenschaft dargestellt am Beispiel der Konzerngestaltungen, in: Das Verhältnis der Wirtschaftswissenschaft zur Rechtswissenschaft, Soziologie und Statistik, Verhandlungen auf der Arbeitstagung des Vereins für Socialpolitik, Gesellschaft für Wirtschafts- und Sozialwissen-

betriebliche Nettowertschöpfung zu Faktorkosten dieser Merkmalsträger mißt deren Beitrag zum gesamtwirtschaftlichen Einkommensentstehungsprozeß und dient damit der Beurteilung einer Unternehmung als Glied der Volkswirtschaft. Als gesamten Merkmalsbetrag, der Basis der concentration ratios, verwendete Pohmer in einer ersten Ergebnisveröffentlichung das Volkseinkommen. Er stellte damit Konzentrationsberechnungen für die 15 größten Unternehmungen der Jahre 1971 und 1978 in der Bundesrepublik Deutschland an.[13] Durch den Vergleich des Konzentrationsstandes von 1971 mit dem von 1978 waren Aussagen über die Entwicklung des Konzentrationsgrades möglich, und es zeigte sich, daß dieser in der kurzen Zeitspanne beträchtlich zugenommen hatte. Mit dieser komparativ-statischen Methode läßt sich der Prozeß der Unternehmungskonzentration einfach darstellen.[14] Die Monopolkommission hat die Wertschöpfungsstaffeln und die Vorgehensweise in leicht modifizierter Form übernommen.[15] Ob diese Modifikation in bezug auf die Konzentrationsmessung sachlich richtig ist, werden wir im Zusammenhang mit den Abschreibungen zu untersuchen haben.[16]

Bei den Berechnungen von Pohmer wurde, wie schon erwähnt, mit dem Volkseinkommen als gesamtwirtschaftlichem Pendant zur betrieblichen Nettowertschöpfung zu Faktorkosten gearbeitet. Die genauere Größe wäre allerdings, so wurde herausgestellt, das Nettoinlandsprodukt zu Faktorkosten,[17] mit der im übrigen die Monopolkommission arbeitet.[18] Die Abweichung dieser Größe vom Volkseinkommen sei aber so gering, daß dieser systematische Fehler vernachlässigbar sei. Ein weit größeres Problem seien die Bedenken, die prinzipiell gegen die Volkswirtschaftlichen Gesamtrechnungen (im folgenden kurz VGR)

---

schaften, in Würzburg 1963, Schriften des Vereins für Socialpolitik, N. F., Band 33, herausgegeben von Ludwig Raiser, Heinz Sauermann und Erich Schneider, Berlin 1964, S. 61 f.

13 Vgl. Pohmer, Dieter (X): Einige Aspekte der Unternehmungskonzentration in der Bundesrepublik Deutschland, in: Wettbewerb und Fortschritt, Festschrift zum 65. Geburtstag von Burkhardt Röper, herausgegeben von Walter Hamm und Reimer Schmidt, Baden-Baden 1981, S. 57 ff.

14 Vgl. dazu Pohmer (X), S. 58 und S. 61 ff.

15 Vgl. Monopolkommission (I), S. 96.

16 Mit dem Problem der Abschreibungen werden wir uns im zweiten und dritten Kapitel dieser Arbeit auseinandersetzen.

17 Vgl. Pohmer (X), S. 60.

18 Die Monopolkommission setzt bei ihren Berechnungen die betriebliche Nettowertschöpfung zu Faktorkosten in Relation zum Nettoinlandsprodukt zu Faktorkosten des Unternehmenssektors. Dabei unterstellt sie, daß diese gesamtwirtschaftliche Größe mit den einzelbetrieblichen Wertschöpfungsgrößen vergleichbar ist, ohne dies näher zu begründen. Vgl. dazu Monopolkommission (I), S. 98, Tz. 393.

bestehen.[19] Aus diesen Bedenken resultieren zwei Problemkreise, die die Zielsetzung und Vorgehensweise dieser Arbeit bestimmen. Das erste Problem ist ein theoretisches, bei dessen Untersuchung es darum geht, die gesamtwirtschaftliche Größe zu finden, die der betrieblichen Nettowertschöpfung zu Faktorkosten kompatibel ist. Dabei soll nicht zuerst ein der pagatorischen Erfolgsrechnung vergleichbares gesamtwirtschaftliches Rechnungswesen aufgebaut werden, wie dies bei Kühnau geschieht,[20] sondern es wird von dem in der Bundesrepublik Deutschland bestehenden System der VGR ausgegangen und untersucht, ob dieses System die gesuchte Größe liefert, oder ob sie gegebenenfalls durch Umrechnungen daraus errechnet werden kann. Der zweite Problemkreis befaßt sich mit der praktischen Ermittlung dieser Größe. Dabei sollen dann auch diejenigen Fragen geklärt werden, die im Rahmen der einzelwirtschaftlichen Untersuchungen von Kroenlein, Göckeler und Weinstock, die sich schon weitgehend an die Vorgehensweise in den VGR gehalten haben, nicht geprüft werden konnten.[21]

Ausgangspunkt der folgenden Betrachtungen sind die Veröffentlichungen der amtlichen Statistik in der Bundesrepublik Deutschland, insbesondere diejenigen des Statistischen Bundesamtes. Von zentraler Bedeutung werden dabei die Einkommensentstehungsrechnung der VGR und die ihr zugrundeliegenden Methoden und Statistiken sein. Daneben gibt auch die Verteilungsrechnung die gesamtwirtschaftliche Wertschöpfung wieder, so daß auch diese genauer betrachtet werden muß.

Im ersten und zweiten Kapitel der Arbeit werden wir der oben schon erwähnten theoretischen Frage nachgehen, indem wir uns Begriff und Formen der Wertschöpfung in den VGR ansehen und die unter dem Blickwinkel der Konzentrationsmessung geeignete Größe herausarbeiten werden. Dabei müssen wir grundlegende Vergleiche zwischen einzelbetrieblicher und gesamtwirtschaftlicher Wertschöpfung anstellen, insbesondere im Hinblick auf die Abgrenzung konzeptioneller Begriffe, wie z. B. Volkswirtschaft, Erhebungs- und Darstellungseinheiten, Arten der erfaßten wirtschaftlichen Tätigkeiten u. ä. Im Mittelpunkt dieses Teils steht allerdings die Darstellung und Analyse der gesamtwirtschaftlichen Wertschöpfungsrechnung sowohl von der Entstehungsseite (indi-

19 Vgl. Pohmer (X), S. 61.

20 Kühnau erstellt unter Abstraktion von praktischen Einzelheiten gesamtwirtschaftliche Buchhaltungsmodelle auf der Basis der pagatorischen Erfolgsrechnung, die er den betriebswirtschaftlichen Modellen gegenüberstellt. Vgl. Kühnau, Martin: Der Formalaufbau der volkswirtschaftlichen Buchhaltung, Berlin 1961.

21 Vgl. dazu z. B. Kroenlein, S. 14, S. 27 und S. 160.

rekte Methode) als auch von der Verteilungsseite (direkte Methode) her. Anschließend werden der Staat und die privaten Haushalte einschließlich der privaten Organisationen ohne Erwerbszweck analysiert. Die weitere Untersuchung konzentriert sich voll auf den Unternehmenssektor. Entstehungsrechnung und Verteilungsrechnung werden schließlich mit ihren einzelbetrieblichen Pendants unter formalen Aspekten verglichen und die Abweichungen sowie deren Auswirkungen auf die Messung der Unternehmungskonzentration herausgearbeitet. Als Ergebnis wird sich dann die für die Konzentrationsmessung formal adäquate gesamtwirtschaftliche Wertschöpfungsgröße für den Unternehmenssektor ergeben, die aber materiell noch näher überprüft werden muß. Dies wird im dritten Kapitel geschehen, in dem wir uns dem ebenfalls schon erwähnten Problem der praktischen Ermittlung der gesamtwirtschaftlichen Wertschöpfung widmen werden. Zunächst gilt es dabei, die Daten, die der gesamtwirtschaftlichen Wertschöpfungsrechnung zugrunde liegen, mit denen der einzelwirtschaftlichen Rechnungen im Sinne von Kroenlein, Göckeler und Weinstock zu vergleichen. In einem zweiten Schritt sollen dann die prinzipiellen Abweichungen und ihre Auswirkungen auf die Konzentrationsmessung herausgearbeitet und beurteilt werden, wobei auch die möglichen Fehlerquellen der VGR aufgezeigt werden sollen. Dieser Teil wird der weitaus schwierigere sein, weil das Statistische Bundesamt hinsichtlich seiner Methoden nur sehr wenige Informationen gibt. Eine umfassende methodische Erläuterung der VGR wurde bisher nicht veröffentlicht. Deshalb kann sich unsere materielle Analyse im dritten Kapitel nur auf den gegenwärtigen Informationsstand beziehen.

Das Hauptergebnis unserer Arbeit wird eine korrigierte Entstehungsrechnung des Unternehmenssektors sein, die zur korrigierten "unbereinigten" Nettowertschöpfung des Unternehmensektors als Basis für die Bestimmung der concentration ratios führt. Außerdem erweitern wir diese Größe um den Beitrag des Staates zur Nettowertschöpfung, so daß sich eine zweite Bezugsgröße ergibt, die der Bedeutung des Staates als Unternehmer Rechnung trägt.

1. Kapitel

Begriff der Wertschöpfung und Formen ihrer Ermittlung in den Volkswirtschaftlichen Gesamtrechnungen

Ausgangspunkt der folgenden Betrachtungen ist das System der VGR in der Abgrenzung und Definition des Statistischen Bundesamtes. Da es nicht Ziel dieser Arbeit ist, dieses System darzustellen, wird auf die amtlichen Veröffentlichungen[1] zum Aufbau und zu den Methoden der VGR einerseits und auf die umfangreiche wissenschaftliche Literatur[2] zu diesem Themenkreis andererseits verwiesen. Trotzdem ist es unum-

---

1 Zu den Problemen bei der Entwicklung und der Einführung der VGR in der Bundesrepublik Deutschland vgl. Bartels, Hildegard (I): Probleme der Volkswirtschaftlichen Gesamtrechnungen, in: Wirtschaft und Statistik, N. F., 3. Jg. (1951), S. 222 ff., und Bartels, Hildegard (III): Volkswirtschaftliche Gesamtrechnungen und Sozialproduktsberechnung in der Bundesrepublik, in: Allgemeines Statistisches Archiv, 36. Band (1952), S. 141 ff. Zur weiteren Entwicklung und zum aktuellen Stand vgl. Bartels, Hildegard (VI): Das Kontensystem für die Volkswirtschaftlichen Gesamtrechnungen der Bundesrepublik Deutschland, Erster Teil: Das angestrebte Kontensystem, in: Wirtschaft und Statistik, N. F., 12. Jg. (1960), S. 317 ff.; Bartels, Hildegard; Raabe, Karl-Heinz; Schörry, Otto, und Mitarbeiter (II): Das Kontensystem für die Volkswirtschaftlichen Gesamtrechnungen der Bundesrepublik Deutschland, Zweiter Teil: Das ausgefüllte vereinfachte Kontensystem, Erste Ergebnisse der Volkswirtschaftlichen Gesamtrechnungen für 1950 bis 1959, in: Wirtschaft und Statistik, N. F., 12. Jg. (1960), S. 571 ff., und Statistisches Bundesamt Wiesbaden (Hrsg.) (IV): Volkswirtschaftliche Gesamtrechnungen, Konten und Standardtabellen 1988, Hauptbericht, Fachserie 18, Reihe 1.3, Stuttgart 1989, S. 43 ff.

2 Eine leichtverständliche Einführung in die Terminologie des volkswirtschaftlichen und des betriebswirtschaftlichen Rechnungswesens geben Gabisch/Hanschmann/Heßhaus - vgl. Gabisch, Günter; Hanschmann, Rolf; Heßhaus, Werner, unter Mitarbeit von Dolenc, Vladimir: Volks- und betriebswirtschaftliches Rechnungswesen, Eine Einführung, Wiesbaden 1977. Ausführlicher dazu vgl. u. a. Jostock, Paul: Von den ersten Volkseinkommensberechnungen bis zur volkswirtschaftlichen Gesamtrechnung, in: Allgemeines Statistisches Archiv, 36. Band (1952), S. 130 ff.; Ruggles, Richard: Volkseinkommen und Volkswirtschaftliche Gesamtrechnungen, Wien und Stuttgart 1952; Bartels, Hildegard (VII): Volkswirtschaftliche Gesamtrechnung, (II) Statistik, in: Handwörterbuch der Sozialwissenschaften, Elfter Band, herausgegeben von Erwin von Beckerath, Hermann Bente u. a., Stuttgart, Tübingen und Göttingen 1961, S. 404 ff.; Kraus, Willy: Volkswirtschaftliche Gesamtrechnung, Wiesbaden 1961; Krelle, Wilhelm: Volkswirtschaftliche Gesamtrechnung einschließlich input-output-Analyse mit Zahlen für die Bundesrepublik Deutschland, Zweite, verbesserte Auflage, Berlin 1967; Schneider, Erich: Einführung in die Wirtschaftstheorie, I. Teil: Theorie des Wirtschaftskreislaufs, 14., verbesserte Auflage, Tübingen 1969; Stobbe, Alfred (I): Wirtschaftskreislauf und Sozialprodukt, in: Kompendium der

gänglich, wenigstens bestimmte Zusammenhänge, soweit sie für die Arbeit von Bedeutung sind, aufzuzeigen und mit den einzelwirtschaftlichen Sachverhalten zu vergleichen. Dabei ist es auch häufig erforderlich, bestimmte Grundtatbestände zu erörtern. Dies geschieht schon im nächsten Hauptabschnitt.

A. Inhalt und Aufbau der Volkswirtschaftlichen Gesamtrechnungen

In den folgenden Abschnitten werden wir uns kurz mit den Grundlagen und Methoden der VGR beschäftigen und die dort zugrunde gelegten begrifflichen Abgrenzungen mit denen der einzelbetrieblichen Wertschöpfungsrechnungen vergleichen. In den sich daran anschließenden Hauptabschnitten werden wir uns dann mit der indirekten und der direkten Methode der Wertschöpfungsrechnung und den verschiedenen Wertschöpfungsgrößen in den VGR befassen. Daneben wird die Frage, ob das Inlands- oder das Inländerkonzept die geeignete Basis für die weitere Untersuchung bildet, von entscheidender Bedeutung sein.

I. Grundlagen und Methoden der Volkswirtschaftlichen Gesamtrechnungen

"Die Volkswirtschaftlichen Gesamtrechnungen sind ein auf der Kreislaufanalyse der Wirtschaftstheorie basierendes System statistischer Ergebnisse zur Darstellung gesamtwirtschaftlicher (makroökonomischer) Vorgänge."[3] (Im Original teilweise gesperrt.) Das Ziel dieser Darstellung besteht darin, "... ein möglichst umfassendes, übersichtliches, hinreichend gegliedertes, quantitatives Gesamtbild (Im Original gesperrt.) des wirtschaftlichen Geschehens"[4] zu geben. Ihre theoretischen

---

Volkswirtschaftslehre, Band 1, herausgegeben von Werner Ehrlicher, Ingeborg Esenwein-Rothe u. a., 5., überarbeitete und ergänzte Auflage, Göttingen 1975, S. 16 ff.; Stobbe, Alfred (II): Volkswirtschaftliche Gesamtrechnung, in: Handwörterbuch der Wirtschaftswissenschaft (HdWW), Achter Band, herausgegeben von Willi Albers, Karl Erich Born u. a., Stuttgart, New York u. a. 1980, S. 368 ff.; Brümmerhoff, Dieter: Gesamtwirtschaftliches Rechnungswesen, Eine problemorientierte Einführung mit einem Kompendium wichtiger Begriffe des gesamtwirtschaftlichen Rechnungswesens, Zweite, überarbeitete und erweiterte Auflage, Köln 1982; Stobbe, Alfred (III): Volkswirtschaftslehre I, Volkswirtschaftliches Rechnungswesen, Sechste, revidierte Auflage, Berlin, Heidelberg u. a. 1984, und Haslinger, Franz: Volkswirtschaftliche Gesamtrechnung, 4., überarbeitete und erweiterte Auflage, München und Wien 1986.

3 Vgl. Statistisches Bundesamt (IV), S. 43.

4 Vgl. ebenda.

Grundlagen beziehen die VGR aus der Kreislauftheorie,[5] die die Zusammenhänge zwischen Produktion und Güterverwendung, zwischen Einkommensentstehung, -verteilung und -verwendung, zwischen der Vermögensbildung und ihrer Finanzierung u. a. m. beschreibt. Dabei werden alle Wirtschaftseinheiten, die am Wirtschaftsablauf beteiligt sind, mit ihren für die Beschreibung der Struktur und Entwicklung der Volkswirtschaft wesentlichen Tätigkeiten in das System einbezogen.[6] Diese Tätigkeiten werden anhand von Güter-, Einkommens- und Finanzierungsströmen erfaßt, mit deren Hilfe die wichtigsten gesamtwirtschaftlichen Größen, darunter auch die Wertschöpfung, berechnet werden können. Soweit es erforderlich ist, werden die Stromgrößen durch Bestandsdaten, wie z. B. im Falle des für uns wichtigen reproduzierbaren Anlagevermögens, ergänzt.[7] Alle diese Daten werden grundsätzlich in Geldeinheiten ermittelt und ausgedrückt. Als Berechnungsgrundlagen dienen Ergebnisse aus nahezu sämtlichen Gebieten der Wirtschafts- und Finanzstatistik sowie verwandter Statistikbereiche.[8] Da diese Angaben meistens primär für spezielle Zwecke erhoben werden, ist es notwendig, sie den Erfordernissen der VGR mit Hilfe des statistischen Instrumentariums, durch Hochrechnungen, Inter- oder Extrapolationen, Schätzungen, Umstellungen usw., anzupassen.[9]

Die Vielzahl der Wirtschaftseinheiten und der wirtschaftlichen Vorgänge machen es erforderlich, diese zu Gruppen zu aggregieren, um die Übersichtlichkeit des Systems zu gewährleisten.[10] Die Wirtschaftsein-

---

5 Einen knappen Überblick über die Entwicklung der Kreislauftheorie und ihre Bedeutung für die VGR geben Colm und Müller. Vgl. Colm, Gerhard: Volkswirtschaftliche Gesamtrechnung, (I) Theorie, in: Handwörterbuch der Sozialwissenschaften, Elfter Band, herausgegeben von Erwin von Beckerath, Hermann Bente u. a., Stuttgart, Tübingen und Göttingen 1961, S. 392 ff., und Müller, Herbert: Die makroökonomische ex post-Analyse in der Volkswirtschaftlichen Gesamtrechnung, in: Das Wirtschaftsstudium, 1. Jg. (1972), S. 115 ff. Eine ausführliche Darstellung der Zusammenhänge zwischen der Kreislaufanalyse und den VGR findet sich u. a. bei Cassel/Müller und bei Stobbe. Vgl. Cassel, Dieter, und Müller, Herbert: Kreislaufanalyse und Volkswirtschaftliche Gesamtrechnung, Einführung in die ex post-Analyse des Sozialprodukts, Stuttgart 1975, und Stobbe (III), S. 85 ff. und S. 242 ff.

6 Vgl. dazu Statistisches Bundesamt (IV), S. 43. Daß bei der Erfassung und Darstellung der wirtschaftlichen Vorgänge in den VGR nicht alle Ströme berücksichtigt werden, wird im Laufe der Arbeit noch deutlich werden.

7 Vgl. Statistisches Bundesamt (IV), S. 43.

8 Vgl. ebenda.

9 Vgl. ebenda, S. 46.

10 Vgl. u. a. Fürst, Gerhard, und Bartels, Hildegard: Grundsätze der systematischen Klassifizierung wirtschaftlicher Tatbestände, in: Wirtschaft und Statistik, N. F., 4. Jg. (1952), S. 92 ff., insbesondere S. 92 f.; Bartels (VI), S. 317 f., und Statistisches Bundesamt (IV), S. 43.

heiten werden dabei nach der Art ihres ökonomischen Verhaltens zusammengefaßt. Dadurch entstehen unter institutionellen Gesichtspunkten die Sektoren und in feinerer Unterteilung die Wirtschaftsbereiche. Die wirtschaftlichen Vorgänge werden nach funktionellen Merkmalen klassifiziert, so daß sie ein möglichst aussagefähiges Bild über die Produktion, die Verteilung und die Verwendung der Güter, die Entstehung, die Verteilung, die Umverteilung und die Verwendung der Einkommen sowie die Vermögensbildung und ihre Finanzierung geben.[11]

Die Ergebnisse beziehen sich auf abgelaufene Zeiträume. Damit sind die gesamtwirtschaftlichen Daten, die die VGR liefern, ex post-Größen, wie wir sie zum überwiegenden Teil auch in den handelsrechtlichen Jahresabschlüssen der Unternehmungen vorliegen haben. Die Zahlen der VGR sind Jahresergebnisse, d. h. sie beziehen sich auf das Kalenderjahr, wie die Jahresabschlüsse der Unternehmen zum größten Teil auch,[12] so daß wir hier rein formal ebenfalls die gleichen Bedingungen haben.

Für die Aufstellung, die Darstellung und die Veröffentlichung der VGR ist in der Bundesrepublik Deutschland gemäß § 3 Abs. 1 Nr. 7 des Gesetzes über die Statistik für Bundeszwecke (kurz: BStatG) vom 14.3.1980 das Statistische Bundesamt in Wiesbaden zuständig. Das Statistische Bundesamt hat nach diesem Gesetz die Aufgabe, Bundesstatistiken methodisch und technisch vorzubereiten, einzelne Statistiken zu koordinieren und die Bundesstatistiken zusammenzustellen, zu veröffentlichen und darzustellen. Die Durchführung der Erhebungen und die Aufbereitung des Zahlenmaterials ist dagegen in der Regel Aufgabe der Statistischen Landesämter.[13] Inhalt, Umfang und Aufbau der VGR

11 Vgl. ebenda.

12 Weicht bei den Jahresabschlüssen der Unternehmungen das Geschäftsjahr vom Kalenderjahr ab, so muß entweder durch eine geeignete Umrechnung, bei der es sich in den meisten Fällen nur um eine Näherungslösung handelt, das Geschäftsjahr dem Kalenderjahr angepaßt werden, oder das Geschäftsjahr dem Kalenderjahr zugeordnet werden, in dessen Zeitraum es überwiegend fällt. Im letzten Fall müssen die Abweichungen unkorrigiert hingenommen werden. Über die Größe der Fehler kann in beiden Fällen schwerlich eine Aussage gemacht werden, weil die handelsrechtlichen Jahresabschlüsse die dazu notwendigen Informationen nicht liefern. Im übrigen hat das Statistische Bundesamt bei der Erhebung der Daten und bei ihrer Anpassung an die Konzepte der VGR ähnliche Probleme, wie wir im dritten Kapitel noch sehen werden.

13 Vgl. dazu Bartels, Hildegard (VIII): Statistik, amtliche, in der Bundesrepublik Deutschland, in: Handwörterbuch der Wirtschaftswissenschaft (HdWW), Siebter Band, herausgegeben von Willi Albers, Karl Erich Born u. a., Stuttgart, New York u. a. 1977, S. 225 f.; Gerß, Wolfgang (IX): Ablauf der gemeinsamen Volkswirtschaftlichen Gesamtrechnungen der Bundesländer, in: Statistische Rundschau für das Land Nordrhein-Westfalen, 33. Jg. (1981), S. 137 ff., und Statistisches Bundesamt Wiesbaden (Hrsg.) (I): Das Arbeitsgebiet der Bundesstatistik 1981, Stuttgart und Mainz 1981, S. 15 f.

entsprechen in der Bundesrepublik Deutschland genauso wie weltweit in vielen anderen Ländern den Empfehlungen internationaler Organisationen,[14] wie der Organisation for European Economic Cooperation (OEEC), der Vereinten Nationen und der Europäischen Gemeinschaften. Bedingt durch spezielle Probleme kommt es allerdings in fast allen Ländern in einzelnen Punkten zu Abweichungen gegenüber den internationalen Regelungen.

Bei einem so komplexen System, wie es die VGR darstellen, tauchen eine Reihe von theoretischen und praktischen Fragen auf. Diese bestimmen die Vorgehensweise in den nächsten Abschnitten.

II. Die Abgrenzung der Volkswirtschaft in den Volkswirtschaftlichen Gesamtrechnungen

Wie wir oben festgestellt haben, sollen die VGR ein quantitatives Gesamtbild des wirtschaftlichen Geschehens in einer Volkswirtschaft geben. Eine derartige Gesamtdarstellung setzt voraus, daß zunächst geklärt wird, was unter dem Begriff "Volkswirtschaft" zu verstehen ist.

Das Statistische Bundesamt[15] rechnet zur Volkswirtschaft der Bundesrepublik Deutschland die wirtschaftliche Betätigung aller Wirtschaftseinheiten, die ihren ständigen Sitz bzw. Wohnsitz im Bundesgebiet haben. Zum Bundesgebiet zählt nach Auskunft des Statistischen Bundesamtes auch Berlin (West). Die Wirtschaftseinheiten können sowohl Personen als auch Institutionen sein, wobei im allgemeinen weder die Staatsangehörigkeit noch die Rechtsform eine Rolle spielen. Deshalb zählen ausländische Arbeitnehmer mit ständigem Wohnsitz in der Bundesrepublik ebenso zu den inländischen Wirtschaftseinheiten wie Produktionsstätten, Verwaltungseinrichtungen u. ä., und zwar unabhängig von den Eigentumsverhältnissen. Ausnahmen bestehen bei diploma-

---

14 Zu den Grundzügen dieser internationalen Standardsysteme und ihrer Entwicklung vgl. Hamer, Günter (II): Grundzüge der neuen internationalen Standardsysteme Volkswirtschaftlicher Gesamtrechnungen, in: Allgemeines Statistisches Archiv, 53. Band (1969), S. 125 ff. Die ausführliche Darstellung der Systeme findet sich in: Ein Standard-System Volkswirtschaftlicher Gesamtrechnungen, herausgegeben von der OEEC, Paris 1952, ins Deutsche übersetzt im Statistischen Bundesamt, Wiesbaden-Biebrich, Bonn 1952; United Nations: A System of National Accounts, Studies in Methods, Series F, No. 2, Rev. 3, New York 1968, und Statistisches Amt der Europäischen Gemeinschaften: Europäisches System Volkswirtschaftlicher Gesamtrechnungen - ESVG, Luxemburg 1970. Die Geschichte der Volkswirtschaftlichen Gesamtrechnungen ist bei Stobbe dargestellt. Vgl. dazu Stobbe (II), S. 396 ff. und für die Bundesrepublik S. 390 f.

15 Vgl. Statistisches Bundesamt (IV), S. 47.

tischen und konsularischen Vertretungen, Streitkräften, Schiffen, Luftfahrzeugen und Bohrinseln.[16] Im umgekehrten Fall werden deshalb im Ausland gelegene Produktionsstätten usw., die sich im Eigentum von Inländern[17] befinden, nicht zu den inländischen Wirtschaftseinheiten gezählt. Aus diesem Grund muß bei den einzelbetrieblichen Wertschöpfungsrechnungen versucht werden, die auf Auslandsbeteiligungen beruhende Wertschöpfung anteilig herauszurechnen, wenn kein Einzel- oder Konzern-Inlandsabschluß vorliegt. Hierbei muß mit Näherungslösungen gearbeitet werden, weil die externen Jahresabschlüsse die Informationen nicht bieten, die für eine genaue Berechnung erforderlich wären.[18] Festzuhalten ist an dieser Stelle, daß sich sowohl die VGR als auch die für die Konzentrationsmessung heranzuziehenden einzelbetrieblichen Wertschöpfungsrechnungen im wesentlichen auf das Bundesgebiet beziehen. Damit besteht auch in diesem Punkt eine formale Übereinstimmung zwischen den beiden Systemen.

Neben der Abgrenzung der Volkswirtschaft wird in den VGR zwischen dem Inlands- und dem Inländerkonzept unterschieden.[19] Diese Unterscheidung dient der näheren Kennzeichnung bestimmter Ausgaben- und Erwerbsbegriffe und, für uns besonders wichtig, bestimmter Einkommensbegriffe. Das Inlandskonzept erfaßt die Einkommen und damit auch die Wertschöpfung, die im Zuge der Produktion bei inländischen Wirtschaftseinheiten entstanden sind. Das Inländerkonzept dagegen bezieht sich auf die Einkommen, die Inländern zugeflossen sind. Dabei ist es ohne Bedeutung, ob diese Einkommen bei inländischen Wirtschaftseinheiten oder bei ausländischen Wirtschaftseinheiten, die nicht zur eigenen Volkswirtschaft gehören, entstanden sind. Beide, das Inlands- und das Inländerkonzept, stellen auf eine bestimmte regionale

16 Vgl. ebenda.

17 Zum Begriff "Inländer" vgl. Stobbe (III), S. 375.

18 Zu der Behandlung von Auslandsbeteiligungen in der Wertschöpfungsrechnung vgl. Kroenlein, S. 132 f. Der pessimistischen Äußerung Kroenleins, daß der Anteil der Auslandstöchter an der Gesamtwertschöpfung auch nicht näherungsweise berechnet werden kann, muß insofern widersprochen werden, als auch hier dem Grundsatz gefolgt werden sollte, die Wertschöpfung lieber zu gering als zu hoch auszuweisen. Außerdem bieten die Geschäftsberichte durchaus Maßstäbe zur Bestimmung des Auslandsanteils, wenn auch nur sehr grobe, die allerdings abhängig vom Einzelfall gesucht werden müssen, wie dies beispielsweise bei der Monopolkommission geschieht. Vgl. dazu Monopolkommission (II): Ökonomische Kriterien für die Rechtsanwendung, Hauptgutachten 1982/83, Baden-Baden 1984, S. 87 f., Tz. 329.

19 Vgl. Schmedtje, Jochen: Sozialprodukt und Volkseinkommen, Einige grundsätzliche Erläuterungen über Begriffe und Berechnungsmethoden, in: Wirtschaft und Statistik, N. F., 4. Jg. (1952), S. 479 f., und Statistisches Bundesamt (IV), S. 47 f.

Abgrenzung ab. Beim Inländerkonzept werden aber außer dem räumlichen Aspekt noch gewisse ökonomische Gesichtspunkte berücksichtigt.[20] Mit der Frage, welches der beiden Konzepte unserem Problem am besten gerecht wird, werden wir uns im Hauptabschnitt C dieses Kapitels noch ausführlich beschäftigen.

III. Die Abgrenzung der Erhebungs- und Darstellungseinheiten in den Volkswirtschaftlichen Gesamtrechnungen

Unter einer Erhebungseinheit[21] versteht man die einer statistischen Erhebung zugrunde liegende, genau definierte statistische Einheit, bei der die gewünschten Angaben eingeholt werden. Erhebungseinheiten sind in der Regel Personen oder Institutionen. Wie wir schon weiter oben gesehen haben, basieren die VGR auf einer großen Zahl von Primärstatistiken, die ihrerseits wieder mit verschiedenen Erhebungseinheiten arbeiten. Die damit zusammenhängenden materiellen Probleme sind Untersuchungsgegenstand des dritten Kapitels.

Von den Erhebungseinheiten sind die Darstellungseinheiten zu unterscheiden. Sie sind Einheiten, für die statistische Nachweisungen gegeben werden. In einer marktwirtschaftlichen Ordnung, wie in der Bundesrepublik Deutschland, werden die wirtschaftlichen Entscheidungen von einer Vielzahl von Wirtschaftssubjekten, also von selbständig wirtschaftenden Institutionen, dezentral getroffen. Die Erfassung der Wirtschaftseinheiten ist in unterschiedlicher Form und Abgrenzung möglich. Als kleinste Darstellungseinheit kommt dabei die Institution als wirtschaftliche Einheit in Frage. Die wirtschaftlichen Einheiten[22] können z. B. Personen, Personengruppen, Unternehmen, fachliche Unternehmensteile, örtliche Einheiten und Unternehmenszusammenschlüsse sein. Insbesondere bei Unternehmenszusammenschlüssen (Konzernen) ist es wegen der rechtlichen Selbständigkeit ihrer Teile mittels der Statistik

---

20 Vgl. hierzu Rinne, Horst: Das Sozialprodukt, Unzulänglichkeiten des Konzepts und Ungenauigkeiten der Schätzung, Dissertation, Berlin 1967, S. 79.

21 Vgl. Kuchenbecker, Horst: Statistik, amtliche, in: Handwörterbuch der Betriebswirtschaft, Enzyklopädie der Betriebswirtschaftslehre, Band I/3, herausgegeben von Erwin Grochla und Waldemar Wittmann, Vierte, völlig neu gestaltete Auflage, Stuttgart 1976, Sp. 3685.

22 Vgl. Gerß, Wolfgang (VII): Die regionale Gesamtrechnung im Rahmen der nationalen volkswirtschaftlichen Gesamtrechnung, in: Statistische Rundschau für das Land Nordrhein-Westfalen, 31. Jg. (1979), S. 292, und Statistisches Bundesamt (IV), S. 48. Zum Für und Wider der einzelnen Einheiten vgl. Fürst, Gerhard, und Mitarbeiter: Unternehmen, fachliche Unternehmensteile und örtliche Einheiten als Grundlage für die statistische Darstellung wirtschaftlicher Tatbestände, in: Wirtschaft und Statistik, N. F., 9. Jg. (1957), S. 643 ff.

kaum möglich, wirtschaftliche Einheiten zu erfassen,[23] so daß für Unternehmensverbindungen, so interessant dies auch wäre, keine statistischen Daten vorliegen.[24] Deshalb, und weil die Darstellung der Marktvorgänge für vordringlich angesehen wurde,[25] hat sich das Statistische Bundesamt in den Konten und Standardtabellen der VGR für rechtliche Einheiten entschieden.[26] Ein weiterer statistisch-technischer Grund bestand darin, daß die für die Produktionskonten der Entstehungsrechnung benötigten Positionen nur bei Wirtschaftseinheiten erfaßt werden können, die einen Jahresabschluß vorlegen.[27] Für den Sektor "Unternehmen" gilt deshalb als Darstellungseinheit die kleinste Institution, die - meistens aus rechtlichen Gründen - selbst bilanziert.[28] Für die beiden Sektoren "Staat" und "Private Haushalte" einschließlich "Privater Organisationen ohne Erwerbszweck"[29] wurde als Darstellungseinheit die kleinste Institution gewählt, die eine eigene Haushaltsrechnung oder eine Vermögensrechnung aufstellt.[30]

Damit ist für die Unternehmen - von Konzernabschlüssen[31] abgesehen - auch bei der Darstellungseinheit eine formale Übereinstimmung

---

23 Vgl. Gerß (VII), S. 292. Daß dies nicht unproblematisch ist, wurde schon früher gesehen. Vgl. Werner, Kurt: Die Industriestatistik der Bundesrepublik Deutschland, Zweite, neubearbeitete Auflage, Berlin 1965, S. 42, und Wagenführ, Rolf: Einige Bemerkungen zur industriellen Produktionsstatistik, in: Allgemeines Statistisches Archiv, 50. Band (1966), S. 73.

24 Vgl. Laux, Gunter: Ausbau der Konzentrationsstatistiken im Produzierenden Gewerbe, in: Wirtschaft und Statistik, N. F., 35. Jg. (1983), S. 386.

25 Vgl. u. a. Bartels, Hildegard; Raabe, Karl-Heinz; Schörry, Otto, und Mitarbeiter (I): Die Neuberechnung des Sozialprodukts für die Bundesrepublik Deutschland, Ergebnisse für die Jahre 1950 bis 1954, in: Wirtschaft und Statistik, N. F., 9. Jg. (1957), S. 126; Bartels (VI), S. 320, und Hamer, Günter, und Mitarbeiter (V): Revision der Volkswirtschaftlichen Gesamtrechnungen 1960 bis 1976, in: Wirtschaft und Statistik, N. F., 29. Jg. (1977), S. 217.

26 Vgl. dazu Statistisches Bundesamt (IV), S. 48. In den Input-Output-Tabellen, die auch Bestandteil dieses Systems sind, uns aber weniger interessieren, wird mehr nach fachlichen Gesichtspunkten abgegrenzt.

27 Vgl. u. a. Bartels/Raabe/Schörry (I), S. 126.

28 Vgl. Gerß (VII), S. 292, und Statistisches Bundesamt (IV), S. 48.

29 Im folgenden kurz als private Organisationen o. E. bezeichnet.

30 Vgl. Statistisches Bundesamt (IV), S. 48.

31 Wie das Statistische Bundesamt die Daten über Unternehmen erfaßt, werden wir im dritten Kapitel klären. Mit der Frage, in welcher Form Unternehmenszusammenschlüsse berücksichtigt werden, beschäftigen wir uns im zweiten Kapitel. Einzelwirtschaftlich sind unsere Merkmalsträger (Darstellungseinheiten) bilanzierende Einheitsunternehmungen und Konzerne, die einen konsolidierten Jahresabschluß aufstellen. Die Schwierigkeiten und Probleme, die ein Konzernabschluß für die betriebliche Wertschöpfungsrechnung mit sich bringt, wurden von Kroenlein, Göckeler und Weinstock dargelegt. Vgl. dazu Kroenlein, S. 38 f. und S. 117 ff.; Göckeler, S. 115 ff., insbesondere S. 116, und Weinstock, S. 140 ff.

gegeben. Für den Staat und die privaten Haushalte einschließlich privater Organisationen o. E. können wir auf diesen Vergleich verzichten, da er von der Zielsetzung dieser Arbeit her nicht von Interesse ist. Abschließend muß allerdings darauf hingewiesen werden, daß in den Konten und Standardtabellen die kleinste Institution, die selbst bilanziert bzw. eine Haushalts- oder Vermögensrechnung aufstellt, zwar formal als Darstellungseinheit genannt wird, die tatsächlichen Darstellungseinheiten im oben angegebenen Sinn sind jedoch Wirtschaftsbereiche und Sektoren. Die Gründe dafür sind wohl zum einen in der Geheimhaltungspflicht des Statistischen Bundesamtes und zum anderen in der sonst auftretenden Fülle von Daten, die dem Gebot der Übersichtlichkeit zuwider laufen würde, zu suchen. So gesehen sind die Aussagen der amtlichen Statistiker in diesem Punkt mißverständlich.

IV. Die Sektorengliederung in den Volkswirtschaftlichen Gesamtrechnungen

Die kleinsten "Darstellungseinheiten" werden nach der Art ihres wirtschaftlichen Verhaltens gruppiert und zu Sektoren zusammengefaßt,[32] um - wie schon erwähnt - die Übersichtlichkeit des Systems zu gewährleisten. Es wird davon ausgegangen, daß das ökonomische Verhalten der Wirtschaftseinheiten zum einen von der Art der von ihnen vorwiegend ausgeübten bzw. von der besonderen Kombination der bei ihnen vereinigten Tätigkeiten und zum anderen von ihrer Stellung zum Markt und ihren davon abhängigen Finanzierungsmöglichkeiten bestimmt wird.[33] In diesem Sinne wird in grober Untergliederung zwischen dem Sektor "Unternehmen", dem Sektor "Staat" und dem Sektor "Private Haushalte und private Organisationen o. E." unterschieden.[34] In einem vierten Sektor, dem Sektor "Übrige Welt", sind die Wirtschaftseinheiten zusammengefaßt, die ihren ständigen Wohnsitz außerhalb der Bundesrepublik Deutschland haben. Da die Zuordnung der Wirtschaftseinheiten zu den einzelnen Sektoren meistens nach dem sogenannten Schwerpunktprinzip, d. h. nach der von ihnen überwiegend ausgeübten Tätigkeit erfolgt, ergeben sich Abgrenzungs- und Zuordnungsprobleme bei der Aggregation, die wir uns im folgenden u. a. kurz ansehen werden.

---

32 Vgl. Statistisches Bundesamt (IV), S. 48.

33 Vgl. ebenda.

34 Die Einteilung dieser drei Sektoren in sieben Untersektoren und deren Aufnahme in das Kontensystem der VGR brachte erst die Revision im Jahre 1970. Vgl. dazu Hamer, Günter (IV): Revidierte Konten der Volkswirtschaftlichen Gesamtrechnungen, in: Wirtschaft und Statistik, N. F., 22. Jg. (1970), S. 281 ff.

1. Der Sektor "Unternehmen"

"Zum Sektor Unternehmen rechnen alle Institutionen, die vorwiegend Waren und Dienstleistungen produzieren bzw. erbringen und diese gegen spezielles Entgelt verkaufen, das in der Regel Überschüsse abwirft, zumindest jedoch annähernd die Kosten deckt."[35] Dabei wird aufgrund ihrer Eigenarten zwischen Produktionsunternehmen, Kreditinstituten und Versicherungsunternehmen unterschieden. Die sich im Eigentum des Staates befindenden Unternehmen werden unabhängig von ihrer Rechtsform dem Unternehmenssektor zugeordnet.

Da eine Branchenuntersuchung wegen der Zuordnung der Unternehmen nach dem Schwerpunktprinzip mit vielen Fehlern behaftet wäre und schon deshalb nicht durchführbar ist, ist es für die Konzentrationsmessung gleichgültig, welchem Untersektor beispielsweise die Bankgeschäfte der Post, oder das Warengeschäft der Banken zugeordnet sind. Außerdem liefern auch die Geschäftsberichte der Unternehmen, die in der Regel in mehreren Branchen aktiv sind, nicht die für eine exakte Branchenuntersuchung notwendigen Informationen. An sich hat die Untergliederung des Unternehmenssektors in seine drei Untersektoren für die Konzentrationsmessung keine Bedeutung. Wir nehmen sie trotzdem vor, um zu beschreiben, welche Bereiche der Unternehmenssektor umfaßt. Abweichungen bei der Zuordnung zu den einzelnen Untersektoren bzw. Sektoren spielen dann keine Rolle, wenn wir zur Konzentrationsmessung als Bezugsgröße die Wertschöpfung des Unternehmenssektors bzw. die Wertschöpfung aller Sektoren verwenden. Welche Bezugsgröße sinnvoll ist, muß noch geklärt werden.

Zu den Produktionsunternehmen[36] zählen alle Unternehmen, die überwiegend in der Land- und Forstwirtschaft, im Warenproduzierenden Gewerbe, im Handel und Verkehr und, mit Ausnahme der Kreditinstitute und Versicherungsunternehmen, im Dienstleistungsbereich tätig sind. Ferner gehören dazu die Organisationen o. E., die ihre Leistungen in erster Linie an Unternehmen erbringen und von diesen finanziert werden, ohne aber ein festes Entgelt zu erhalten. Außerdem rechnen zu den Produktionsunternehmen die gewerbliche und nichtgewerbliche Vermietung von Wohnungen und die Nutzung von Eigentümerwohnun-

---

35 Statistisches Bundesamt (IV), S. 49. Diese Abgrenzung ist sehr formal; denn die Leistungsabgabe gegen Entgelt ist dem Unternehmensbegriff implizit. Andererseits gibt es auch "staatliche" Leistungen, die gegen Entgelt abgegeben werden. Ansonsten vgl. hierzu Pohmer, Dieter (II): Grundlagen der betriebswirtschaftlichen Steuerlehre, Berlin 1958, S. 37.

36 Zur Abgrenzung der Produktionsunternehmen vgl. Statistisches Bundesamt (IV), S. 49. Der Begriff Produktionsunternehmen ist nicht unproblematisch; denn auch die Kreditinstitute und die Versicherungsunternehmen produzieren. Sie produzieren Dienstleistungen.

gen. Dadurch, daß die gewerbliche Wohnungsvermietung nicht nur Unternehmen einbezieht, die nach ihrem wirtschaftlichen Schwerpunkt dem Wirtschaftszweig des Grundstücks- und Wohnungswesens zugeordnet werden müßten, sondern auch solche, die demnach anderen Wirtschaftsbereichen angehören, und dadurch, daß die nichtgewerbliche Wohnungsvermietung auch die Vermietung von Wohnungen durch private Haushalte, private Organisationen o. E. und staatliche Institutionen umfaßt, wird im Bereich der Wohnungswirtschaft die institutionelle Abgrenzung und die Zuordnung nach dem Schwerpunktprinzip teilweise durchbrochen und durch eine funktionale ersetzt.[37] Eine tiefere Gliederung der Untersektoren läßt sich - auch für die im folgenden zu betrachtenden Sektoren - der Systematik der Wirtschaftszweige entnehmen.[38]

Die Kreditinstitute werden wegen ihrer Bedeutung auf dem Geld- und Kapitalmarkt als Untersektor des Sektors "Unternehmen" gesondert nachgewiesen.[39] Dazu gehören die Deutsche Bundesbank und alle Institutionen, die Bankgeschäfte im Sinne des § 1 Kreditwesengesetz (KWG) betreiben. Diese sind Kreditbanken, Institute des Sparkassenwesens, Bausparkassen, Kreditgenossenschaften und genossenschaftliche Zentralbanken, Hypothekenbanken und öffentlich-rechtliche Grundkreditanstalten, Kreditinstitute mit Sonderaufgaben, Teilzahlungskreditinstitute, Kapitalanlagegesellschaften, Kassenvereine und Kreditgarantiegemeinschaften.[40] Außerdem gehören nach Auskunft des Statistischen Bundesamtes auch noch die seit der Revision 1977 in den Erläuterungen zu den Konten und Standardtabellen nicht mehr namentlich erwähnten Wohnungsbauförderungsanstalten der Länder und die Kreditanstalt für Wiederaufbau dazu. Ausnahmen bilden die Post und die Effektenbörsen und alle bei den Produktionsunternehmen nachgewiesenen Unternehmungen, die nur die Vermittlung von Bank- und Effektengeschäften zum Gegenstand haben.[41] Die von den Postscheck- und Postsparkassenämtern durchgeführten Bankgeschäfte können nicht gesondert ermittelt werden. Aus diesem Grund werden sie im Untersektor "Produktionsun-

37 Vgl. Bartels (VI), S. 322, und Dorow, Frank, und Hartmann, Norbert: Einkommen aus Wohnungsvermietung 1960 bis 1977, Ergebnis der Volkswirtschaftlichen Gesamtrechnungen, in: Wirtschaft und Statistik, N. F., 30. Jg. (1978), S. 314 ff.

38 Vgl. Potkowik, Georg: Revision der Systematik der Wirtschaftszweige, in: Wirtschaft und Statistik, N. F., 32. Jg. (1980), S. 437 ff., insbesondere S. 441 ff.

39 Vgl. Bartels (VI), S. 322.

40 Vgl. Statistisches Bundesamt (IV), S. 49 f.

41 Vgl. ebenda, S. 50.

ternehmen" ausgewiesen.[42] Genauso ist es mit dem im Untersektor "Kreditinstitute" erfaßten Warengeschäft der Banken, das eigentlich bei den Produktionsunternehmen nachgewiesen werden müßte. Was die Deutsche Bundesbank betrifft, so ist es nicht unproblematisch, sie dem Sektor "Unternehmen" zuzuweisen, weil ihre Aufgaben und Ziele nicht unternehmerischer Natur sind. Als "Hüterin der Währung" nimmt sie gesamtwirtschaftliche Aufgaben wahr, die es rechfertigen würden, sie dem Sektor "Staat" zuzurechnen. Sie fällt ohnehin nur dann unter die hundert größten Unternehmen, wenn sie, wie es in den letzten Jahren überwiegend der Fall war, hohe Gewinne macht. Diese Gewinne sind aber nicht das Ergebnis unternehmerischer Leistungen, sondern beruhen auf Wechselkursschwankungen. Für die Konzentrationsmessung spielt die Bundesbank keine Rolle. Wir rechnen deshalb nicht um.

Im Untersektor "Versicherungsunternehmen" sind diejenigen Unternehmungen erfaßt, die Versicherungsgeschäfte betreiben, also kalkulierbare Risiken gegen vertraglich vereinbarte Prämien übernehmen.[43] Sie spielen damit eine wichtige Rolle bei der Umverteilung von Einkommen und Vermögen, und durch ihre Vermögensanlagen haben sie einen wesentlichen Einfluß auf den Geld- und Kapitalmarkt.[44] Zu den Versicherungsunternehmungen rechnen Lebensversicherungsunternehmen, Pensionskassen einschließlich der Zusatzversorgungskasse für das Baugewerbe, Versorgungswerke, Sterbekassen, private Krankenversicherungsunternehmen, Schaden- und Unfallversicherungsunternehmen und Rückversicherungsunternehmen.[45] Die Zusatzversorgungseinrichtungen der Gebietskörperschaften und anderer öffentlicher Körperschaften zählen zur Sozialversicherung. Das gleiche gilt für die sogenannten Ersatzkassen, auch wenn es um ihr Geschäft mit freiwilligen Mitgliedern geht;[46] denn auch bei der freiwilligen Versicherung handelt es sich nicht um ein typisches Versicherungsgeschäft i. S. unternehmerischer Betätigung, sondern um einen staatswirtschaftlichen Vorgang. Diejenigen Unternehmungen, die sich mit der Vermittlung von Versicherungen

42 Eine Ausnahme hiervon bilden die finanziellen Vorgänge im Vermögensbereich, die in der Kontengruppe 7 in den Untersektor "Kreditinstitute" einbezogen werden. Für unsere Untersuchung ist dies belanglos.

43 Vgl. Statistisches Bundesamt (IV), S. 50, und Hipler, Heinz: Die Versicherungsunternehmen in den Volkswirtschaftlichen Gesamtrechnungen, in: Wirtschaft und Statistik, N. F., 22. Jg. (1970), S. 331.

44 Vgl. Bartels (VI), S. 322.

45 Vgl. Statistisches Bundesamt (IV), S. 50.

46 Vgl. ebenda.

befassen, werden auch hier den Produktionsunternehmen zugerechnet.[47]

Die Zuordnung der Sozialversicherung zum Sektor "Staat" hat sachliche Gründe, die darin liegen, daß sie in ihrem Charakter den Gebietskörperschaften sehr ähnlich ist.[48]

Zieht man nun wieder den Vergleich zu den Arbeiten von Kroenlein, Göckeler und Weinstock, so zeigt sich, daß die dort untersuchten publizitätspflichtigen Unternehmungen formal durch den Sektor "Unternehmen" in den VGR erfaßt werden.

So sind es vor allem gerade die nach dem Aktiengesetz in seiner bis 1986 gültigen Fassung publizitätspflichtigen Industrie- und Handelsunternehmen, mit denen sich Kroenlein[49] befaßt hat. Diese erfüllen, wie wir später sehen werden, auch materiell am ehesten die Voraussetzungen für eine exakte Erfassung durch die amtliche Statistik.

Dies gilt auch für die von Göckeler[50] untersuchten Kreditinstitute. Er hat bereits einen formalen Vergleich zwischen den Kreditinstituten im Sinne der Rechnungslegungsvorschriften und der VGR vorgenommen. Diese Gegenüberstellung gestaltet sich allerdings einfacher als die der Produktionsunternehmen, da sich beide auf den § 1 Abs. 1 und den § 2 Abs. 1 Nr. 1-3 und 6 KWG beziehen. Eine Abweichung besteht nur bei den Wohnungsbauförderungsanstalten der Länder, die in den VGR im Untersektor "Kreditinstitute" enthalten sind, bei Göckeler dagegen nicht. Den Wohnungsbauförderungsanstalten kommt jedoch für Zwecke der Konzentrationsmessung keine Bedeutung zu.

Ähnlich ist es bei den von Weinstock[51] untersuchten Versicherungsunternehmen. Auch hier läßt sich eine formale Übereinstimmung zwischen den betrieblichen Rechnungslegungsvorschriften[52] und den

---

47 Vgl. ebenda.

48 Vgl. Bartels (VI), S. 322.

49 Vgl. Kroenlein, S. 38 ff.

50 Vgl. dazu Göckeler, S. 31.

51 Vgl. Weinstock, S. 52.

52 Vgl. Verordnung über die Rechnungslegung von Versicherungsunternehmen vom 11. Juli 1973, BGBl. I, S. 1209 ff., hier S. 1209, zuletzt geändert durch Verordnung vom 16. August 1976, BGBl. I, S. 2388; Verordnung über die Rechnungslegung von Versicherungsunternehmen gegenüber dem Bundesaufsichtsamt für das Versicherungswesen (Interne RechVUVO) vom 17. Oktober 1974, BGBl. I, S. 2453 ff., hier S. 2453, zuletzt geändert durch Verordnung vom 14. Mai 1979, BGBl. I, S. 577 ff., und Verordnung über die Rechnungslegung bestimmter kleinerer

VGR[53] feststellen; denn beide erfassen Lebensversicherungsunternehmen, Pensions- und Sterbekassen, Krankenversicherungsunternehmen, Schaden- und Unfallversicherungsunternehmen und Rückversicherungsunternehmen. Die gesetzliche Krankenversicherung und die vergleichbaren Ersatzkassen werden im Sektor "Staat" nachgewiesen. Die bei Hipler[54] erwähnten Abweichungen, die zwar alle im Unternehmenssektor erfaßt, aber nicht dem richtigen Untersektor zugeordnet sind, spielen keine Rolle für die Konzentrationsmessung.

Zusammenfassend läßt sich sagen, daß die VGR ihren Zielsetzungen entsprechend, teilweise durch Schätzungen, mehr Unternehmen erfassen als die Publizitätsvorschriften.

2. Der Sektor "Staat"

Im Sektor "Staat"[55] werden in den VGR alle Institutionen erfaßt, deren Aufgabe überwiegend darin besteht, Dienstleistungen eigener Art für die Allgemeinheit zu erbringen. Diese Institutionen finanzieren sich hauptsächlich aus Zwangsabgaben. Sie produzieren, verkaufen aber die produzierten Güter in der Regel nicht (oder nur in geringem Umfang), sondern stellen sie ohne spezielles Entgelt den Staatsbürgern zur Verfügung. Dadurch vollzieht sich der überwiegende Teil der Einkommensumverteilung in der Volkswirtschaft über den Staat. Der Sektor "Staat" umfaßt die beiden Untersektoren "Gebietskörperschaften" und "Sozialversicherung". Die Sozialversicherung wird aufgrund ihres Charakters dem Staat und nicht den privaten Versicherungen zugeordnet, denn zum einen sind ihre Einrichtungen und Tätigkeiten in besonders starkem Maße gesetzlich geregelt, und zum anderen finanziert sie sich auch durch Zwangsbeiträge, wie dies bei den Gebietskörperschaften der Fall ist.

Zum Untersektor "Gebietskörperschaften" zählen der Bund einschließlich des Lastenausgleichsfonds und des ERP-Sondervermögens, die Länder einschließlich der Stadtstaaten, und die Gemeinden und

---

Versicherungsvereine auf Gegenseitigkeit im Sinne des § 53 VAG (RechbkVVO) vom 18. Oktober 1974, BGBl. I, S. 2909 ff., hier S. 2909 f., geändert durch die Verordnung vom 24. März 1975, BGBl. I, S. 847.

53 Vgl. Hipler, S. 331; Potkowik, S. 443, und Statistisches Bundesamt (IV), S. 50.

54 Vgl. Hipler, S. 331.

55 Vgl. Bartels (VI), S. 322 f.; Statistisches Bundesamt (IV), S. 48 f. und S. 50 f., und Kopsch, Günter (II): Der Staat in den Volkswirtschaftlichen Gesamtrechnungen 1960 bis 1982, in: Wirtschaft und Statistik, N. F., 35. Jg. (1983), S. 749 ff.

Gemeindeverbände sowie die kommunalen Zweckverbände.[56] Die sich im Eigentum der Gebietskörperschaften befindlichen Unternehmen werden, unabhängig von ihrer Rechtsform, dem Unternehmenssektor zugerechnet. Die Abgrenzung zwischen Unternehmen und Staat ist mit einigen Schwierigkeiten verbunden, da die Grenze zwischen der eigentlichen Staatstätigkeit und den Unternehmen, die sich im Besitz oder unter der Kontrolle des öffentlichen Sektors befinden, fließend ist.[57] Die Abgrenzung ist deshalb entscheidend, weil die Zuordnung der Grenzfälle sich auf die Höhe und die Zusammensetzung des Sozialprodukts auswirken kann. So beeinflussen auf der Entstehungsseite Verluste oder Gewinne einzelner staatlicher Institutionen die Höhe der errechneten Wertschöpfung nicht, wenn sie dem Sektor "Staat" zugeordnet werden, während sie im Unternehmenssektor voll wertschöpfungswirksam wären.[58] Da sich völlig eindeutige Zuordnungskriterien nicht finden lassen, werden die Grenzfälle durch Konventionen geregelt. Dies geschieht dadurch, daß sich das Statistische Bundesamt an die Finanzstatistik anlehnt.[59] Die Finanzstatistik sieht die Absicht, in der Regel einen Überschuß zu erwirtschaften, als Unterscheidungsmerkmal an,[60] und ordnet danach u. a. Einrichtungen der Sozialhilfe, der Jugendhilfe, des Gesundheitswesens und sonstige Einrichtungen, wie Vieh- und Schlachthöfe, Markthallen, Feuerwehren, Bestattungseinrichtungen u. a. m., dem Staatssektor zu. Die Bundesbahn, die Bundespost, die Bundesmonopolverwaltung für Branntwein, die Bundesanstalt für landwirtschaftliche Marktordnung, die kommunalen Versorgungs- und Verkehrsbetriebe und die Hafenbetriebe rechnen zu den Produktionsunternehmen, die bereits erwähnten Wohnungsbauförderungsanstalten der Länder zu den Kreditinstituten.[61]

Der Untersektor "Sozialversicherung" umfaßt die Rentenversicherung der Arbeiter und Angestellten, die knappschaftliche Rentenversicherung, Zusatzversorgungseinrichtungen für Arbeiter und Angestellte des Bundes, der Länder, der Gemeinden und anderer öffentlicher Körperschaften, die Altershilfe für Landwirte, die gesetzliche Krankenver-

56 Vgl. Bartels (VI), S. 322.

57 Vgl. dazu Bartels, Hildegard (V): Das Einkommenskonto für den Staat in den Volkswirtschaftlichen Gesamtrechnungen, in: Wirtschaft und Statistik, N. F., 7. Jg. (1955), S. 119 f.

58 Vgl. ebenda, S. 120, und auch Bombach, Gottfried: Staatshaushalt und Volkswirtschaftliche Gesamtrechnung, in: Finanzarchiv, N. F., Band 17 (1956/57), S. 348.

59 Vgl. Bartels (V), S. 119; Bartels (VI), S. 322, und Statistisches Bundesamt (IV), S. 51.

60 Vgl. Bartels (V), S. 119.

61 Vgl. Statistisches Bundesamt (IV), S. 51, und Potkowik, S. 443.

sicherung, die gesetzliche Unfallversicherung und die Arbeitslosenversicherung.[62]

Wird der Konzentrationsprozeß anhand von Zeitreihen bestimmt, so spielt die Zuordnung der "Grenzfälle" keine Rolle, wenn das Statistische Bundesamt die Konventionen im Zeitablauf nicht ändert oder aber im Zuge von großen Revisionen diese Zeitreihen neuen Zuordnungskriterien anpaßt. Berechnet man dagegen den Konzentrationsstand für ein einzelnes Jahr, so kann es zu Abweichungen kommen. Echte Zweifelsfälle sind allerdings selten (z. B. Wasserversorgung versus Abwasserentsorgung) oder sie werden wie bei Post und Bahn in gleicher Weise berücksichtigt und führen insofern nicht zu Fehlern. Das Gewicht der "Grenzfälle" dürfte deshalb sehr gering sein, so daß an sich die "Wertschöpfung" des Unternehmenssektors als Bezugsgröße für die Konzentrationsmessung genügt. Sollen dagegen alle Zweifelsfälle ausgeräumt werden, so muß die "Wertschöpfung" beider Sektoren (Unternehmen und Staat) zur Ermittlung der concentration ratios herangezogen werden. Wir kommen auf diese Problematik im Laufe der Arbeit zurück.

3. Der Sektor "Private Haushalte und private Organisationen ohne Erwerbszweck"

Dieser Sektor umfaßt die beiden Untersektoren "Private Haushalte" und "Private Organisationen o. E."

Die privaten Haushalte[63] treten auf dem Markt in erster Linie als Anbieter von Arbeitskraft, als letzter Käufer von Gütern und als Anleger von Ersparnissen auf. Ihre Einnahmen stammen aus Einkommen aus Erwerbstätigkeit und Vermögen und aus Einkommensübertragungen. Daneben produzieren sie Sachgüter und Dienstleistungen, die sie aber größtenteils selbst verbrauchen. Der Untersektor "Private Haushalte" schließt alle Ein- und Mehrpersonenhaushalte einschließlich der Anstaltsbevölkerung (Personen und Personal in öffentlichen oder privaten Einrichtungen, wie Kasernen, Krankenhäusern, Strafanstalten u. ä.) ein. Sein Produktionswert enthält wegen der Schwierigkeiten der theoretischen Abgrenzung, der statistischen Erfassung und der Bewertung der hauswirtschaftlichen Produktionstätigkeit nur die Entgelte für das in den privaten Haushalten beschäftigte Personal. Die Vermietung und die Eigennutzung von Wohnungen durch private Haushalte werden bei den

---

62 Vgl. ebenda.

63 Vgl. Bartels (VI), S. 323; Potkowik, S. 443; Schüler, Klaus: Einkommensverteilung nach Haushaltsgruppen, Ergebnisse der Volkswirtschaftlichen Gesamtrechnungen 1962 bis 1983, in: Wirtschaft und Statistik, N. F., 36. Jg. (1984), S. 562, und Statistisches Bundesamt (IV), S. 51.

Produktionsunternehmen ausgewiesen. Anlageinvestitionen gibt es ex definitione bei den privaten Haushalten nicht.[64] Aufwendungen dieser Art (z. B. Käufe von Grundstücken) sind im Unternehmenssektor in der Wohnungswirtschaft enthalten, ohne daß sie als zu den privaten Haushalten gehörend erkennbar sind, oder sie werden überhaupt nicht als solche erfaßt, wie Kühlschränke, Fernsehgeräte, Kraftwagen, Elektrogeräte u. ä., sondern dem privaten Verbrauch zugerechnet. Dementsprechend erscheinen auch keine Abschreibungen in der Entstehungsrechnung.

Aufgrund von Lücken im statistischen Ausgangsmaterial müssen die privaten Organisationen o. E. in den Konten[65] 3 bis 7 mit den privaten Haushalten zusammengefaßt werden.[66] Zu den privaten Organisationen o. E.[67] zählen alle Institutionen (Organisationen, Verbände, Vereine usw.), deren Leistungen vorwiegend privaten Haushalten dienen. Abgesehen von speziellen Entgelten und geringen öffentlichen Zuwendungen finanzieren sie sich im wesentlichen aus freiwilligen Zahlungen, wie Beiträgen und Spenden. Hierzu gehören u. a. Kirchen,[68] religiöse und weltanschauliche Vereinigungen, karitative, kulturelle, wissenschaftliche und im Erziehungswesen tätige Organisationen, politische Parteien, Sportvereine, gesellige Vereine und aus statistischen Gründen auch Organisationen o. E., die im Bereich der Wissenschaft tätig sind und überwiegend vom Staat finanziert werden. Die Anlageinvestitionen[69] dieses Untersektors sind im Sektor "Produktionsunternehmen" nachge-

---

64 Vgl. Statistisches Bundesamt (IV), S. 51.

65 Die wirtschaftlichen Tätigkeiten werden in den VGR üblicherweise in Kontenform in sieben Kontengruppen erfaßt. Dabei handelt es sich um die Produktionskonten (Kontengruppe 1), die Einkommensentstehungskonten (Kontengruppe 2), die Einkommensverteilungskonten (Kontengruppe 3), die Einkommensumverteilungskonten (Kontengruppe 4), die Einkommensverwendungskonten (Kontengruppe 5), die Vermögensveränderungskonten (Kontengruppe 6) und die Finanzierungskonten (Kontengruppe 7) der einzelnen Sektoren bzw. Untersektoren, auf denen die intra- und intersektoralen Ströme verbucht werden. Vgl. dazu Statistisches Bundesamt (IV), S. 56 ff.

66 Vgl. ebenda, S. 51.

67 Vgl. hierzu Bartels (VI), S. 323; Hartmann, Norbert: Private Organisationen ohne Erwerbscharakter als Teil des Haushaltssektors in den Volkswirtschaftlichen Gesamtrechnungen, in: Wirtschaft und Statistik, N. F., 28. Jg. (1976), S. 638. Bei Hartmann wird zwar noch die alte Systematik der Wirtschaftszweige zugrundegelegt, die Aussagen gelten aber entsprechend für die neue. Vgl. ferner Potkowik, S. 443, und Statistisches Bundesamt (IV), S. 51 f.

68 Die Kirchen haben ein Besteuerungsrecht gegenüber ihren Mitgliedern. Die Mitgliedschaft entsteht durch Geburt als Zwangsmitgliedschaft. Allerdings besteht die Möglichkeit des späteren Austritts.

69 Vgl. dazu Hartmann, S. 639, und Statistisches Bundesamt (IV), S. 52.

wiesen. Die Abschreibungen der privaten Organisationen o. E. werden nur in der Kontengruppe 2 (Einkommensentstehungskonto) im Haushaltssektor, in der Kontengruppe 6 (Vermögensveränderungskonto) dagegen im Unternehmenssektor gebucht. Diese Handhabung erscheint sinnvoll, solange die Anlageinvestitionen der privaten Organisationen o. E. im Unternehmenssektor nachgewiesen werden. Auf die Wertschöpfungsrechnung hat sie keinen Einfluß. Private Organisationen o. E., die ihre Leistungen vorwiegend an Unternehmen erbringen und von diesen finanziert werden, sind im Sektor "Unternehmen" erfaßt.[70]

Auch in diesem Sektor wird mit Konventionen gearbeitet. Es zeigt sich schon hier, daß die "Wertschöpfung" insgesamt zu gering ausgewiesen wird, da der größte Teil der wertschöpfungswirksamen Aktivitäten der privaten Haushalte nicht durch die VGR erfaßt wird. Die Frage, welche Sektoren die Bezugsgröße zur Ermittlung der concentration ratios umfassen muß, ist in gleicher Weise zu beantworten, wie es beim Sektor "Staat" geschehen ist und dies umso mehr, als uns die Messung der Unternehmungskonzentration interessiert, so daß an sich die "Wertschöpfung" des Unternehmenssektors als Rechnungsgrundlage genügt. Außerdem ergeben sich zwischen privaten Haushalten und privaten Organisationen o. E. einerseits und den Unternehmen andererseits bei weitem nicht so viele Abgrenzungsprobleme, wie dies zwischen dem Staat und den Unternehmen der Fall war. Im Untersektor "Private Haushalte" ist das Abgrenzungsproblem durch die Konvention, nur die Produktionswerte der Bediensteten zu berücksichtigen, weitgehend gelöst. Bei den privaten Organisationen o. E. wäre z. B. an Sportvereine zu denken, die sowohl Amateur- als auch Profiabteilungen haben. Diese Abgrenzungsprobleme fallen aber vom Umfang her kaum ins Gewicht. Dazu kommt, daß der Sektor "Private Haushalte und private Organisationen o. E.", wiederum bedingt durch die eben erwähnte Konvention, sowieso von der Wertschöpfung her keine wesentliche Rolle spielt. Mit der quantitativen Bedeutung der einzelnen Sektoren werden wir uns u. a. im zweiten Kapitel auseinandersetzen.

V. Die Abgrenzung der wirtschaftlichen Tätigkeiten in den Volkswirtschaftlichen Gesamtrechnungen

Bei den wirtschaftlichen Tätigkeiten, die in den VGR erfaßt werden,[71] handelt es sich um die Produktion, Verteilung und Verwendung von Sachgütern und Dienstleistungen, um die Entstehung, Verteilung und

70 Vgl. Statistisches Bundesamt (IV), S. 49.

71 Vgl. ebenda, S. 53 ff.

Verwendung von Einkommen und um die Kreditbeziehungen. Der Schwerpunkt liegt dabei auf der Produktion und auf den aus ihr entstandenen Einkommen. Hinter diesen Tätigkeiten stecken eine Reihe wirtschaftlicher Vorgänge, die in Form von Güter-, Einkommens- und Finanzierungsströmen nachgewiesen werden. Diese sind so abgegrenzt und zusammengefaßt, daß die für die Kreislaufanalyse wichtigen Tatbestände und Zusammenhänge erkennbar sind. Die wichtigsten dieser sich teilweise durch Differenzbildung ergebenden Größen sind in Konten dargestellt. Für die Beurteilung dieser Größen und des Kontensystems ist es entscheidend, die dabei zugrundeliegenden Konzeptionen zu kennen. Dazu ist es erforderlich, daß wir uns mit dem Umfang der einbezogenen Vorgänge, mit ihrer Bewertung, mit ihrer Periodisierung und mit ihrer ökonomischen Zuordnung beschäftigen. Das soll an dieser Stelle nur sehr grob geschehen, weil wir uns auch damit im Laufe der Arbeit noch eingehender befassen müssen.

Die wirtschaftlichen Vorgänge spielen sich teils zwischen und teils innerhalb der Wirtschaftseinheiten ab. Bei den zuerst genannten kann weiter unterschieden werden in Marktvorgänge und solche, die außerhalb des Marktes ablaufen. Die VGR schließen mit ihrem Produktionsbegriff beide Arten ein, d. h. die Erfassung der Marktvorgänge steht zwar im Mittelpunkt, die Darstellung ist aber um wesentliche Teile des ökonomischen Geschehens außerhalb des Marktes ergänzt. Was allerdings zu den Vorgängen zählt, die außerhalb des Marktes ablaufen, und wie sie dazugerechnet werden, wird meistens eher pragmatisch als aus theoretischen Überlegungen heraus festgelegt.[72] So werden u. a. der Eigenverbrauch der Unternehmer, die Bestandsveränderungen (Vorratsveränderungen) an Halb- und Fertigfabrikaten und die selbsthergestellten Anlagen in den Produktionswert mit einbezogen, um ein möglichst genaues Bild von der Produktion zu erhalten.[73] Intrasektorale Vorgänge werden in der Regel nicht dargestellt, mit Ausnahme von bestimmten Steuern, die staatliche Stellen bezahlen.[74] Durch diese Konsolidierung gehen die Informationen über die intrasektoralen Ströme verloren. Die zwischen den Sektoren fließenden Ströme werden meistens unsaldiert aufgezeigt. So werden z. B. die Güterkäufe und -verkäufe eines Sektors zunächst getrennt nachgewiesen und erst bei der Ermittlung der Bruttowertschöpfung aus Produktionswert minus Vorleistungen saldiert.

---

72 Vgl. Brümmerhoff, S. 60.

73 Vgl. ebenda, S. 60 ff.; Haslinger, S. 50 f., und Statistisches Bundesamt (IV), S. 54. In diesen Quellen findet sich ein Überblick der in den VGR erfaßten, nicht über den Markt ablaufenden Aktivitäten.

74 Vgl. dazu Statistisches Bundesamt (IV), S. 55.

Ebenso wichtig wie die Festlegung des Umfangs der dargestellten wirtschaftlichen Vorgänge ist deren Bewertung,[75] die es erst möglich macht, verschiedene Größen, beispielsweise Güterströme, zu vergleichen bzw. zu aggregieren. Es gibt im wesentlichen drei Möglichkeiten, die Sozialproduktskomponenten zu laufenden Preisen zu bewerten.[76] Diese werden vom Statistischen Bundesamt auch tatsächlich angewendet.

Die erste Möglichkeit ist die, realisierte Wertansätze zu verwenden, wie es mit den Marktpreisen der Fall ist. Marktpreise sind in der Regel die Rechnungspreise einschließlich der Mehrwertsteuer abzüglich gewährter Skonti und Rabatte.[77] In den VGR enthalten die zu "Marktpreisen" bewerteten Vorgänge die Mehrwertsteuer nicht immer.[78]

Bewertungsprobleme ergeben sich allerdings bei unterstellten Transaktionen, die definitionsgemäß keine Marktpreise haben, bei den Vorgängen, die nicht über den Markt ablaufen, wie z. B. diejenigen innerhalb einer Unternehmung, und bei den ökonomischen Aktivitäten des Staates, für die es ebenfalls keine Marktpreise gibt.[79] Hier setzt die zweite Möglichkeit an, die bestimmte Werte unterstellt. Bei den unterstellten Transaktionen gibt es zum einen solche, die zwar Marktvorgänge sind, aber keine Marktpreise haben, wie wir sie z. B. bei den Dienstleistungen der Banken und Versicherungen vorfinden.[80] Zum anderen, und das ist wohl häufiger der Fall, handelt es sich um Nichtmarktvorgänge. Dazu zählt z. B. die Nutzung von Eigentümerwohnungen, die mit Marktmieten vergleichbarer Wohnungen in die Satistik eingeht. Zu den unterstellten Transaktionen rechnen auch die Naturalentgelte, wie etwa die Deputate, die nicht mit ihren Einzelhandelspreisen, sondern mit

---

75 Vgl. ebenda.

76 Vgl. dazu Rinne, S. 63 ff.

77 Vgl. hierzu Haslinger, S. 54.

78 Die Mehrwertsteuer wird nicht immer in das Konzept der Marktpreise einbezogen. Zur prinzipiellen Handhabung vgl. Hamer, Günter (I): Die Behandlung der Umsatz-(Mehrwert-)steuer in den Volkswirtschaftlichen Gesamtrechnungen, in: Wirtschaft und Statistik, N. F., 20. Jg. (1968), S. 439 ff. Die 1982 abgeschlossene Revision der VGR brachte den Übergang vom Mischsystem (modifiziertes Bruttosystem) zum Nettosystem, das die Umsatzsteuer in den zu "Marktpreisen" bewerteten Produktionswerten und Vorleistungen der Wirtschaftsbereiche nicht mehr enthält. Vgl. dazu Engelmann, Margot, und Mitarbeiter (II): Revision der Volkswirtschaftlichen Gesamtrechnungen 1960 bis 1981, in: Wirtschaft und Statistik, N. F., 34. Jg. (1982), S. 551 ff., insbesondere S. 552 ff.

79 Vgl. dazu Rinne, S. 65 f.

80 Bei den Banken und Versicherungen werden durch bestimmte Verfahren Werte für die Dienstleistungen berechnet, auf die wir im zweiten Kapitel genauer eingehen werden.

ihren Erzeugerpreisen angesetzt werden, und der Eigenverbrauch der Unternehmer einschließlich der Landwirtschaft, der zu Herstellungskosten bewertet wird. Die Vorgänge innerhalb einer Unternehmung, die unabhängig vom Markt ablaufen, sind die Herstellung von eigenen Anlagen, die Vorratsveränderungen[81] und die Abschreibungen. Die beiden ersten gehen mit ihren Herstellungskosten in die Sozialproduktsberechnung ein. Die Abschreibungen werden mit Wiederbeschaffungspreisen bewertet. Die staatlichen Aktivitäten und die der privaten Organisationen o. E. werden mit den ihnen entstandenen Kosten in die VGR übernommen. Übertragungen und Finanzierungsströme werden mit ihren tatsächlichen Transaktionskosten ausgewiesen.

Die dritte Möglichkeit der Bewertung besteht darin, die entsprechende Sozialproduktskomponente überhaupt nicht zu berücksichtigen. Diesen Weg beschreitet das Statistische Bundesamt u. a. bei den privaten Haushalten, deren Beitrag zur Entstehung des Sozialprodukts nur in Höhe der Entlohnung der häuslichen Bediensteten erfaßt wird. Die hauswirtschaftlichen Leistungen, do it yourself, Gartenarbeit u. ä. werden mit Null angesetzt.

Neben dem Umfang und der Bewertung der ökonomischen Aktivitäten ist ihre Periodisierung,[82] d. h. ihre zeitliche Zuordnung und damit der Zeitpunkt ihrer Erfassung, von Bedeutung. Beide hängen eng zusammen. Die wirtschaftlichen Tätigkeiten erstrecken sich im allgemeinen über einen längeren Zeitraum und können daher in verschiedenen Stadien ihrer Abwicklung erfaßt und dargestellt werden. So können z. B. Güterströme im Stadium des Eigentumsübergangs, der tatsächlichen Lieferung, der Rechnungsausstellung oder der Bezahlung verbucht werden. Finden alle diese Vorgänge in derselben Berichtsperiode, in der sie begonnen wurden, ihren Abschluß, so spielt das Stadium ihrer Erfassung für die VGR keine Rolle. Das Periodisierungsproblem ergibt sich erst, wenn ein ökonomischer Vorgang über zwei oder mehr Berichtsperioden verläuft. Das Statistische Bundesamt sieht deshalb, den Empfehlungen der OEEC folgend,[83] auf die jeweilige Rechnungsperiode bezogen, das Stadium der Entstehung von Forderungen (Einnahmen) und Verbind-

81 Die Vorratsveränderungen werden mit Durchschnittspreisen des laufenden Jahres bewertet, um Scheingewinne bzw. -verluste zu vermeiden, die aus preisbedingten Änderungen der Buchwerte entstehen könnten. Dieses Problem wird im dritten Kapitel noch ausführlich analysiert.

82 Vgl. Statistisches Bundesamt (IV), S. 55 f.

83 Vgl. Ein Standard-System, S. 38. Im Standard-System werden die Begriffe "Forderungen" und "Verpflichtungen" verwendet und im Sinne von Erich Schneiders "Einnahmen" und "Ausgaben", die sich ausdrücklich auf eine Periode beziehen, definiert. Vgl. Schneider, S. 42 f.

lichkeiten (Ausgaben) als den für die Darstellung der Transaktionen geeigneten Zeitpunkt an.[84] Damit kommt das Realisationsprinzip des betrieblichen Rechnungswesens zur Anwendung, nach dem eine Forderung bzw. eine Verbindlichkeit im Zeitpunkt der Lieferung entsteht. Soweit das statistische Ausgangsmaterial Zahlungsvorgänge oder andere Stadien nachweist, wird versucht, diese auf den Zeitpunkt der Entstehung von Forderungen und Verbindlichkeiten umzurechnen. Das ist allerdings nicht immer möglich, da in vielen Fällen die erforderlichen statistischen Unterlagen fehlen oder ihre Beschaffung mit zu hohen Kosten verbunden wäre. So werden beispielsweise die Ein- und Ausfuhr zum Zeitpunkt des Grenzübergangs, die direkten Steuern, insbesondere die Einkommensteuer, zum Zeitpunkt ihrer Fälligkeit erfaßt.[85]

Die Frage der ökonomischen Einstufung der von den VGR erfaßten Vorgänge als Vorleistung, Investition oder letzter Verbrauch spielt bei der Ermittlung der einzelnen Sozialproduktsgrößen eine wichtige Rolle. Mit diesem Problem werden wir uns im zweiten Kapitel ausführlich auseinandersetzen, so daß auf eine Erörterung und auf einen Vergleich mit den einzelbetrieblichen Wertschöpfungsstaffeln an dieser Stelle verzichtet werden kann. Ähnliches gilt für den oben erwähnten Umfang der dargestellten wirtschaftlichen Vorgänge und für die Bewertung und die Periodisierung, wobei die beiden zuletzt genannten Problemkreise vor allem im dritten Kapitel wichtig sein werden. Die Bewertung erfolgt in erster Linie zu Marktpreisen, wie dies auch bei der einzelbetrieblichen Rechnungslegung der Fall ist. Daneben gibt es aber - meistens aus statistischen Gründen - eine Reihe von Abweichungen, die kaum zu quantifizieren sind, so daß sich hier ebensolche Probleme stellen wie bei der Auswertung der Gewinn- und Verlustrechnungen. Die größte Abweichung dürfte wohl bei den Abschreibungen liegen, die in den VGR zu Wiederbeschaffungspreisen und nicht wie in den Jahresabschlüssen der Unternehmen zu Anschaffungs- bzw. Herstellungskosten bewertet werden. Die Periodisierung der Daten erfolgt in den VGR soweit möglich auf der Basis von periodenbezogenen Einnahmen und Ausgaben im Sinne von Erich Schneider.[86] Die Jahresabschlüsse der Unternehmen erfassen Erträge und Aufwendungen, also auf das Ge-

84 Vgl. Bartels (V), S. 131.

85 Vgl. dazu ebenda. Die Veröffentlichungen des Statistischen Bundesamtes hierzu sind sehr spärlich. Vgl. außer der angegebenen Quelle Bartels, Hildegard; Hamer, Günter, und Mitarbeiter: Halbjahresergebnisse der Sozialproduktsberechnung ab 1960, in: Wirtschaft und Statistik, N. F., 17. Jg. (1965), S. 772.

86 Vgl. Fußnote 83 dieses Kapitels.

schäftsjahr bezogene (periodisierte) Einnahmen und Ausgaben.[87] Damit sind die Erfassungsprinzipien der VGR und des betrieblichen Rechnungswesens dieselben.[88] Abweichungen können allerdings dadurch auftreten, daß eine Erfassung der ökonomischen Vorgänge im Zeitpunkt des Entstehens von Forderungen und Verbindlichkeiten nicht möglich ist, oder daß Betriebe erfaßt werden, die keine Periodenabgrenzung in ihrer Rechnungslegung vornehmen, also eine Einnahmen-Ausgaben-Rechnung anwenden. Die Bedeutung der Abweichungen wird im zweiten und dritten Kapital untersucht.

Die Darstellung der erfaßten wirtschaftlichen Vorgänge erfolgt in Kontenform und in Ergänzung dazu in Form von sogenannten Standardtabellen.[89] Diese Standardtabellen geben die wichtigsten Größen der VGR in übersichtlicher Weise wieder. Sie ermöglichen zudem die Aufstellung von Zeitreihen und anderen, insbesondere für Vergleiche, wichtigen Untergliederungen. So findet sich u. a. auch eine Tabelle, die nach Sektoren und Branchen[90] gegliedert verschiedene Wertschöpfungsgrößen und ihre Komponenten in Zeitreihen darstellt.

B. Die Ermittlung der Wertschöpfung in der Entstehungsrechnung und die Bedeutung ihrer Komponenten

In diesem Hauptabschnitt werden wir das vom Statistischen Bundesamt in der Entstehungsrechnung angewandte Rechenschema zur Ermittlung der Wertschöpfung aller Wirtschaftsbereiche darstellen und über seine Komponenten mit den einzelwirtschaftlichen Schemata in formaler Hinsicht vergleichen. Detaillierter wird uns das im zweiten Kapitel beschäftigen. Außerdem werden wir die quantitative Bedeutung der Komponenten und ihre zeitliche Entwicklung aufzeigen.

Das hier zu untersuchende Rechenschema kann als indirekte Methode oder "Subtraktionsmethode" bezeichnet werden. Dabei ist der Begriff

87 Zu der betriebswirtschaftlichen Abgrenzung der Begriffspaare Einnahmen - Ausgaben und Erträge - Aufwendungen vgl. Wöhe, Günter: Einführung in die Allgemeine Betriebswirtschaftslehre, 16., überarbeitete Auflage, München 1986, S. 873 ff.

88 Vgl. dazu Rinne, S. 76 f., insbesondere Fußnote 100.

89 Zum Aufbau der Konten und ihrem Zusammenhang mit den Standardtabellen vgl. u. a. Stobbe (III), S. 260, und Statistisches Bundesamt (IV), S. 61 ff.

90 An dieser Stelle sei noch einmal darauf hingewiesen, daß eine Branchenuntersuchung wegen der Zuordnung der Unternehmen nach dem Schwerpunktprinzip nicht möglich ist.

"Subtraktionsmethode" mißverständlich, wie schon von Kroenlein[91] dargelegt wurde, weil auch in den VGR vom Umsatz nicht nur die Vorleistungskomponenten subtrahiert werden, sondern ebenfalls additive Komponenten enthalten sind. Dasselbe gilt im umgekehrten Sinne für die in Hauptabschnitt D darzustellende "Additionsmethode" oder besser direkte Methode.

I. Die Darstellung des Rechenschemas

Summe der Produktionswerte
– Summe der Vorleistungen
= Bruttowertschöpfung der Wirtschaftsbereiche
+ Nichtabzugsfähige Umsatzsteuer
+ Einfuhrabgaben
= Bruttoinlandsprodukt
– Abschreibungen
= Nettoinlandsprodukt zu Marktpreisen
– Indirekte Steuern
+ Subventionen
= Nettoinlandsprodukt zu Faktorkosten
= Nettowertschöpfung
= Summe der im Inland entstandenen Erwerbs- und Vermögenseinkommen

Schema 1: Entstehung des Inlandsprodukts (vereinfachtes Schema)[a)]

a) Vgl. Statistisches Bundesamt (IV), S. 64.

Das dargestellte Schema erlaubt es, wie die entsprechenden einzelbetrieblichen Wertschöpfungsstaffeln, drei Wertschöpfungszahlen zu berechnen, wobei auf den ersten Blick das Nettoinlandsprodukt zu Faktorkosten der betrieblichen Nettowertschöpfung zu Faktorkosten entspricht. Begrifflich liegen bei einigen der Komponenten der Schemata Übereinstimmungen vor, bei anderen dagegen nicht. Den formalen Vergleich werden wir in den nächsten Abschnitten vornehmen. Dabei werden wir die in Schema 1 dargestellten Größen, soweit möglich, noch weiter aufschlüsseln, ihre Bestandteile erläutern und so vom vereinfachten zum modifizierten Schema gelangen. Allerdings soll an dieser Stelle nur das Prinzip erörtert werden, die Feinheiten sind dem zweiten Kapitel vorbehalten.

91 Vgl. Kroenlein, S. 20 f.

II. Die Bruttowertschöpfung der Wirtschaftsbereiche

Die Bruttowertschöpfung der Wirtschaftsbereiche[92] ergibt sich als Differenz zwischen der Summe ihrer Produktionswerte und der Summe ihrer Vorleistungen. Die Produktionswerte werden ohne in Rechnung gestellte und die Vorleistungen ohne abzugsfähige, aber einschließlich nichtabzugsfähiger Umsatzsteuer und einschließlich Einfuhrabgaben ausgewiesen. Einfuhrabgaben[93] sind Zölle, Verbrauchsteuern auf Einfuhren sowie Abschöpfungen und Währungsausgleichsbeträge bei der Einfuhr von landwirtschaftlichen Erzeugnissen. Die Einfuhrumsatzsteuer wird dabei als Bestandteil der nichtabzugsfähigen Umsatzsteuer und nicht mehr wie früher als Bestandteil der Einfuhrabgaben nachgewiesen. Bei der Verrechnung der Einfuhrabgaben wurden die VGR den Gegebenheiten des betrieblichen Rechnungswesens angepaßt.

Die Produktionswerte der Unternehmen[94] sind die zu "Marktpreisen"[95] bewerteten Verkäufe von Waren und Dienstleistungen aus eigener Produktion sowie Verkäufe von Handelsware an in- und ausländische Wirtschaftseinheiten. Sie werden vermehrt um die zu Herstellungskosten bewerteten Bestandsveränderungen an Halb- und Fertigfabrikaten und die selbsthergestellten Anlagen. Besonderheiten ergeben sich bei den Kreditinstituten, bei den Versicherungsunternehmen, beim Staat und bei den privaten Haushalten und den privaten Organisationen o. E. In den Produktionswert der Kreditinstitute gehen neben den tatsächlichen Einnahmen aus Gebühren unterstellte Entgelte für Bankdienstleistungen in Höhe der Differenz zwischen Ertragszinsen, Kreditprovisionen und anderen Vermögenserträgen und den Aufwandszinsen ein. Als Produktionswert der Versicherungen wird das in den Bruttoprämien enthaltene Entgelt für die Dienstleistungen herangezogen, indem von den Beitragseinnahmen aus dem Erstversicherungsgeschäft des Geschäftsjahres und den Erträgen aus der Verzinsung der Vermögensanlagen die in der gleichen Periode zu zahlenden Leistungen abgezogen und einige sonstige Entgelte addiert werden. Der Produktionswert des Staates wird, wie derjenige der privaten Organisationen o. E.,[96] durch

92 Vgl. Engelmann (II), S. 554.

93 Vgl. Statistisches Bundesamt (IV), S. 80, und Hamer (V), S. 217 ff.

94 Vgl. Statistisches Bundesamt (IV), S. 69 f.

95 Vgl. Fußnote 78 dieses Kapitels.

96 Vgl. Statistisches Bundesamt (IV), S. 70 f.

Addition seiner Aufwandsposten berechnet. Als Produktionswert der privaten Haushalte[97] gelten die Entgelte der häuslichen Bediensteten.

Von den Produktionswerten werden die Vorleistungen abgezogen. Unter Vorleistungen[98] versteht man den Wert der Waren und Dienstleistungen, die inländische Wirtschaftseinheiten von anderen in- und ausländischen Wirtschaftseinheiten bezogen und in der betrachteten Periode verbraucht haben. Nicht dazu zählen die Leistungen der Produktionsfaktoren Arbeit und Kapital. Die Vorleistungen werden vom Produktionswert abgezogen, damit die Produktionsleistungen nicht mehrfach erfaßt werden. Zu den Vorleistungen rechnen vor allem die Roh-, Hilfs- und Betriebsstoffe, die Handelsware und die Dienstleistungen. Kroenlein[99] verwendet für diese Posten den Oberbegriff Verbrauchsvorleistungen. Den Verschleiß von Investitionsgütern, der in den VGR nicht zu den Vorleistungen zählt, nennt er Nutzungsvorleistungen. Dieser wird im Rahmen der Abschreibungen berücksichtigt. Beim Staat und bei den privaten Organisationen o. E. wird der Verbrauch anhand der Käufe gemessen.

In die Vorleistungen sind außerdem die gesamten unterstellten Entgelte für Bankdienstleistungen (unterstellte Bankgebühr) einbezogen. Diese werden einer fiktiven Einheit im Unternehmenssektor zugerechnet, die im Kontensystem zunächst außer Betracht bleibt.[100] Da die Produktionswerte diese Einheit in Form der unterstellten Entgelte für Bankdienstleistungen zur richtigen Ermittlung der Wertschöpfung der Kreditinstitute enthalten, die Vorleistungen aber zunächst nicht, wird in den VGR eine "unbereinigte" Bruttowertschöpfung der Wirtschaftsbereiche ausgewiesen, die Doppelzählungen in Höhe dieser unterstellten Bankgebühr beinhaltet. Um die "bereinigte" Bruttowertschöpfung der Wirtschaftsbereiche oder des Sektors "Unternehmen" zu erhalten, muß die "unbereinigte" Bruttowertschöpfung um die unterstellten Entgelte für Bankdienstleistungen vermindert werden.[101]

97 Vgl. ebenda, S. 71.

98 Vgl. ebenda, S. 71 f.

99 Vgl. Kroenlein, S. 26 und S. 74 ff.

100 Die unterstellte Bankgebühr wurde in den VGR zunächst den einzelnen Sektoren und Untersektoren anteilig als Käufe von Bankdienstleistungen zugeordnet. Im Zuge der im Jahre 1977 abgeschlossenen Revision wurde diese Vorgehensweise in Ermangelung eines geeigneten Schlüssels aufgegeben, die fiktive Einheit eingeführt und ausschließlich dem Unternehmenssektor zugerechnet. Vgl. dazu Dorow, Frank (I): Zur Behandlung der unterstellten Bankgebühr in den Volkswirtschaftlichen Gesamtrechnungen, in: Wirtschaft und Statistik, N. F., 24. Jg. (1972), S. 377 ff., und Hamer (V), S. 218 f.

101 Vgl. Statistisches Bundesamt (IV), S. 97.

Die "unbereinigten" Werte sind also um die unterstellten Entgelte für Bankdienstleistungen überhöht.[102] Das oben geschilderte Verfahren der Behandlung der unterstellten Entgelte für Bankdienstleistungen ist außerordentlich problematisch;[103] denn die Zurechnung der unterstellten Bankgebühr zu den Vorleistungen einer fiktiven Einheit berücksichtigt nicht, von welchen Verwendern die Bankdienstleistungen in Anspruch genommen werden. Bis 1977 waren die unterstellten Entgelte für Bankdienstleistungen auf Sektoren und Untersektoren aufgeteilt worden. Neben der Anwendung der Bankeinlagen und des Kreditvolumens der Sektoren wurde auch deren Wertschöpfung als Verteilungsschlüssel diskutiert. Der Bezug auf die Wertschöpfung wurde jedoch als Verlegenheitslösung eingestuft. Schließlich wurden alle Größen als willkürlich angesehen.[104] Von der Aufteilung war dann im Rahmen einer Anpassung der VGR an das System Volkswirtschaftlicher Gesamtrechnungen der Vereinten Nationen (SNA) und an das Europäische System Volkswirtschaftlicher Gesamtrechnungen (ESVG) abgegangen worden, um eine möglichst tiefe Gliederung der Ergebnisse nach Wirtschaftsbereichen zu realisieren.[105] Bruttoinlandsprodukt und Bruttosozialprodukt werden deshalb derzeit um die dem Staat und den privaten Haushalten einschließlich privaten Organisationen o. E. sowie der übrigen Welt zuzurechnenden Anteile verkürzt ausgewiesen.[106] In jüngster Zeit wird wieder von der amtlichen Statistik an dem Problem der Aufteilung der unterstellten Bankgebühr auf die Sektoren gearbeitet.[107] Die theoretisch richtige Lösung scheiterte bisher jedoch daran, einen geeigneten Schlüssel zu finden. Da deshalb augenblicklich für eine Aufschlüsselung keine Angaben vorliegen, schließen wir uns der geltenden Regelung unter dem erwähnten Vorbehalt an.

Außerdem enthalten die Vorleistungen die nichtabzugsfähige Umsatzsteuer und die Einfuhrabgaben, die sachlich den indirekten Steuern zuzuordnen sind. Die nichtabzugsfähige Umsatzsteuer umfaßt den Teil der in Rechnung gestellten Mehrwertsteuer und der abgeführten Ein-

---

102 Hier soll in Übereinstimmung mit den VGR an dieser Terminologie festgehalten werden, auch wenn die Bezeichnung "bereinigt" und "unbereinigt" nicht sehr glücklich erscheint.

103 Vgl. dazu Kopsch, Günter (III): Kreditinstitute in den Volkswirtschaftlichen Gesamtrechnungen, in: Wirtschaft und Statistik, N. F., 39 Jg. (1987), S. 38 ff.

104 Vgl. Dorow (I), S. 380.

105 Vgl. Kopsch (III), S. 39 f.

106 Vgl. Dorow (I), S. 380; Kopsch (III), S. 39, und Kopsch, Günter (IV): Alternativen zum Nachweis der Kreditinstitute in den Volkswirtschaftlichen Gesamtrechnungen, in: Wirtschaft und Statistik, N. F., 39. Jg. (1987), S. 523.

107 Vgl. Kopsch (III), S. 37 ff., und Kopsch (IV), S. 519 ff.

fuhrumsatzsteuer, der von den Käufern der mit Umsatzsteuer belasteten Güter bei der Ermittlung ihrer Zahllast an das Finanzamt nicht als Vorsteuer abgezogen werden darf.[108] Sie schließt neben dem Kassenaufkommen des Staates an Mehrwertsteuer und Einfuhrumsatzsteuer auch die "einbehaltene" Umsatzsteuer[109] ein. Bei der letzteren handelt es sich um Umsatzsteuerbeträge, die aufgrund von Sonderregelungen, wie z. B. Umsatzsteuervergünstigungen nach dem Berlinförderungsgesetz, für die Landwirtschaft u. ä., nicht an den Staat abgeführt werden müssen. Zum Ausgleich werden diese in die indirekten Steuern einbezogenen Umsatzsteuervergünstigungen auch als Subventionen gebucht, so daß sich die Verrechnung nicht auf das Nettoinlandsprodukt zu Faktorkosten auswirkt.

Die "unbereinigte" Bruttowertschöpfung der Wirtschaftsbereiche wird somit formal in gleicher Weise ermittelt, wie die einzelbetriebliche Bruttowertschöpfung (unter Berücksichtigung aperiodischer Erträge und Aufwendungen). Besonders deutlich sieht man die Übereinstimmung bei einem Vergleich mit der indirekten Wertschöpfungsstaffel bei Kroenlein.[110] Auch dort werden im Normalfall zu den Umsatzerlösen und einem Posten "sonstige Erträge" ohne Mehrwertsteuer (verdeckter Nettoausweis) die Bestandsveränderungen und die aktivierten Eigenleistungen addiert und davon die Vorleistungen und ein Posten "sonstige Aufwendungen" ohne die abzugsfähige Vorsteuer, aber einschließlich der nichtabzugsfähigen Umsatzsteuer (im Sinne der VGR) und der Bezugskosten abgezogen. Die nichtabzugsfähige Vorsteuer und die einbehaltene Umsatzsteuer (Subventionen) werden in der Regel über eine Erhöhung bzw. eine Senkung der Anschaffungskosten in den Vorleistungen berücksichtigt. Die Bezugskosten[111] beinhalten die Einfuhrabgaben, die ebenfalls über eine Erhöhung der Anschaffungskosten zu einer Erhöhung der Vorleistungen führen. Die Einfuhrabgaben sind folglich in beiden Rechnungen nicht in der Bruttowertschöpfung enthalten. Die sonstigen Erträge und die sonstigen Aufwendungen sind Sammelposten, in denen alle Erträge bzw. Aufwendungen erfaßt werden, die nicht an anderer Stelle ausgewiesen sind.[112] Eine Differenz besteht aber noch dadurch, daß in der einzelbetrieblichen Wertschöpfungsrechnung in den

---

108 Vgl. Statistisches Bundesamt (IV), S. 79 f.

109 Vgl. ebenda, und Engelmann (II), S. 555.

110 Vgl. Kroenlein, S 155 f.

111 Vgl. Adler/Düring/Schmaltz: Rechnungslegung und Prüfung der Aktiengesellschaft, Handkommentar, Band 1, Rechnungslegung, Vierte Auflage, völlig neu bearbeitet von Kurt Schmaltz, Karl-Heinz Forster u. a., Stuttgart 1968, Tz. 177 zu § 157, S. 679.

112 Vgl. Kroenlein, S. 69 und S. 76.

Umsätzen, in den sonstigen Erträgen und in den Vorleistungen weitere Subventionen (außer der einbehaltenen Umsatzsteuer) verrechnet sein können, die in den VGR gesondert nachgewiesen werden. Diese Differenz existiert auch bei der Nettowertschöpfung zu Marktpreisen.[113] Die in der einzelbetrieblichen Wertschöpfungsrechnung noch berücksichtigten aperiodischen Aufwendungen und Erträge sind entsprechend ihrer Wertschöpfungsrelevanz und gemäß einer exakten Periodenabgrenzung als wichtige Korrekturposten zu sehen. Mit ihnen werden wir uns vor allem im zweiten Kapitel ausführlicher befassen. Gesamtwirtschaftlich spielen diese hauptsächlich auf der Bildung und Auflösung von stillen Reserven beruhenden Berichtigungen keine Rolle. Für die Vorgehensweise bei der Ermittlung der Bruttowertschöpfung bei den Kreditinstituten und Versicherungsunternehmen ergibt sich ebenfalls eine formale Übereinstimmung, wie das zweite Kapitel zeigen wird. Probleme ergeben sich bei den anderen Sektoren. Wir kommen auch darauf zurück.

Wir müssen aber noch einmal auf die unterstellte Bankgebühr eingehen. Bei den Industrie- und Handelsunternehmen und bei den Versicherungsunternehmen zählen in der einzelbetrieblichen Wertschöpfungsrechnung Zinsaufwendungen als eigene und Zinserträge als fremde Wertschöpfung. Für die Kreditinstitute muß diese Konvention aufgegeben werden, um über die Zinsdifferenz zwischen Ertrags- und Aufwandszinsen eine positive Wertschöpfung errechnen zu können. Gesamtwirtschaftlich wird durch die Berechnung der unterstellten Bankgebühr ebenso verfahren. Diese wird aber, wie wir gesehen haben, global wieder mit den Vorleistungen abgezogen. Die einzelbetriebliche Wertschöpfung der Industrie- und Handelsunternehmen und der Versicherungsunternehmen ist dagegen durch diese Art der Verrechnung der Zinsaufwendungen und der Zinserträge überhöht, weil ihre Inanspruchnahme von Bankdienstleistungen nicht in ihren Vorleistungen enthalten ist. Es kommt also einzelbetrieblich zu Doppelzählungen, die wir in Ermangelung eines geeigneten Schlüssels nicht korrigieren können. Deshalb passen wir uns mit der gesamtwirtschaftlichen Größe an, indem wir die "unbereinigte" Wertschöpfung als Bezugsgröße nehmen, die diese Doppelzählungen ebenfalls enthält. Allerdings sind dort weitere Doppelzählungen enthalten, weil auch der Sektor "Staat" und der Sektor "Private Haushalte und private Organisationen o. E." von diesem Sachverhalt tangiert werden. Wir werden darauf im zweiten Kapitel näher eingehen. Für die Quantifizierung der Anteile der Sektoren an der Wertschöpfung aller Wirtschaftsbereiche verwenden wir im folgenden die "bereinigten" Größen.

---

113 Vgl. dazu ebenda, S. 56 f. und S. 70 f.

III. Das Bruttoinlandsprodukt zu Marktpreisen

Zum Bruttoinlandsprodukt kommt man, indem man zur Bruttowertschöpfung der Wirtschaftsbereiche die nichtabzugsfähige Umsatzsteuer und die Einfuhrabgaben hinzurechnet. Damit enthält das Bruttoinlandsprodukt neben den direkten Steuern auch alle indirekten Steuern[114] im Sinne der VGR und gibt somit ein quantitatives Bild der wirtschaftlichen Leistung, die sich aus der Produktionstätigkeit der inländischen Wirtschaftseinheiten ergibt. Man kann es dann zu Recht Bruttoinlandsprodukt zu Marktpreisen nennen. Es wird hier nur der Vollständigkeit halber erwähnt. Eine vergleichbare einzelwirtschaftliche Größe gibt es bei Kroenlein, Göckeler und Weinstock nicht.

IV. Das Nettoinlandsprodukt zu Marktpreisen

Vom Bruttoinlandsprodukt zu Marktpreisen werden die Abschreibungen abgezogen. Das Ergebnis ist das Nettoinlandsprodukt zu Marktpreisen. Die Abschreibungen[115] messen die auf die Periode bezogene Wertminderung des reproduzierbaren Anlagevermögens durch Verschleiß und wirtschaftliches Veralten. Die Bewertung der Abschreibungen erfolgt in den VGR im Gegensatz zum betrieblichen Rechnungswesen auf der Basis von Wiederbeschaffungspreisen.[116] Hier haben wir eine materielle Abweichung, deren Auswirkung noch ebenso zu untersuchen sein wird wie die Notwendigkeit und die Möglichkeit ihrer Korrektur. Formal stimmt die Vorgehensweise bis auf einen Unterschied wieder mit derjenigen in den einzelbetrieblichen Wertschöpfungsrechnungen überein. Wir müssen, um eine der Nettowertschöpfung zu Marktpreisen (unter Berücksichtigung aperiodischer Erträge und Aufwendungen) vergleichbare Größe zu erhalten, die Abschreibungen nicht vom Bruttoinlandsprodukt, sondern von der Bruttowertschöpfung der Wirtschaftsbereiche abziehen. Dann ergibt sich eine neue Größe, die wir Nettowertschöpfung der Wirtschaftsbereiche nennen müßten. Die Bezeichnung Nettowertschöpfung zu Marktpreisen wäre falsch, weil es sich durch das Fehlen zweier Bestandteile der indirekten Steuern, der nichtabzugsfähigen Umsatzsteuer und der Einfuhrabgaben, nicht mehr um Marktpreise[117] im Sinne des Brutto- oder Nettoinlandsprodukts zu

---

114 Vgl. Statistisches Bundesamt (IV), S. 79 f.

115 Vgl. ebenda, S. 78 f.

116 Vgl. ebenda, S. 78.

117 Es zeigt sich, daß der Begriff "Marktpreise" vom Statistischen Bundesamt nicht einheitlich verwendet wird. Im Sinne des Nettoinlandsprodukts zu Marktpreisen schließt er die Umsatzsteuer mit ein. Die zu "Marktpreisen" bewerteten Produktionswerte enthalten sie nicht.

Marktpreisen handeln würde. Um Verwechslungen mit dem in der VGR als Nettowertschöpfung bezeichneten Nettoinlandsprodukt zu Faktorkosten zu vermeiden, nennen wir diese Größe nur Wertschöpfung der Wirtschaftsbereiche. Durch diese Vorgehensweise erreichen wir, daß die nichtabzugsfähige Umsatzsteuer und die Einfuhrabgaben nicht in die Wertschöpfung einbezogen sind. Diesen Sachverhalt müssen wir aber im nächsten Schritt beim Übergang vom Nettoinlandsprodukt zu Marktpreisen auf das Nettoinlandsprodukt zu Faktorkosten berücksichtigen. Im übrigen ist die Bezeichnung Nettowertschöpfung zu Marktpreisen bei Kroenlein nicht richtig, weil die nichtabzugsfähige Umsatzsteuer und die Einfuhrabgaben fehlen, die Subventionen dagegen enthalten sind. Wegen der Subventionen sind die beiden Wertschöpfungsgrößen (einzelwirtschaftlich und gesamtwirtschaftlich) auch jetzt noch nicht identisch. Da die wie auch immer abgegrenzte Nettowertschöpfung zu Marktpreisen für uns nicht von Interesse ist, spielt die Zurechnung der problematischen Posten, Einfuhrabgaben, Umsatzsteuer und Subventionen, keine Rolle. Das Nettoinlandsprodukt zu Faktorkosten (die Nettowertschöpfung) wird dadurch nicht tangiert. Auf die Bereinigung des Nettoinlandsprodukts zu Faktorkosten wegen der unterschiedlichen Verrechnung der Steuern im einzelbetrieblichen und gesamtwirtschaftlichen Rechnungswesen müssen wir ohnehin später ausführlich eingehen.

V. Das Nettoinlandsprodukt zu Faktorkosten

Das Nettoinlandsprodukt zu Faktorkosten ergibt sich dadurch, daß die indirekten Steuern vom Nettoinlandsprodukt zu Marktpreisen abgezogen und die Subventionen dazugezählt werden.[118] Dies ist ein Weg, den das Statistische Bundesamt beschreitet. Das Nettoinlandsprodukt zu Faktorkosten wird auch als Nettowertschöpfung bezeichnet. Eine zweite Möglichkeit, das Nettoinlandsprodukt zu Faktorkosten zu ermitteln, besteht darin, von der von uns als Wertschöpfung der Wirtschaftsbereiche bezeichneten Größe nur die Produktionssteuern, vermindert um die Subventionen, zu subtrahieren. Auch diesen Weg beschreitet das Statistische Bundesamt in ähnlicher Form im Einkommensentstehungskonto und in den Standardtabellen.[119] Es geht von der Bruttowertschöpfung

Vgl. auch Fußnote 78. Man muß dem Statistischen Bundesamt allerdings zugute halten, daß es im Rechenschema der Entstehungsrechnung erst dann von Marktpreisen spricht, wenn alle indirekten Steuern (natürlich immer korrigiert um die Subventionen) in der so bezeichneten Größe enthalten sind.

118 Vgl. Statistisches Bundesamt (IV), S. 210.

119 Vgl. ebenda, S. 58, Konto 2 und S. 211 ff.

aus, zieht die Abschreibungen und die Produktionssteuern ab und addiert die Subventionen. So kommt es ohne die Wertschöpfung der Wirtschaftsbereiche nachzuweisen direkt zum Nettoinlandsprodukt zu Faktorkosten (Nettowertschöpfung).

Die indirekten Steuern im Sinne der VGR setzen sich aus den Produktionssteuern, der nichtabzugsfähigen Umsatzsteuer und den Einfuhrabgaben zusammen. Die beiden letzten Positionen haben wir bereits erklärt. Produktionssteuern[120] sind die von Unternehmen und zum Teil auch von Behörden und Einrichtungen des Staates sowie von privaten Organisationen o. E. an den Staat bezahlten Abgaben. Dabei wird zwischen den Produktionssteuern i. w. S., die noch die Verwaltungsgebühren enthalten, und Produktionssteuern i. e. S. unterschieden. Die Produktionssteuern i. e. S. umfassen die Gewerbesteuer auf Ertrag und Kapital (bis 1979 einschließlich Lohnsummensteuer), die Verbrauchsteuern (einschließlich der Einnahmen aus dem Branntweinmonopol und dem 1982 abgeschafften Zündwarenmonopol), jedoch ohne Verbrauchsteuern auf Einfuhren, die Grundsteuer A und B, die Grunderwerbsteuer, die Kraftfahrzeugsteuer, die Kapitalverkehrsteuer, die Versicherungsteuer, die Rennwett- und Lotteriesteuer, die Wechselsteuer, die Feuerschutzsteuer, die Getränkesteuer, die Speiseeissteuer (bis 1971), die Schankerlaubnissteuer, die Vergnügungsteuer, die Einnahmen aus der Milchumlage, die Milchmitverantwortungsabgabe, die Ausgleichsabgabe zur Finanzierung der Mehrkosten beim Einsatz von Steinkohle in der Elektrizitätswirtschaft, die Umlage an die Europäische Gemeinschaft für Kohle und Stahl, die Abführungen von Lotterien, Lotto und Toto, Abgaben von Spielbanken und sonstige steuerähnliche Abgaben wie Jagd- und Fischereiabgabe sowie Fremdenverkehrsabgabe und bis 1967 auch die Umsatzsteuer. Der Zeitpunkt ihrer Erfassung entspricht bei den Produktionssteuern dem kassenmäßigen Eingang beim Staat. Eine Umrechnung ist wegen fehlender Unterlagen nicht möglich.

Unter Subventionen[121] versteht das Statistische Bundesamt Zuschüsse, die der Staat aus wirtschafts- und sozialpolitischen Motiven an Unternehmen für laufende Produktionszwecke gewährt. Dazu gehört neben anderem auch die oben schon erwähnte einbehaltene Umsatzsteuer. Eine exakte Zuordnung zum letztlich Begünstigten ist nicht möglich. Die Subventionen werden weitgehend zum Zeitpunkt des Zahlungsvorganges erfaßt.

120 Vgl. ebenda, S. 79.

121 Vgl. ebenda, S. 80 f.

Die direkten Steuern und die als Vermögensübertragungen gebuchten Steuern und steuerähnlichen Abgaben[122] sind in der Nettowertschöpfung noch enthalten. Die direkten Steuern umfassen zum einen Steuern auf das Einkommen und Vermögen, das sind die Einkommensteuer, die Ergänzungsabgabe zur Einkommensteuer (bis 1974), die Lohnsteuer, die Körperschaftsteuer, die Ergänzungsabgabe zur Körperschaftsteuer (bis 1976), die nicht veranlagten Steuern vom Ertrag, die Vermögensteuer und die Lastenausgleichsabgaben und zum anderen Steuern im Zusammenhang mit dem privaten Verbrauch, wie z. B. die Kraftfahrzeugsteuer der privaten Haushalte, die Hundesteuer, die Jagd- und Fischereiabgaben u. ä. Die direkten Steuern sollen im Zeitpunkt ihrer Fälligkeit nachgewiesen werden, was auch hier in den meisten Fällen aus Mangel an geeigneten Unterlagen unterbleibt. Die als Vermögensübertragungen gebuchten Steuern und steuerähnlichen Abgaben sind die Erbschaftsteuer, die als Ergänzungssteuer zur Erbschaftsteuer dienende Schenkungsteuer und bis 1974 bzw. bis 1979 die Ablösungsbeträge im Rahmen des Lastenausgleichs. Wir wollen diese Steuern der Einfachheit halber im weiteren Verlauf der Arbeit den direkten Steuern zuordnen.

Die Einteilung in direkte und indirekte Steuern entbehrt in den VGR eines klaren Abgrenzungskriteriums.[123] Sie entspricht nicht der Einteilung in Steuern vom Einkommen, vom Ertrag und vom Vermögen und in sonstige Steuern in den Gewinn- und Verlustrechnungen der Unternehmen. Diese Problematik wurde schon von Kroenlein, Göckeler und Weinstock erkannt[124] und in ihren Auswirkungen auf die verschiedenen Wertschöpfungsgrößen untersucht. Den Intentionen ihrer Arbeiten entsprechend hätten sie die einzelbetrieblichen Wertschöpfungsrechnungen an die gesamtwirtschaftliche Handhabung anpassen müssen. Da dies aus Mangel an Informationen nicht möglich ist, sprechen sie sich für eine Korrektur in den VGR aus. Mit den Abweichungen werden wir uns im zweiten Kapitel näher befassen müssen. Dort werden wir auch versuchen, die Wertschöpfungsrechnung in den VGR so zu korrigieren, daß zumindest eine Annäherung bei der Abgrenzung der Steuern erreicht wird. Formal sind von der Ermittlung her gesehen die einzelbetriebliche Nettowertschöpfung zu Faktorkosten (unter Berücksichtigung aperiodischer Erträge und Aufwendungen) und das (gesamtwirtschaftliche) Nettoinlandsprodukt zu Faktorkosten oder einfach die Nettowertschöpfung identisch.

---

122 Vgl. ebenda, S. 86.

123 Vgl. Zeitel, Gerhard: Zur Unterscheidung zwischen direkten und indirekten Steuern in der volkswirtschaftlichen Gesamtrechnung, in: Konjunkturpolitik, Zeitschrift für angewandte Konjunkturforschung, 4. Jg. (1958), S. 336 ff., insbesondere S. 342 f.

124 Vgl. Kroenlein, S. 102 ff.; Göckeler, S. 93 ff., und Weinstock, S. 132 ff.

VI. Das modifizierte Rechenschema und die Quantifizierung seiner Komponenten

Summe der Produktionswerte
– Summe der Vorleistungen
= Bruttowertschöpfung der Wirtschaftsbereiche
– Abschreibungen
= Wertschöpfung der Wirtschaftsbereiche
– Produktionssteuern
+ Subventionen
= Nettoinlandsprodukt zu Faktorkosten
= Nettowertschöpfung
= Summe der im Inland entstandenen Erwerbs- und Vermögenseinkommen

Schema 2: Entstehung des Inlandsprodukts (modifiziertes Schema)

Das modifizierte Rechenschema zeigt die prinzipielle Ermittlung der drei gesamtwirtschaftlichen Wertschöpfungsgrößen, die formal den einzelwirtschaftlichen entsprechen. Bei der Bruttowertschöpfung und der Wertschöpfung der Wirtschaftsbereiche kann es dabei, wie wir festgestellt haben, zu Abweichungen kommen, die von der Art des Ausweises der Mehrwertsteuer und der Subventionen in den einzelbetrieblichen Gewinn- und Verlustrechnungen abhängen. Bei dem Schema handelt es sich um eine vorläufige Wertschöpfungsstaffel, die im Laufe der Arbeit näher spezifiziert und um Korrekturposten ergänzt werden muß. Zunächst werden wir uns aber die quantitative Bedeutung der Komponenten dieses Schemas und deren zeitliche Entwicklung ansehen. Diese Zahlen werden dann die Grundlagen für die Quantifizierung der Beiträge der einzelnen Sektoren zur Einkommensentstehung im zweiten Kapitel sein.

Die Darstellung beginnt mit dem Jahre 1968, weil in den VGR bis einschließlich 1967 in der Bruttowertschöpfung die Umsatzsteuer und in den Einfuhrabgaben die Umsatzausgleichsteuer enthalten waren. Vergleichbare Werte liegen demnach ab 1968 vor. Für die einzelbetrieblichen Jahresabschlüsse sind folgende Termine für die Kompatibilität maßgebend. Nach der großen Aktienrechtsreform von 1965 galten die Vorschriften für die Rechnungslegung erstmals für das nach dem 31. Dezember 1966 beginnende Geschäftsjahr,[125] also für 1967 bzw. 1967/68. Das Publizitätsgesetz, das weitere Unternehmen in die Rech-

125 Vgl. § 14 Abs. 1 Satz 1 und § 23 Abs. 1 des Einführungsgesetzes zum Aktiengesetz vom 6. September 1965, BGBl. I, S. 1185 ff.

nungslegungspflicht einschließt, fand erstmals in dem Geschäftsjahr Anwendung, das dem 31. Dezember 1970 folgte,[126] also 1971 bzw. 1971/72. Für die Kreditinstitute wurden 1967 durch eine Verordnung neue, vergleichbare Formblätter für die Gliederung des Jahresabschlusses eingeführt. Nach dieser Verordnung waren die Formblätter zum ersten Mal für das nach dem 31. Dezember 1967 beginnende Geschäftsjahr, also 1968 bzw. 1968/69 anzuwenden.[127] Für die Versicherungen gibt es erst ab 1974 bzw. 1975 kompatible Jahresabschlüsse.[128] Abgesehen von den Versicherungsunternehmen ist demnach ab 1968 eine sinnvolle Konzentrationsmessung durch die aus vergleichbaren Jahresabschlüssen errechnete betriebliche Wertschöpfung möglich. Bei den Versicherungsunternehmen gibt es nur wenige große, und es ist zu vermuten, daß diese vor 1974 wohl kaum unter die hundert größten Unternehmen fallen. Näheres dazu muß eine kommentierende Auswertung ihrer Geschäftsberichte bringen.

126 Vgl. § 23 Abs. 1 und 2 des Gesetzes über die Rechnungslegung von bestimmten Unternehmen und Konzernen vom 15. August 1969, BGBl. I, S. 1189 ff.

127 Vgl. § 6 der Verordnung über Formblätter für die Gliederung des Jahresabschlusses von Kreditinstituten vom 20. Dezember 1967, BGBl. I, S. 1300.

128 Für die Versicherungen gibt es eine Reihe von Vorschriften - vgl. dazu Weinstock, S. 42 ff. Zur erstmaligen Anwendung der neuen Rechnungslegungsvorschriften vgl. § 24 der Verordnung über die Rechnungslegung von Versicherungsunternehmen vom 11. Juli 1973, BGBl. I, S. 1209 ff.; § 15 der Verordnung über die Rechnungslegung bestimmter kleinerer Versicherungsvereine auf Gegenseitigkeit im Sinne des § 53 VAG (RechbkVVO) vom 18. Oktober 1974, BGBl. I, S. 2909 ff., und § 19 Abs. 1 der Verordnung über die Rechnungslegung von Versicherungsunternehmen gegenüber dem Bundesaufsichtsamt für das Versicherungswesen (Interne RechVUVO) vom 17. Oktober 1974, BGBl. I, S. 2453 ff.

Tabelle 1: Die "bereinigte" Wertschöpfung aller Wirtschaftsbereiche und ihre Komponenten nach der Entstehungsrechnung von 1968 bis 1986[a)]

Gegenstand der Nachweisung	1968	1969	1970	1971	1972	1973	1974	1975	1976	1977
	in Milliarden DM									
Summe der Produktionswerte	1334,20	1508,63	1704,69	1871,87	2028,76	2282,70	2542,58	2624,89	2891,79	3055,96
– Summe der Vorleistungen	837,98	956,15	1076,72	1174,33	1263,27	1427,07	1621,32	1665,57	1843,51	1936,27
darunter: Unterstellte Entgelte für Bankdienstleistungen	12,92	15,43	17,94	20,76	24,00	27,27	33,97	36,85	38,81	41,67
= Bruttowertschöpfung	496,22	552,48	627,97	697,54	765,49	855,63	921,26	959,32	1048,28	1119,69
– Abschreibungen	53,65	58,20	68,03	77,53	85,36	94,59	106,46	115,94	124,26	132,96
= Wertschöpfung	442,57	494,28	559,94	620,01	680,13	761,04	814,80	843,38	924,02	986,73
– Produktionssteuern	37,88	43,81	41,72	45,67	51,93	59,43	61,72	62,70	68,48	74,39
+ Subventionen	12,98	11,62	11,78	12,61	15,78	18,65	18,86	20,39	22,13	24,61
= Nettoinlandsprodukt zu Faktorkosten = Nettowertschöpfung	417,67	462,09	530,00	586,95	643,98	720,26	771,94	801,07	877,67	936,95

Gegenstand der Nachweisung	1978	1979	1980	1981	1982	1983	1984	1985	1986
	in Milliarden DM								
Summe der Produktionswerte	3238,88	3539,69	3823,75	4033,64	4151,79	4300,21	4562,56	4760,16	4779,16
– Summe der Vorleistungen	2042,82	2247,11	2454,78	2607,57	2670,06	2750,93	2939,17	3062,73	2982,79
darunter: Unterstellte Entgelte für Bankdienstleistungen	45,37	49,21	53,94	63,26	73,47	81,72	84,07	84,24	83,69
= Bruttowertschöpfung	1196,06	1292,58	1368,97	1426,07	1481,73	1549,28	1623,39	1697,43	1796,37
– Abschreibungen	143,47	156,64	173,74	188,64	201,11	211,43	221,98	231,79	240,75
= Wertschöpfung	1052,59	1135,94	1195,23	1237,43	1280,62	1337,85	1401,41	1465,64	1555,62
– Produktionssteuern	78,30	83,44	83,42	83,48	85,70	88,95	93,75	97,23	101,28
+ Subventionen	29,67	31,12	30,53	29,13	29,42	31,78	36,21	37,81	41,34
= Nettoinlandsprodukt zu Faktorkosten = Nettowertschöpfung	1003,96	1083,62	1142,34	1183,08	1224,34	1280,68	1343,87	1406,22	1495,68

a) Vgl. Statistisches Bundesamt Wiesbaden (Hrsg.) (III): Volkswirtschaftliche Gesamtrechnungen, Revidierte Ergebnisse 1960 bis 1984, Fachserie 18, Reihe S.8, Stuttgart und Mainz 1985, S. 44, S. 46, S. 48 f. und S. 236 ff., und Statistisches Bundesamt (IV), S. 223 ff. und S. 296 sowie eigene Berechnungen.

Tabelle 2: Index der "bereinigten" Wertschöpfung aller Wirtschaftsbereiche und ihre Komponenten nach der Entstehungsrechnung von 1968 bis 1986[a)]

Gegenstand der Nachweisung	1968	1969	1970	1971	1972	1973	1974	1975	1976	1977
					in Indexzahlen					
Summe der Produktionswerte	100	113	128	140	152	171	191	197	217	229
– Summe der Vorleistungen	100	114	128	140	151	170	193	199	220	231
darunter: Unterstellte Entgelte für Bankdienstleistungen	100	119	139	161	186	211	263	285	300	323
= Bruttowertschöpfung	100	111	127	141	154	172	186	193	211	226
– Abschreibungen	100	108	127	145	159	176	198	216	232	248
= Wertschöpfung	100	112	127	140	154	172	184	191	209	223
– Produktionssteuern	100	116	110	121	137	157	163	166	181	196
+ Subventionen	100	90	91	97	122	144	145	157	170	190
= Nettoinlandsprodukt zu Faktorkosten = Nettowertschöpfung	100	111	127	141	154	172	185	192	210	224

Gegenstand der Nachweisung	1978	1979	1980	1981	1982	1983	1984	1985	1986
					in Indexzahlen				
Summe der Produktionswerte	243	265	287	302	311	322	342	357	358
– Summe der Vorleistungen	244	268	293	311	319	328	351	365	356
darunter: Unterstellte Entgelte für Bankdienstleistungen	351	381	417	490	569	633	651	652	648
= Bruttowertschöpfung	241	260	276	287	299	312	327	342	362
– Abschreibungen	267	292	324	352	375	394	414	432	449
= Wertschöpfung	238	257	270	280	289	302	317	331	351
– Produktionssteuern	207	220	220	220	226	235	247	257	267
+ Subventionen	229	240	235	224	227	245	279	291	318
= Nettoinlandsprodukt zu Faktorkosten = Nettowertschöpfung	240	259	274	283	293	307	322	337	358

a) Die Indexzahlen wurden auf der Basis 1968 anhand der Daten aus Tabelle 1 errechnet.

Tabelle 3: Der Anteil der "bereinigten" Wertschöpfung aller Wirtschaftsbereiche und ihrer Komponenten nach der Entstehungsrechnung an der Summe der Produktionswerte von 1968 bis 1986[a)]

Gegenstand der Nachweisung	1968	1969	1970	1971	1972	1973	1974	1975	1976	1977
	in von Hundert der Produktionswerte									
Summe der Produktionswerte	100,0	100,0	100,0	100,0	100,0	100,0	100,0	100,0	100,0	100,0
– Summe der Vorleistungen	62,8	63,4	63,2	62,7	62,3	62,5	63,8	63,4	63,8	63,4
darunter: Unterstellte Entgelte für Bankdienstleistungen	1,0	1,0	1,1	1,1	1,2	1,2	1,3	1,4	1,3	1,4
= Bruttowertschöpfung	37,2	36,6	36,8	37,3	37,7	37,5	36,2	36,6	36,3	36,6
– Abschreibungen	4,0	3,9	4,0	4,1	4,2	4,1	4,2	4,4	4,3	4,4
= Wertschöpfung	33,2	32,8	32,9	33,1	33,5	33,3	32,1	32,1	32,0	32,3
– Produktionssteuern	2,8	2,9	2,5	2,4	2,6	2,6	2,4	2,4	2,3	2,4
+ Subventionen	1,0	0,8	0,7	0,7	0,8	0,8	0,7	0,8	0,8	0,8
= Nettoinlandsprodukt zu Faktorkosten = Nettowertschöpfung	31,3	30,6	31,1	31,4	31,7	31,6	30,4	30,5	30,4	30,7

Gegenstand der Nachweisung	1978	1979	1980	1981	1982	1983	1984	1985	1986
	in von Hundert der Produktionswerte								
Summe der Produktionswerte	100,0	100,0	100,0	100,0	100,0	100,0	100,0	100,0	100,0
– Summe der Vorleistungen	63,1	63,5	64,2	64,7	64,3	64,0	64,4	64,3	62,4
darunter: Unterstellte Entgelte für Bankdienstleistungen	1,4	1,4	1,4	1,6	1,8	1,9	1,8	1,8	1,8
= Bruttowertschöpfung	36,9	36,5	35,8	35,4	35,7	36,0	35,7	35,7	37,6
– Abschreibungen	4,4	4,4	4,5	4,7	4,8	4,9	4,9	4,9	5,0
= Wertschöpfung	32,5	32,1	31,3	30,7	30,9	31,1	30,8	30,8	32,6
– Produktionssteuern	2,4	2,4	2,2	2,1	2,1	2,1	2,1	2,0	2,1
+ Subventionen	0,9	0,9	0,8	0,7	0,7	0,7	0,8	0,8	0,9
= Nettoinlandsprodukt zu Faktorkosten = Nettowertschöpfung	31,0	30,6	29,9	29,3	29,5	29,8	29,5	29,5	31,3

a) Die Prozentsätze wurden anhand der Daten aus Tabelle 1 errechnet. Sie wurden ohne Rücksicht auf End- bzw. Zwischensummen auf- bzw. abgerundet. Deshalb können sich bei der Summierung einzelner Prozentsätze geringfügige Abweichungen in den Summen ergeben.

Tabelle 2, die Tabelle mit den Indexzahlen, zeigt uns, daß sich die drei Wertschöpfungsgrößen im Zeitablauf in etwa gleich entwickelt haben. Sie spiegeln das Wachstum der Wirtschaft wider. Abweichungen treten bei den einzelnen Komponenten, insbesondere bei den Abschreibungen und den Produktionssteuern, auf. Die Gründe dafür sind für uns nicht von Interesse. Denselben Sachverhalt veranschaulicht Tabelle 3, die vor allem zeigt, daß der Anteil der Abschreibungen bezogen auf die Summe der Produktionswerte nach anfänglichen Schwankungen leicht zugenommen hat, während der Anteil der Produktionssteuern leicht zurückgegangen ist. Der Anteil der Subventionen ist ziemlich konstant. Aus Tabelle 3 ist die relative Bedeutung der Komponenten ersichtlich. So zeigt sie uns auch, daß die Abschreibungen (Nutzungsvorleistungen), im Vergleich zur Summe der Vorleistungen (Verbrauchsvorleistungen) wesentlich geringer sind. So gesehen ist die Bedeutung der Abschreibungen und auch die des Saldos aus Produktionssteuern und Subventionen bei der Ermittlung der Nettowertschöpfung nicht sehr groß. Damit sind auch materielle Abweichungen in diesen Posten der Wertschöpfungsrechnung nicht so schwerwiegend wie bei den Verbrauchsvorleistungen.

C. Inlands- und Inländerkonzept in den Volkswirtschaftlichen Gesamtrechnungen

"Das Inlandsprodukt (..) ist definiert als die Leistung aller im Inland anwesenden Produktionsfaktoren, einerlei, wem sie gehören."[129] Das Sozialprodukt, das dem Inländerkonzept entspricht, ist dagegen die Leistung aller den Inländern gehörenden Produktionsfaktoren unabhängig davon, wo diese eingesetzt sind. Die Inländer können demnach ihre wirtschaftliche Betätigung im Inland wie im Ausland ausüben. Inländer sind "(n)atürliche Personen mit ständigem Wohnsitz oder gewöhnlichem Aufenthaltsort im Inland sowie alle anderen Wirtschaftssubjekte einschließlich rechtlich unselbständiger Produktionsstätten unabhängig von Nationalität und Eigentumsverhältnissen, soweit der Schwerpunkt ihrer wirtschaftlichen Aktivität im Inland liegt."[130] Der Inländerbegriff entspricht der Definition des Internationalen Währungsfonds.[131] Beiden

129 Schmedtje, S. 479.

130 Stobbe (III), S. 375. Vgl. auch Bartels (VI), S. 323.

131 Vgl. International Monetary Fund: Balance of Payments Manual, Fourth Edition, Washington, D. C. 1977, S. 19 ff., und Ein System volkswirtschaftlicher Gesamtrechnungen und Ergänzungstabellen, Statistische Studien der Vereinten Nationen, herausgegeben vom Institut für international vergleichende Wirtschafts- und Sozialstatistik an der Universität Heidelberg, Heft 3, Freiburg i. B. o. J., S. 13 f.

Konzepten liegt eine regionale Abgrenzung zugrunde. Das Inländerkonzept wird aber noch um einige ökonomische Aspekte ergänzt, wie wir schon bei der Definition des Begriffs "Volkswirtschaft" gesehen haben. Diese Ergänzungen bestehen einerseits darin, daß Arbeitsleistungen und Nutzungen von Grundstücken und Gebäuden von Ausländern, ausländische Kredite oder ausländische Beteiligungen zu Faktoreinkommen führen, die vom Inland ins Ausland fließen. Andererseits stellen auch Inländer ihre Faktorleistungen dem Ausland zur Verfügung, so daß umgekehrt ebenso Faktoreinkommen vom Ausland den Inländern zufließen.[132] Addiert man den Saldo dieser beiden Ströme, den sogenannten Saldo der Erwerbs- und Vermögenseinkommen zwischen den Inländern und der übrigen Welt, zu den nach dem Inlandskonzept ermittelten Größen, beispielsweise zum Nettoinlandsprodukt zu Faktorkosten, so kommt man zu den entsprechenden Sozialproduktsgrößen, die dem Inländerkonzept entsprechen, hier zum Nettosozialprodukt zu Faktorkosten. Alternativ zu den oben gegebenen Definitionen kann das Inlandsprodukt auch als "... Gesamtproduktion, die von an inländische Produzenten eines gegebenen Landes abgegebenen Faktorleistungen erstellt wurde ...";[133] das Sozialprodukt als "... Gesamtproduktion, die von Faktorleistungen der Inländer eines gegebenen Landes erstellt wurde",[134] definiert werden.

Das Inland schließt dabei neben dem innerhalb politischer Grenzen liegenden Staatsgebiet von inländischen Unternehmen betriebene Schiffe, Flugzeuge und Landfahrzeuge ein, auch wenn sie sich im Ausland befinden. Nicht zum Inland zählen überseeische Territorien und Besitzungen. Für in mehreren Ländern tätige Konzerne gilt, wiederum in Übereinstimmung mit der Vorgehensweise des Internationalen Währungsfonds, daß die Produktion und das daraus resultierende Einkommen dem Lande zugerechnet werden, in dem die Produktion stattfindet. Die Kosten und die Erlöse werden selbst dann zu Marktpreisen verrechnet, wenn sie in der Konzernbuchführung überhaupt nicht auftauchen oder konzerninterne Verrechnungspreise verbucht werden.[135] Die Gewinne von Tochterunternehmen und von rechtlich unselbständigen Zweigbetrieben, bei denen die Mutterunternehmung 100 Prozent oder nahezu 100 Prozent des Kapitals besitzt, erhöhen - gleichgültig, ob sie verteilt oder einbehalten werden - das Sozialprodukt des Landes, in dem die Mutter ihren Sitz hat. Bei den anderen Tochtergesellschaften werden

132 Vgl. Stobbe (III), S. 125 ff.

133 Ein System volkswirtschaftlicher Gesamtrechnungen, S. 12.

134 Ebenda, S. 12.

135 Vgl. ebenda, S. 13.

der Mutterunternehmung nur die verteilten Gewinne gutgeschrieben.[136] Das Inlandsprodukt wird von diesen Gewinnen nicht berührt.

Als Inländer gelten auch Touristen und Geschäftsreisende, Vertreter des diplomatischen Dienstes, Mitglieder amtlicher Delegationen und die oben schon erwähnten im Ausland befindlichen Schiffe, Flugzeuge und Landfahrzeuge inländischer Unternehmen sowie deren Außenstellen, sofern sie nur vorübergehende Produktionsaufträge im Ausland ausführen. Das von Botschaften oder ähnlichen Institutionen beschäftigte einheimische (ausländische) Personal gilt als Inländer des Stationierungslandes. Internationale Organisationen werden laut Konvention als Inländer ihres Aufenthaltslandes behandelt.[137]

Der Vergleich mit der einzelwirtschaftlichen Vorgehensweise zeigt, daß das Nettoinlandsprodukt zu Faktorkosten die formal richtige Bezugsgröße für die Berechnung der concentration ratios ist. Beim Inlandsprodukt wird auf die Produktionsstätten des Inlands abgestellt, wie dies auch Ziel unserer Konzentrationsmessung ist. Ausländische Tochterunternehmen inländischer Konzerne werden nicht dem Inlandsprodukt zugerechnet. Auch das entspricht unserer Handhabung, möglichst Konzern-Inlandsabschlüsse zur Berechnung der betrieblichen Nettowertschöpfung zu verwenden oder, falls dies nicht möglich ist, die auf ausländische Produktionsstätten entfallende Wertschöpfung zumindest näherungsweise herauszurechnen.[138] Abweichungen ergeben sich bei den Zinsaufwendungen und -erträgen nichtselbständiger Auslandsfilialen großer Kreditinstitute. In die einzelbetrieblichen Wertschöpfungsrechnungen sind sie im Gegensatz zur Entstehungsrechnung der VGR einbezogen. Wir kommen darauf im zweiten Kapitel zurück und versuchen dort die gesamtwirtschaftliche Größe zu korrigieren.

Im folgenden wollen wir uns noch kurz die quantitative Bedeutung des Saldos der Erwerbs- und Vermögenseinkommen zwischen Inländern und der übrigen Welt und seine zeitliche Entwicklung sowie die Entwicklung des Nettosozialprodukts zu Faktorkosten anschauen. Zu diesem Zweck stellen wir in Tabelle 4 das Nettoinlandsprodukt und das Nettosozialprodukt jeweils zu Faktorkosten sowie die Differenz, den Saldo der Erwerbs- und Vermögenseinkommen, in absoluten Zahlen wiederum ab 1968 dar. Tabelle 5 gibt die gleichen Größen in von Hundert des Nettosozialprodukts wieder.

---

136 Vgl. ebenda.

137 Vgl. ebenda, S. 14.

138 Vgl. dazu auch den Abschnitt A.II. dieses Kapitels.

Tabelle 4: Nettoinlandsprodukt und Nettosozialprodukt zu Faktorkosten sowie Saldo der Erwerbs- und Vermögenseinkommen von 1968 bis 1986[a)]

Gegenstand der Nachweisung	1968	1969	1970	1971	1972	1973	1974	1975	1976	1977
	in Milliarden DM									
Nettoinlandsprodukt zu Faktorkosten	417,67	462,09	530,00	586,95	643,98	720,26	771,94	801,07	877,67	936,95
+ Saldo der Erwerbs- und Vermögenseinkommen zwischen Inländern und der übrigen Welt	0,42	0,85	0,40	1,24	1,36	1,63	1,02	2,50	4,48	1,38
= Nettosozialprodukt zu Faktorkosten	418,09	462,94	530,40	588,19	645,34	721,89	772,96	803,57	882,15	938,33

Gegenstand der Nachweisung	1978	1979	1980	1981	1982	1983	1984	1985	1986
	in Milliarden DM								
Nettoinlandsprodukt zu Faktorkosten	1003,96	1083,62	1142,34	1183,08	1224,34	1280,68	1343,87	1406,22	1495,68
+ Saldo der Erwerbs- und Vermögenseinkommen zwischen Inländern und der übrigen Welt	6,28	4,30	6,26	4,17	– 0,82	5,56	14,06	13,81	13,78
= Nettosozialprodukt zu Faktorkosten	1010,24	1087,92	1148,60	1187,25	1223,52	1286,24	1357,93	1420,03	1509,46

a) Vgl. Statistisches Bundesamt (III), S. 30 f., und Statistisches Bundesamt (IV), S. 210.

Tabelle 5: Der Anteil des Nettoinlandsprodukts zu Faktorkosten und des Saldos der Erwerbs- und Vermögenseinkommen am Nettosozialprodukt zu Faktorkosten von 1968 bis 1986[a)]

Gegenstand der Nachweisung	1968	1969	1970	1971	1972	1973	1974	1975	1976	1977
	in von Hundert des Nettosozialprodukts zu Faktorkosten									
Nettoinlandsprodukt zu Faktorkosten	99,9	99,8	99,9	99,8	99,8	99,8	99,9	99,7	99,5	99,9
+ Saldo der Erwerbs- und Vermögenseinkommen zwischen Inländern und der übrigen Welt	0,1	0,2	0,1	0,2	0,2	0,2	0,1	0,3	0,5	0,1
= Nettosozialprodukt zu Faktorkosten	100,0	100,0	100,0	100,0	100,0	100,0	100,0	100,0	100,0	100,0

Gegenstand der Nachweisung	1978	1979	1980	1981	1982	1983	1984	1985	1986
	in von Hundert des Nettosozialprodukts zu Faktorkosten								
Nettoinlandsprodukt zu Faktorkosten	99,4	99,6	99,5	99,7	100,1	99,6	99,4	99,0	99,1
+ Saldo der Erwerbs- und Vermögenseinkommen zwischen Inländern und der übrigen Welt	0,6	0,4	0,5	0,3	−0,1	0,4	0,6	1,0	0,9
= Nettosozialprodukt zu Faktorkosten	100,0	100,0	100,0	100,0	100,0	100,0	100,0	100,0	100,0

a) Die Prozentsätze wurden anhand der Daten aus Tabelle 4 errechnet.

Die Tabelle 4 zeigt deutlich, daß sich das Nettoinlands- und das Nettosozialprodukt, bedingt durch den kleinen Saldo, im Zeitablauf gleich entwickeln. Der Anteil des Saldos am Nettosozialprodukt schwankt zwischen – 0,1 und + 1,0 Prozent. So gesehen wäre es für die Berechnung der concentration ratios gleichgültig, ob das Nettoinlandsprodukt oder das Nettosozialprodukt als Bezugsgröße gewählt würde. Die Erkenntnisse wären sicher dieselben. Die formal richtige Bezugsgröße ist aber eindeutig das Nettoinlandsprodukt zu Faktorkosten. Auf diese Größe werden wir die folgenden Überlegungen abstimmen.

D. Die Wertschöpfung in der Verteilungsrechnung und die Bedeutung ihrer Komponenten

In diesem Abschnitt werden wir uns die Verteilungsrechnung der VGR ansehen und sie unter formalen Gesichtspunkten mit den entsprechenden einzelwirtschaftlichen Wertschöpfungsschemata vergleichen. Diese einzelbetrieblichen Wertschöpfungsschemata werden als "Additionsmethoden" oder besser direkte Methoden bezeichnet.[139] Außerdem wollen wir auch hier die Komponenten quantifizieren und im Zeitablauf darstellen.

I. Die Darstellung des Verfahrens

Nettoinlandsprodukt zu Faktorkosten
= Nettowertschöpfung
= Summe der im Inland entstandenen Erwerbs- und Vermögenseinkommen
= Einkommen aus unselbständiger Arbeit (nach dem Inlandskonzept)
+ Einkommen aus Unternehmertätigkeit und Vermögen (nach dem Inlandskonzept)

Schema 3: Verteilung des Inlandsprodukts[a)]

a) Vgl. Statistisches Bundesamt (IV), S. 64.

Die Verteilungsrechnung nach dem Inlandskonzept gibt das Nettoinlandsprodukt zu Faktorkosten und seine Bestandteile wieder. Die beiden anderen Wertschöpfungsgrößen werden nicht ausgewiesen. Durch die Subtraktion der Subventionen und die Addition der Produktionssteuern läßt sich aber auch die Wertschöpfung der Wirtschaftsbereiche und durch die Addition der Abschreibungen die Bruttowertschöpfung der

139 Zur Problematik der Begriffe vgl. Hauptabschnitt B. dieses Kapitels.

Wirtschaftsbereiche berechnen, so daß wir wieder die drei, den einzelbetrieblichen Wertschöpfungsgrößen vergleichbaren gesamtwirtschaftlichen Posten haben. Die Beschreibung, wie die Bestandteile der Verteilungsrechnung "statistisch" zustandekommen, soll hauptsächlich dem dritten Kapitel vorbehalten sein. Jetzt geht es uns nur um die Frage, ob auch hier eine formale Übereinstimmung zwischen der direkten Methode in einzelwirtschaftlicher und der Verteilungsrechnung in gesamtwirtschaftlicher Sicht vorliegt.

II. Die Bestandteile der Verteilungsrechnung

Die Bestandteile der Verteilungsrechnung[140] sind die in den Sektoren entstandenen Erwerbs- und Vermögenseinkommen, oder anders ausgedrückt, die Einkommen (richtiger wäre Einkünfte) aus unselbständiger Arbeit und die Einkommen aus Unternehmertätigkeit und Vermögen. Bei der Verteilung der im Produktionsprozeß entstehenden Einkommen handelt es sich um einen komplizierten Vorgang,[141] in dem gleichzeitig mehrere Teilvorgänge ablaufen; die Entstehung und die Verteilung der Wertschöpfung finden praktisch parallel statt. Die Verteilung führt dabei zu erheblichen Verlagerungen zwischen den Sektoren.

Das Ergebnis der Verteilungsrechnung ist die - wenn auch nicht exakte - Aufteilung der Nettowertschöpfung (nach dem Inlandskonzept) bzw. des Volkseinkommens (nach dem Inländerkonzept) auf die Produktionsfaktoren. So ergibt sich in den VGR die Einteilung in Einkommen aus unselbständiger Arbeit und in Einkommen aus Unternehmertätigkeit und Vermögen. Die Einkommen aus unselbständiger Arbeit werden als das dem Faktor Arbeit und die Einkommen aus Unternehmertätigkeit und Vermögen als das dem Faktor Kapital zuzurechnende Einkommen angesehen. Diese Klassifizierung ist deshalb nicht richtig, weil in den Einkommen aus Unternehmertätigkeit und Vermögen dispositive oder selbständige Unternehmerleistung und Vermögenseinsatz zusammen nachgewiesen werden und damit noch Einkommen des Faktors Arbeit enthalten sind. Die Einkommen aus Unternehmertätigkeit und Vermögen werden auch heute noch als Restgröße ermittelt,[142] indem vom in

140 Vgl. Statistisches Bundesamt (IV), S. 81.

141 Vgl. dazu Raabe, Karl-Heinz (II): Die Einkommensverteilung und ihr Zusammenhang mit der Entstehung und Verwendung des Sozialprodukts, in: Wirtschaft und Statistik, N. F., 6. Jg. (1954), S. 30 ff., und Bartels, Hildegard; Raabe, Karl-Heinz, und Spilker, Hans: Die Verteilung des Volkseinkommens in der Bundesrepublik Deutschland 1950 bis 1956, in: Wirtschaft und Statistik, N. F., 10. Jg. (1958), S. 135 f.

142 Zur Entwicklung der Verteilungsrechnung vgl. Bartels/Raabe/Spilker, S. 135 ff.; Hamer, Günter, und Richter, Hans-Wilhelm: Einkommen aus unselbständiger Arbeit und Einkommen

der Entstehungsrechnung bestimmten Nettoinlandsprodukt zu Faktorkosten die Einkommen aus unselbständiger Arbeit abgezogen werden. Der Grund dafür liegt in der Schwierigkeit, das Einkommen aus Unternehmertätigkeit und Vermögen statistisch zu erfassen, d. h. vor allem den Unternehmerlohn, die Verzinsung des Eigenkapitals und die Gewinne i. e. S. einwandfrei voneinander zu trennen.[143] So gelang es zwar, die Vermögenseinkommen, das sind die tatsächlichen und die unterstellten Einkommensströme für die Nutzung finanzieller Vermögensteile, des Grund und Bodens und immaterieller Rechte, isoliert zu erheben[144] und darzustellen, eine statistische Erfassung der Einkommen aus Unternehmertätigkeit, das sind die entnommenen und nichtentnommenen Gewinne der Unternehmen ohne eigene Rechtspersönlichkeit und die nichtentnommenen Gewinne der Unternehmen mit eigener Rechtspersönlichkeit, ist allerdings auch heute noch nicht möglich. Sie werden nach wie vor als Restgröße[145] bestimmt. Eine Verteilungsrechnung im Sinne der einzelbetrieblichen direkten Methoden, in denen die Summe der Einkommen unter Berücksichtigung von Korrekturposten die Nettowertschöpfung ergibt, ist deshalb gesamtwirtschaftlich nicht möglich.

1. Einkommen aus unselbständiger Arbeit

Die Einkommen aus unselbständiger Arbeit[146] beinhalten neben den Bruttolöhnen und -gehältern die Sozialbeiträge der Arbeitgeber.

Erstere sind die Löhne und Gehälter der Arbeiter, Angestellten, Beamten, Soldaten, Auszubildenden und ähnlicher Arbeitnehmergruppen

---

aus Unternehmertätigkeit und Vermögen nach Wirtschaftsbereichen, Weitere Ergebnisse der Volkswirtschaftlichen Gesamtrechnungen, in: Wirtschaft und Statistik, N. F., 18. Jg. (1966), S. 537 ff.; Dorow, Frank (II): Vermögenseinkommen und Unternehmensgewinne 1960 bis 1972, Ergebnisse der Volkswirtschaftlichen Gesamtrechnungen, in: Wirtschaft und Statistik, N. F., 26. Jg. (1974), S. 246 ff., und Engelmann (II), S. 567.

143 Vgl. Bartels/Raabe/Spilker, S. 136.

144 Vgl. Dorow (II), S. 246 f.

145 Vgl. Engelmann (II), S. 567 f.

146 Zum Folgenden vgl. Bartels, Hildegard, und Spilker, Hans: Das Einkommen aus unselbständiger Arbeit im Rahmen der Volkseinkommensrechnung, in: Wirtschaft und Statistik, N. F., 6. Jg. (1954), S. 320 f.; Bartels, Hildegard (IV): Einkommensbegriffe und Gruppierung der Einkommen, in: Wirtschaft und Statistik, N. F., 7. Jg. (1955), S. 7 f.; Fürst, Gerhard (III): Überblick über die Aufgaben, Begriffe und Gliederungen sowie über die vorhandenen Quellen der Einkommensstatistik, in: Stand der Einkommensstatistik, Individual- und Haushaltseinkommen, Einkommensschichtung, Sonderhefte zum Allgemeinen Statistischen Archiv, Heft 6, herausgegeben von Gerhard Fürst, Göttingen 1974, S. 16 ff., und Statistisches Bundesamt (IV), S. 82 f. und S. 86 ff.

aus ihrem Arbeits- und Dienstverhältnis vor Abzug der Sozialbeiträge der Arbeitnehmer und vor Abzug der Lohnsteuer. Darin sind auch Zuschläge und Zulagen, wie z. B. Akkord-, Bandarbeits-, Prämien-, Mehrarbeits-, Nachtarbeits-, Schicht- und Sonntagszuschläge sowie Leistungs-, Schmutz- und Lästigkeitszulagen enthalten. Weiter gehören dazu tariflich oder frei vereinbarte Vergütungen, wie Familien- und Kinderzuschläge, Wohnungszuschüsse, Essengeld, Fahrtkostenzuschüsse, Naturalvergütungen, Vergütungen für die durch Fest- und Feiertage, Urlaub, Krankheit u. ä. ausgefallene Arbeitszeit, gesetzliche Zuschüsse des Arbeitgebers zum Krankengeld usw. Ebenso rechnen dazu Jahressonderzuwendungen, wie 13. Monatsgehalt, zusätzliches Urlaubsgeld, Gratifikationen, Gewinnbeteiligungen, Erfolgs- und Treueprämien, Leistungen der Arbeitgeber nach den Vermögensbildungsgesetzen, Abfindungen u. ä. Leistungen. Auch Einkommen aus nebenberuflicher unselbständiger, geringfügiger Arbeit und Heimarbeit sind einbezogen.

Die Sozialbeiträge der Arbeitgeber setzen sich zusammen aus tatsächlichen und unterstellten Sozialbeiträgen. Tatsächliche Sozialbeiträge sind die gesetzlich vorgeschriebenen und die freiwillig vom Arbeitgeber geleisteten Beiträge zu den Rentenversicherungen der Arbeiter und Angestellten, zur knappschaftlichen Rentenversicherung, zur Zusatzversicherung im öffentlichen Dienst, zur gesetzlichen Krankenversicherung, zur Unfallversicherung, zur Arbeitslosenversicherung, für Einzel- und Gruppenversicherungen bei Lebensversicherungsunternehmen und selbständigen Pensionskassen zugunsten der Arbeitnehmer. Unterstellte Sozialbeiträge sind ebenso wie die tatsächlichen Sozialbeiträge Kosten für den Produktionsfaktor Arbeit. Dazu gehören unterstellte Sozialbeiträge für die Beamtenversorgung, unterstellte Sozialbeiträge für Aufwendungen der Arbeitgeber aufgrund betrieblicher Ruhegeldverpflichtungen und unterstellte Sozialbeiträge für Aufwendungen der Arbeitgeber im Falle von Krankheit, Unfall und besonderen Notlagen. Mit der Einbeziehung der unterstellten Sozialbeiträge in die VGR sollen die Einkommen der Beamten denen anderer Arbeitnehmergruppen vergleichbar gemacht werden. Dies betrifft Beamte der Gebietskörperschaften und der Sozialversicherung ebenso, wie Beamte der öffentlichen Unternehmen und der privaten Organisationen o. E. Berechnungsgrundlage sind bei Beamten der Bundesbank die in der Periode tatsächlich bezahlten Pensionen. Für die Beamten der Bundesbahn und der Bundespost werden die Bruttoeinkommen der Angestellten im öffentlichen Dienst, die tatsächliche Sozialbeiträge entrichten, zugrunde gelegt. Dabei wird so verfahren, daß ein Prozentsatz, der die Belastung der Angestellten wiedergibt, festgelegt wird. Die unterstellten Beiträge aufgrund betrieblicher Ruhegeldverpflichtungen setzen sich aus den in der Periode gezahlten Renten und Pensionen an ehemalige Mitarbeiter und Hinterbliebene und die Nettozuführungen zu Rückstellungen für zukünftig fällig werdende betriebliche Pensionszahlungen zusammen. Schließlich zählen zu den unterstellten Beiträgen auch die Zuwendungen der Arbeitgeber an Unterstützungskassen und die Beihilfen im Falle von Krankheit, Unfall und besonderen Notlagen. Die Einkommen aus unselbständiger Arbeit werden im Prinzip im Zeitpunkt ihrer Fälligkeit nachgewiesen.

Nicht zu den Einkommen aus unselbständiger Arbeit zählen in den VGR die "Vorleistungen" der Arbeitgeber. Dazu werden Trennungsentschädigungen, Umzugskostenvergütungen, Tage- und Übernachtungsgelder, Ersatz von Reisekosten, Auslösungen im Baugewerbe, Kleider- und Werkzeuggelder, Aufwendungen für die Ausbildung von Arbeitskräften, für das Personalbüro, für den Betriebsrat, für betriebseigene Unfallstationen, Kantinen, Kindergärten, Erholungsheime u. ä. zum Teil von den Unternehmen als Personalkosten gebuchte Aufwendungen gerechnet. Aufwendungen der Arbeitnehmer für spezielle Berufskleidung, Werkzeug etc. werden nur dann zu den "Vorleistungen" gezählt, wenn die Arbeitnehmer dazu vertraglich verpflichtet sind. Alle übrigen Aufwendungen im Sinne der Werbungskosten des deutschen Einkommensteuergesetzes werden als Einkommen aus unselbständiger Arbeit behandelt.

Vergleichen wir nun den gesamtwirtschaftlichen Posten "Einkommen aus unselbständiger Arbeit" mit seinem einzelwirtschaftlichen Pendant, so stellen wir fest, daß sich dieses aus drei Bestandteilen zusammensetzt. Das sind die Positionen Nr. 16: Löhne und Gehälter, Nr. 17: Soziale Abgaben und Nr. 18: Aufwendungen für Altersversorgung und Unterstützung des aktienrechtlichen Gliederungsschemas nach dem bis 1986 geltenden § 157 AktG.[147] Diese Gliederung galt, wie Göckeler und Weinstock festgestellt haben, auch für Kreditinstitute und Versicherungsunternehmen.[148] Die drei Posten betreffen aber nur den uns inter-

147 Vgl. dazu Adler/Düring/Schmaltz, Band 1, Tz. 137 ff. zu § 157, S. 661 ff., und Kroenlein, S. 114 f. Die Gliederungen von Bilanz und Gewinn- und Verlustrechnung waren bis 1986 im Aktiengesetz geregelt. Im Zuge der Harmonisierungsbestrebungen auf dem Gebiet der Rechnungslegung innerhalb der Europäischen Gemeinschaft wurden die Gliederungsvorschriften Bestandteil des Handelsgesetzes. Nach neuem Recht sind die Jahresabschlüsse erstmals für Geschäftsjahre aufzustellen, die nach dem 31. Dezember 1986 beginnen. Für uns ist die aktienrechtliche Gliederung maßgebend. Wird im folgenden das Aktiengesetz zitiert, so ist damit die bis 1986 geltende Fassung gemeint.

148 Vgl. Göckeler, S. 84 ff., insbesondere S. 84, und Weinstock, S. 75 ff.

essierenden Unternehmenssektor, und dies auch nur soweit die Unternehmen publizitätspflichtig sind.

Betrachten wir nun die Posten Nr. 16 bis 18 des § 157 AktG. Unter Nr. 16 fallen alle Löhne und Gehälter vor Abzug der vom Arbeitnehmer zu tragenden Steuern und Sozialabgaben, die während eines Geschäftsjahres für Arbeiter, Angestellte und Mitglieder des Vorstandes angefallen sind. Es spielt dabei keine Rolle, für welche Arbeit, in welcher Form und unter welcher Bezeichnung die Löhne und Gehälter geleistet wurden. Im einzelnen zählen dazu:[149] Ausgezahlte und angefallene Löhne und Gehälter, Vorstandsbezüge und Nebenbezüge, wie Trennungs- und Aufwandsentschädigungen, Gratifikationen, Hausstand- und Kindergeld, Provisionen an Betriebsangehörige, Urlaubslöhne, Wohnungsentschädigungen, Erfindervergütungen an Werksangehörige, Vergütungen für Verbesserungsvorschläge, Sonderzulagen, Überstundenentlohnung, Erziehungsbeihilfen an Lehrlinge, Karenzentschädigungen, Ausbildungsschichten, Urlaubsabgeltungen, Dienstalterprämien, Deputatkohleabgeltungen, Licht- und Wassergeld, Löhne für gesetzliche Feiertage, Weihnachtsgelder, Feriengelder, Zahlungen zur Anlage nach dem Vermögensbildungsgesetz, freiwillig übernommene Beiträge der Belegschaftsmitglieder an gesetzliche soziale Versicherungen u. ä., Zuschüsse zum Krankengeld aufgrund des Lohnfortzahlungsgesetzes, Jubiläumszahlungen und Erfolgsbeteiligungen. Außerdem fallen in Sachwerten gewährte Bezüge und Abfindungen für vorzeitig ausgeschiedene Arbeitnehmer darunter.

Der Posten Nr. 17, Soziale Abgaben, umfaßt die gesetzlichen Arbeitgeberbeiträge zur Sozialversicherung (Rentenversicherung für Arbeiter und Angestellte, Knappschaften, Kranken- und Arbeitslosenversicherung), die Beiträge zur Berufsgenossenschaft und zur befreienden Lebensversicherung.[150]

Es bleibt Posten Nr. 18: Aufwendungen für Altersversorgung und Unterstützung.[151] Dazu zählen Pensionszahlungen mit oder ohne Rechtsanspruch, soweit sie nicht zu Lasten von Pensionsrückstellungen gehen, Zuführungen zu Pensionsrückstellungen, Zuweisungen zu anderen Versorgungseinrichtungen und von der Gesellschaft geleistete Zah-

149 Vgl. Adler/Düring/Schmaltz, Band 1, Tz. 138 - 149 zu § 157, S. 662 ff., und Wirtschaftsprüfer-Handbuch 1985/86, Handbuch für Rechnungslegung, Prüfung und Beratung, Band I, bearbeitet von Wolfgang Dieter Budde, Wolfgang Dörner u. a., herausgegeben vom Institut der Wirtschaftsprüfer in Deutschland e. V., 9. Auflage, Düsseldorf 1985, S. 667 f.

150 Vgl. dazu Wirtschaftsprüfer-Handbuch 1985/86, Band I, S. 668.

151 Vgl. ebenda, S. 668 f.

lungen für die künftige Altersversorgung ihrer Mitarbeiter, wie z. B. Lebensversicherungsprämien. Auch die Versorgungsleistungen an Vorstandsmitglieder werden hier nachgewiesen. Zu den Aufwendungen für Unterstützung gehören Krankheits- und Unfallunterstützungen, übernommene Kur- und Arztkosten, Erholungsbeihilfen, Heirats- und Geburtsbeihilfen und ähnliche lohnsteuerfreie Zuwendungen, Familienfürsorgezahlungen, Hausbrandzuschüsse und Unterstützungszahlungen an Invaliden, Rentner und Hinterbliebene sowie Zuweisungen an Sozialkassen und Unterstützungseinrichtungen. Dabei handelt es sich ausschließlich um solche Aufwendungen für tätige und nicht mehr tätige Betriebsangehörige und deren Hinterbliebene, die nicht für eine Leistung des Unterstützungsempfängers gezahlt werden.

Der Vergleich der gesamtwirtschaftlichen und der einzelbetrieblichen Bestandteile zeigt, daß prinzipiell die gleichen Posten erfaßt werden. Offensichtlich werden nur die Trennungs- und Aufwandsentschädigungen unterschiedlich behandelt. Derartige Abweichungen fallen aber vom Umfang her kaum ins Gewicht. Die unterstellten Sozialbeiträge für die Beamten sind gerechtfertigt. Sie entsprechen den für diesen Personenkreis geleisteten Aufwendungen für die Zuführung von Pensionsrückstellungen, die auch in der einzelbetrieblichen Wertschöpfungsrechnung im Rahmen der Personalaufwendungen verrechnet werden, soweit es sich um publizierende öffentliche Unternehmen handelt. Wir können folglich auch hier für den Unternehmenssektor eine formale Übereinstimmung feststellen, denn die Bestandteile der Einkommen aus unselbständiger Arbeit sind in beiden Rechnungen nahezu dieselben. Wenden wir uns nun den Einkommen aus Unternehmertätigkeit und Vermögen zu.

2. Einkommen aus Unternehmertätigkeit und Vermögen

In den VGR werden von der Nettowertschöpfung die entstandenen Einkommen aus unselbständiger Arbeit abgezogen, um die entstandenen Einkommen aus Unternehmertätigkeit und Vermögen als Residuum zu bestimmen. Bei den Einkommen muß zwischen entstandenen, geleisteten und empfangenen unterschieden werden. Zählt man zur Nettowertschöpfung der einzelnen Sektoren jeweils die empfangenen Einkommen aus Unternehmertätigkeit und Vermögen (auch die von der übrigen Welt) hinzu und zieht die geleisteten Erwerbs- und Vermögenseinkommen (auch die an die übrige Welt) ab, so erhält man für jeden Sektor seinen Anteil am Volkseinkommen.[152] Auf die Bestimmung dieses An-

152 Vgl. zum Folgenden Statistisches Bundesamt (IV), Tabelle 3.23, S. 261 ff.

teils (primäre Einkommensverteilung) ist die Verteilungsrechnung zugeschnitten. Uns interessiert hier aber nicht die primäre Einkommensverteilung, d. h. das Ergebnis der Verteilung der Erwerbs- und Vermögenseinkommen zwischen den Sektoren und der übrigen Welt, sondern die Phase der Einkommensentstehung mit der Nettowertschöpfung als Ergebnis.[153] Deshalb müssen wir uns auf die entstandenen Einkommen konzentrieren. Nach den Konventionen der VGR entstehen nur im Unternehmenssektor Einkommen aus Unternehmertätigkeit und Vermögen.[154] Diese Konvention stützt sich auf die Abgrenzung der Sektoren "Staat" und "Private Haushalte einschließlich private Organisationen o. E." Danach werden von Grenzfällen abgesehen alle Unternehmen, die sich in staatlichem Eigentum befinden, im Unternehmenssektor nachgewiesen. Der Staat nimmt in dieser Abgrenzung keine unternehmerischen, sondern nur kollektive Aufgaben wahr, so daß im Staatssektor keine Einkommen aus Unternehmertätigkeit und Vermögen entstehen. Gleiches gilt für die privaten Haushalte und die privaten Organisationen o. E. Diese Regelung kann allerdings streng genommen nur für Einkommen aus Unternehmertätigkeit getroffen werden. Für Einkommen aus Vermögen ist sie strittig; denn die anderen Sektoren sind zwar in erster Linie Empfänger von Einkommen aus Unternehmertätigkeit und Vermögen, sie leisten aber ihrerseits einen Beitrag zu den Vermögenseinkommen in Form von Zinsen auf öffentliche und auf Konsumentenschulden. Gleichwohl wird auch hier in den VGR davon ausgegangen, daß die Staatsverschuldung und die Konsumentenschulden keine unternehmerischen Hintergründe haben und deshalb nur im Unternehmenssektor Einkommen aus Vermögen entstehen. So bleiben beim Staat und bei den privaten Haushalten sowie den privaten Organisationen o. E. als Nettowertschöpfung per Saldo nur die geleisteten Einkommen aus unselbständiger Arbeit übrig.[155]

Vermögenseinkommen[156] sind alle tatsächlichen und unterstellten Einkommensströme, die als Entgelt für die Nutzung finanzieller Vermögensteile, des Grund und Bodens und immaterieller Rechte von Dritten an den jeweiligen Eigentümer fließen. Diese Definition bestimmt auch die Abgrenzung der Einkommen aus Unternehmertätigkeit, die als Rest ermittelt werden. Zu den Vermögenseinkommen zählen Zinsen, Nettopachten und Einkommen aus immateriellen Werten sowie Dividenden und sonstige Ausschüttungen der Unternehmen mit eigener Rechtsper-

---

153 Vgl. ebenda, S. 104 f.

154 Vgl. ebenda, S. 83 f.

155 Vgl. ebenda, S. 124 ff., Konto 2-3 und Konto 3-3.

156 Vgl. Dorow (II), S. 248 f.

sönlichkeit.[157] Die Mieteinkommen für Wohnungen und nichtlandwirtschaftliche Gebäude zählen in den VGR nicht zu den Einkommen aus Vermögen. Die Vermietung gilt in den VGR im Gegensatz zur Verpachtung als unternehmerische Leistung. Mieten werden deshalb als Dienstleistungsverkäufe gebucht. Sie sind damit Bestandteil der Einkommen aus Unternehmertätigkeit, auch wenn diese Lösung im Hinblick auf die privaten Haushalte nicht befriedigt. Ihre Einkommen aus Wohnungsvermietung müssten herausgerechnet werden.

Die Zinsen sind der Ertrag bestimmter Forderungen, wie beispielsweise Einlagen und Kredite, festverzinslicher Wertpapiere und versicherungstechnischer Rückstellungen von Lebensversicherungsunternehmen, die entweder den Deckungsrückstellungen bzw. den Verbindlichkeiten für die Gewinnbeteiligung zugeschlagen oder an die Versicherungsnehmer direkt ausgezahlt werden, auf jeden Fall aber den Versicherten zugute kommen. Zinsen sind als Betrag in Höhe eines bestimmten Prozentsatzes zu vorher festgelegten Terminen zu zahlen. Nicht zu den Zinsen zählen Provisionen (mit Ausnahme der Kreditprovisionen), Gebühren und sonstige Abgaben sowie das Disagio bei der Ausgabe von festverzinslichen Wertpapieren. Das Disagio wird als Kursgewinn angesehen. Kursgewinne und -verluste werden aber in den Einkommen nicht berücksichtigt. Die Nettopachten sind zum einen Pachtzinsen für landwirtschaftliche Bodenflächen und Gebäude nach Abzug von Wohnungsmieten, Ausgaben für den laufenden Unterhalt und Grundsteuern. Zum anderen rechnen Konzessionsgebühren für die Nutzung nichtlandwirtschaftlicher Bodenflächen, z. B. für die Ausbeutung von Bodenschätzen oder für die Einräumung von Wegerechten dazu. Zu den Einkommen aus immateriellen Werten gehören Patent- und Lizenzgebühren, aber nicht der Erlös aus dem Verkauf derselben. Dividenden und sonstige Ausschüttungen der Unternehmen mit eigener Rechtspersönlichkeit sind Dividenden der Aktiengesellschaften, Auszahlungen von Gewinnanteilen der Gesellschaften mit beschränkter Haftung, der Genossenschaften und der bergrechtlichen Gewerkschaften. Auch solche Ausschüttungen sind einbezogen, die zur Kapitalerhöhung dienen. Ferner zählen dazu die Ausschüttungen der Versicherungsvereine auf Gegenseitigkeit, der Körperschaften des öffentlichen Rechts, der rechtsfähigen Vereine und Stiftungen, soweit sie als Unternehmen tätig sind. Dazu gehören auch die Ablieferungen und Überschüsse der öffentlichen Unternehmen ohne eigene Rechtspersönlichkeit.

157 Vgl. Statistisches Bundesamt (IV), S. 104 f. Zu den einzelnen Größen vgl. ebenda, S. 84 f. sowie Dorow (II), S. 248 f.

Die Einkommen aus Unternehmertätigkeit[158] sind in den VGR die entnommenen Gewinne der privaten Haushalte und der privaten Organisationen o. E. aus Unternehmen ohne eigene Rechtspersönlichkeit und die nichtentnommenen Gewinne der Unternehmen mit und ohne eigene Rechtspersönlichkeit. Die Einkommen aus Unternehmertätigkeit beinhalten außerdem auch die Einkommen der privaten Haushalte aus Wohnungsvermietung. Zu den Unternehmen ohne eigene Rechtspersönlichkeit zählen demnach neben den Personengesellschaften und Einzelunternehmen auch die brutto mit ihren Einnahmen und Ausgaben in Haushalten der Gebietskörperschaften gebuchten öffentlichen Unternehmen sowie die privaten Haushalte, die Wohnungen vermieten bzw. Eigentümerwohnungen selbst nutzen.[159] Durch die komplizierte Berechnung der Unternehmensgewinne und deren unterschiedliche Abgrenzung kommt es zu einer Vielzahl von Gewinnbegriffen, die das folgende Schema u. a. enthält.

Unverteilte Gewinne der Unternehmen mit eigener Rechtspersönlichkeit (Anteil des Unternehmenssektors am Volkseinkommen)
\+ Dividenden und sonstige Ausschüttungen der Unternehmen mit eigener Rechtspersönlichkeit
= Gewinne der Unternehmen mit eigener Rechtspersönlichkeit
\+ Gewinne der Unternehmen ohne eigene Rechtspersönlichkeit
= Unternehmensgewinne
\+ Von Unternehmen geleistete Nettopachten und Einkommen aus immateriellen Werten
\+ Von Unternehmen geleistete Zinsen
– Von Unternehmen empfangene Einkommen aus Unternehmen ohne eigene Rechtspersönlichkeit
– Von Unternehmen empfangene Dividenden und sonstige Ausschüttungen von Unternehmen mit eigener Rechtspersönlichkeit
– Von Unternehmen empfangene Nettopachten und Einkommen aus immateriellen Werten
– Von Unternehmen empfangene Zinsen
= Bei den Unternehmen entstandene Einkommen aus Unternehmertätigkeit und Vermögen
\+ Von den Unternehmen geleistete Einkommen aus unselbständiger Arbeit
= Bei den Unternehmen entstandene Erwerbs- und Vermögenseinkommen

---

158 Vgl. Statistisches Bundesamt (IV), S. 104 f. und S. 261, Tabelle 3.23.

159 Vgl. Dorow (II), S. 249.

= Beitrag des Unternehmenssektors zum Nettoinlandsprodukt zu Faktorkosten
= Nettowertschöpfung des Unternehmenssektors (I)

Anteil des Staates am Volkseinkommen
+ Vom Staat geleistete Vermögenseinkommen (Zinsen auf öffentliche Schulden)
– Vom Staat empfangene Vermögenseinkommen
+ Vom Staat geleistete Einkommen aus unselbständiger Arbeit
= Beitrag des Staates zum Nettoinlandsprodukt zu Faktorkosten
= Nettowertschöpfung des Staates (II)

Anteil der privaten Haushalte und der privaten Organisationen o. E. am Volkseinkommen
+ Von den privaten Haushalten und den privaten Organisationen o. E. geleistete Vermögenseinkommen (Zinsen auf Konsumentenschulden)
– Von den privaten Haushalten und den privaten Organisationen o. E. empfangene Einkommen aus Unternehmertätigkeit und Vermögen
+ Von den privaten Haushalten und den privaten Organisationen o. E. geleistete Einkommen aus unselbständiger Arbeit
– Von den privaten Haushalten und den privaten Organisationen o. E. empfangene Einkommen aus unselbständiger Arbeit
= Beitrag der privaten Haushalte und der privaten Organisationen o. E. zum Nettoinlandsprodukt zu Faktorkosten
= Nettowertschöpfung der privaten Haushalte und der privaten Organisationen o. E. (III)

Summe aus I - III
= Nettoinlandsprodukt zu Faktorkosten
= Nettowertschöpfung

Schema 4: Komponenten der Einkommensverteilung[a)]

a) Vgl. Statistisches Bundesamt (IV), S. 85, S. 120 f., S. 124 f. und S. 156 f.

Das Schema 4 läßt im oberen Teil vor allem durch die verschiedenen Gewinngrößen erkennen, wie in den VGR Einkommen aus Unternehmertätigkeit und Einkommen aus Vermögen abgegrenzt werden. Es zeigt außerdem, welche Bestandteile die Einkommen aus Unternehmertätigkeit und Vermögen haben. Diese Bestandteile beinhalten noch die direkten Steuern. Die verteilten und empfangenen Zinsen, Nettopachten, Einkommen aus immateriellen Werten, Dividenden und sonstigen

Ausschüttungen der Unternehmen mit eigener Rechtspersönlichkeit sind im Zeitpunkt der Fälligkeit nachzuweisen, die Einkommen der Unternehmen ohne eigene Rechtspersönlichkeit im Zeitpunkt der Einkommensentstehung bzw. der Fälligkeit der bei der Einkommensberechnung zu berücksichtigenden empfangenen und geleisteten Einkommen aus Unternehmertätigkeit und Vermögen.

Im unteren Teil von Schema 4 sind die Verteilungszusammenhänge beim Staat und bei den privaten Haushalten einschließlich den privaten Organisationen o.E. wiedergegeben, wobei diese Sektoren, wie erwähnt, nur mit den jeweils geleisteten Einkommen aus unselbständiger Arbeit einen Beitrag zum Nettoinlandsprodukt zu Faktorkosten leisten.

Vergleichen wir den Teil von Schema 4, der den Unternehmenssektor betrifft, mit der direkten Wertschöpfungsstaffel bei Kroenlein,[160] so stellen wir eine weitgehende Übereinstimmung der Bestandteile fest. Ausgehend von den Gewinnen sind auch in den VGR die geleisteten Einkommen aus Vermögen positive, die empfangenen dagegen negative Wertschöpfungsbestandteile. Durch die Saldierung werden dann nur die im Unternehmenssektor entstandenen Einkommen aus Unternehmertätigkeit und Vermögen erfaßt; Doppelzählungen werden dadurch vermieden.

Unterschiedlich behandelt werden in den beiden Rechnungen die Nettopachten und die Einkommen aus immateriellen Werten. Die hinter diesen Einkommen steckenden Transaktionen werden in der einzelbetrieblichen Wertschöpfungsrechnung als unternehmerische Tätigkeit angesehen und dementsprechend werden Erträge daraus der eigenen Wertschöpfung, Aufwendungen der Wertschöpfung anderer Unternehmen zugerechnet. In den VGR zählen sie als Einkommen aus Vermögen. Sie betreffen den Unternehmenssektor und gleichen sich gesamtwirtschaftlich aus. Es kommt aber zu einer Abweichung, die wir korrigieren müssen. Während die Nettopachten wohl ausschließlich das Inland betreffen, fließen zwei entgegengesetzte Ströme an Gebühren für Patente, Lizenzen u. ä. zwischen dem Inland und dem Ausland, die bei der Berechnung des Inlandsprodukts berücksichtigt werden. Die ans Ausland geleisteten Einkommen aus immateriellen Werten sind in den VGR im Inlandsprodukt enthalten, die vom Ausland empfangenen nicht. In der einzelbetrieblichen Wertschöpfungsrechnung ist es umgekehrt. Die vom Ausland empfangenen Einnahmen aus immateriellen Werten werden als wertschöpfungsrelevante Erträge verbucht, die geleisteten Ausgaben werden als Vorleistungen abgezogen. Auf Seiten der VGR müssen

160 Vgl. Kroenlein, S. 156 f.

also in der Verteilungsrechnung und in der Entstehungsrechnung die ans Ausland geleisteten Ausgaben für Patente, Lizenzen u. ä. abgezogen und die empfangenen Einnahmen addiert werden, um die beiden Wertschöpfungsrechnungen einander anzupassen. Da die Ausgaben immer höher waren als die Einnahmen, ist der Saldo negativ, d. h., er muß bei der Ermittlung der Wertschöpfung abgezogen werden. Die dazu erforderlichen Zahlen können nach Auskunft des Statistischen Bundesamtes den Monatsberichten der Deutschen Bundesbank entnommen werden. Das Inlandskonzept im Sinne der VGR wird durch diese Korrektur verändert.

Für die Kreditinstitute zeigt ein Vergleich mit Göckeler,[161] daß auf den ersten Blick auch hier eine formale Identität besteht. Bei der "Zins"differenzrechnung zur Ermittlung der "Produktionswerte" der Banken werden allerdings die Erträge aus Beteiligungen und die Erträge aus Ergebnisabführungsverträgen in den VGR und in den einzelbetrieblichen Wertschöpfungsrechnungen unterschiedlich verrechnet.[162] Ähnlich ist es bei den Versicherungsunternehmen.[163] Auch dort besteht rein optisch eine Übereinstimmung in der Vorgehensweise. Die Lösung dieser Probleme ist wieder im zweiten Kapitel vorgesehen. In beiden Rechnungen sind schließlich noch Steuern enthalten. Einmal die direkten Steuern in den VGR und zum anderen die Steuern vom Einkommen, vom Ertrag und vom Vermögen in den einzelbetrieblichen Wertschöpfungsstaffeln, wobei sich diese - wie wir schon weiter oben gesehen haben - nicht ganz entsprechen. Auch hier sei auf das zweite Kapitel verwiesen.

Es wurde vorn bereits darauf hingewiesen, daß die mangelnde Möglichkeit, in den VGR eine funktionale Zurechnung von Einkommen vorzunehmen, dazu führt, daß eine originäre Berechnung der Wertschöpfung nach der direkten Methode gesamtwirtschaftlich nicht möglich ist. Sollen Berechnungen in der Form erfolgen, wie es oben ausgeführt wurde, so müssen immer die Ergebnisse der Entstehungsrechnung als Grundlage der Verteilungsrechnung herangezogen werden. Insgesamt muß daher betont werden, daß die gesamtwirtschaftliche Verteilungsrechnung keine eigenständige Methode der Wertschöpfungsermittlung ist, wie wir sie von der einzelbetrieblichen direkten Methode der Wertschöpfungsberechnung kennen. Der Grund dafür liegt in ihrer Abhängigkeit von der Entstehungsrechnung.

---

161 Vgl. Göckeler, S. 102.

162 Vgl. ebenda, S. 24.

163 Vgl. Weinstock, S. 190 f.

III. Die Quantifizierung der Komponenten der Verteilungsrechnung

In diesem Abschnitt soll die quantitative Bedeutung der Komponenten der Verteilungsrechnung nach dem Inlandskonzept und ihre zeitliche Entwicklung dargestellt werden. Dabei gehen wir genauso vor wie bei der Entstehungsrechnung.

Tabelle 6: Die "bereinigte" Wertschöpfung aller Wirtschaftsbereiche und ihre Komponenten nach der Verteilungsrechnung von 1968 bis 1986[a)]

Gegenstand der Nachweisung	1968	1969	1970	1971	1972	1973	1974	1975	1976	1977
	in Milliarden DM									
Entstandene Bruttoeinkommen aus unselbständiger Arbeit	268,84	302,62	359,29	407,77	449,12	509,87	562,05	585,93	630,02	674,70
+ Entstandene Bruttoeinkommen aus Unternehmertätigkeit und Vermögen	148,83	159,47	170,71	179,18	194,86	210,39	209,89	215,14	247,65	262,25
= Nettoinlandsprodukt zu Faktorkosten = Nettowertschöpfung	417,67	462,09	530,00	586,95	643,98	720,26	771,94	801,07	877,67	936,95

Gegenstand der Nachweisung	1978	1979	1980	1981	1982	1983	1984	1985	1986
	in Milliarden DM								
Entstandene Bruttoeinkommen aus unselbständiger Arbeit	720,24	776,39	842,84	881,20	900,37	917,57	950,49	987,18	1037,21
+ Entstandene Bruttoeinkommen aus Unternehmertätigkeit und Vermögen	283,72	307,23	299,50	301,88	323,97	363,11	393,38	419,04	458,47
= Nettoinlandsprodukt zu Faktorkosten = Nettowertschöpfung	1003,96	1083,62	1142,34	1183,08	1224,34	1280,68	1343,87	1406,22	1495,68

a) Vgl. Statistisches Bundesamt (III), S. 44, und Statistisches Bundesamt (IV), S. 223.

Tabelle 7: Index der "bereinigten" Wertschöpfung aller Wirtschaftsbereiche und ihrer Komponenten nach der Verteilungsrechnung von 1968 bis 1986[a)]

Gegenstand der Nachweisung	1968	1969	1970	1971	1972	1973	1974	1975	1976	1977
	in Indexzahlen									
Entstandene Bruttoeinkommen aus unselbständiger Arbeit	100	113	134	152	167	190	209	218	234	251
+ Entstandene Bruttoeinkommen aus Unternehmertätigkeit und Vermögen	100	107	115	120	131	141	141	145	166	176
= Nettoinlandsprodukt zu Faktorkosten = Nettowertschöpfung	100	111	127	141	154	172	185	192	210	224

Gegenstand der Nachweisung	1978	1979	1980	1981	1982	1983	1984	1985	1986
	in Indexzahlen								
Entstandene Bruttoeinkommen aus unselbständiger Arbeit	268	289	314	328	335	341	354	367	386
+ Entstandene Bruttoeinkommen aus Unternehmertätigkeit und Vermögen	191	206	201	203	218	244	264	282	308
= Nettoinlandsprodukt zu Faktorkosten = Nettowertschöpfung	240	259	274	283	293	307	322	337	358

a) Die Indexzahlen wurden auf der Basis 1968 anhand der Daten aus Tabelle 6 errechnet.

Tabelle 8: Der Anteil der Komponenten der Verteilungsrechnung am Nettoinlandsprodukt zu Faktorkosten von 1968 bis 1986[a)]

Gegenstand der Nachweisung	1968	1969	1970	1971	1972	1973	1974	1975	1976	1977
	in von Hundert des Nettoinlandsprodukts zu Faktorkosten									
Entstandene Bruttoeinkommen aus unselbständiger Arbeit	64,4	65,5	67,8	69,5	69,7	70,8	72,8	73,1	71,8	72,0
+ Entstandene Bruttoeinkommen aus Unternehmertätigkeit und Vermögen	35,6	34,5	32,2	30,5	30,3	29,2	27,2	26,9	28,2	28,0
= Nettoinlandsprodukt zu Faktorkosten = Nettowertschöpfung	100,0	100,0	100,0	100,0	100,0	100,0	100,0	100,0	100,0	100,0

Gegenstand der Nachweisung	1978	1979	1980	1981	1982	1983	1984	1985	1986
	in von Hundert des Nettoinlandsprodukts zu Faktorkosten								
Entstandene Bruttoeinkommen aus unselbständiger Arbeit	71,7	71,7	73,8	74,5	73,5	71,6	70,7	70,2	69,3
+ Entstandene Bruttoeinkommen aus Unternehmertätigkeit und Vermögen	28,3	28,3	26,2	25,5	26,5	28,4	29,3	29,8	30,7
= Nettoinlandsprodukt zu Faktorkosten = Nettowertschöpfung	100,0	100,0	100,0	100,0	100,0	100,0	100,0	100,0	100,0

a) Die Prozentsätze wurden anhand der Daten aus Tabelle 6 errechnet.

Die Tabelle 6 zeigt die Entwicklung des Nettoinlandsprodukts zu Faktorkosten und seiner Komponenten. Dabei läßt sich erkennen, daß die entstandenen Bruttoeinkommen aus unselbständiger Arbeit stärker zugenommen haben als die entstandenen Bruttoeinkommen aus Unternehmertätigkeit und Vermögen. Noch deutlicher läßt sich dieser Sachverhalt an den Indexzahlen der Tabelle 7 und an den Prozentzahlen der Tabelle 8 ablesen. Die Relativzahlen der Tabelle 8 geben in etwa die "Lohnquote" und die "Gewinnquote" im Zeitablauf wieder. Diese Quoten werden allerdings üblicherweise auf dem Inländerkonzept basierend berechnet und nicht wie hier auf dem Inlandskonzept. Außerdem muß noch einmal betont werden, daß es sich nicht um eine reine Gewinnquote handelt, sondern daß als Zähler die Einkommen aus Unternehmertätigkeit und Vermögen dienen, die - wie bereits erwähnt - Zinsen, Gewinne i. e. S., Unternehmerlöhne, Pachten usw. umfassen, die statistisch nicht einzeln erfaßt werden können. Die Verteilungsrechnung kann deshalb nicht als eigenständige Rechnung durchgeführt werden. Aus diesem Grund ist die Entstehungsrechnung für die VGR von zentraler Bedeutung; auf sie und ihre Komponenten werden wir uns im folgenden hauptsächlich beziehen.

2. Kapitel

Die "gesamtwirtschaftliche" Wertschöpfung als Bezugsgröße für die Messung der Unternehmungskonzentration

Das vorige Kapitel diente dem allgemeinen formalen Vergleich der einzelbetrieblichen Wertschöpfungsermittlung mit der gesamtwirtschaftlichen Wertschöpfungsrechnung. Das Ergebnis war das Nettoinlandsprodukt zu Faktorkosten als Pendant zur einzelbetrieblichen Nettowertschöpfung zu Faktorkosten. Dabei hat sich immer wieder die Frage gestellt, welche Sektoren in die Wertschöpfungsrechnung zur Bestimmung der Basis für die Berechnung der concentration ratios einbezogen werden müssen. Diese Frage wollen wir in den nächsten Abschnitten klären. Zu diesem Zweck beschäftigen wir uns in den beiden folgenden Hauptabschnitten A und B zunächst mit dem Sektor "Staat" und mit dem Sektor "Private Haushalte und private Organisationen o. E." Im Hauptabschnitt C erfolgt daran anschließend der endgültige, genaue formale Vergleich für den Sektor "Unternehmen", wobei wir entsprechend der Einteilung der VGR in die Untersektoren "Produktionsunternehmen", "Kreditinstitute" und "Versicherungsunternehmen", die wir auch auf der einzelbetrieblichen Seite haben, vorgehen werden.

A. Die Wertschöpfung des Staates

Bevor die quantitative Bedeutung des Sektors "Staat" aufgezeigt wird, müssen wir uns noch einmal kurz mit der Ermittlung seiner Wertschöpfung befassen.

I. Die Ermittlung der Wertschöpfung des Staatssektors

Der Sektor "Staat" setzt sich, wie wir schon gesehen haben, aus den Untersektoren "Gebietskörperschaften" und "Sozialversicherung" zusammen. Er tritt als Produzent, als Verbraucher, als Investor und als

"Umverteiler" von Einkommen auf.[1] Wie vielseitig seine Aktivitäten dabei sind, und wie sie sich im Laufe der Zeit entwickelt haben, zeigt ein Blick in die Veröffentlichungen des Statistischen Bundesamtes,[2] in die einschlägige Literatur[3] und in Tabelle 9, die die Entwicklung der Staatsquote[4] wiedergibt. Da sind zunächst die außerökonomischen Aktivitäten des Staates, die hoheitlichen und meinungsbildenden Maßnahmen. Dazu zählen die Gesetzgebung, die Rechtsprechung und Rechtsdurchsetzung sowie die Informationspolitik. Auch sie haben ökonomische Wirkungen;[5] sie erfordern den Einsatz von Produktionsmitteln, die ihrerseits der Erzeugung von Leistungen des Staates dienen. Die zweite Gruppe bilden die ökonomischen Aktivitäten des Staatssek-

---

1 Vgl. Bartels (VI), S. 331 f. und S. 334 f., und Bartels, Hildegard, und Sievers, Ingeborg: Der Staat als Teil der Volkswirtschaft 1950 bis 1959, Weitere Ergebnisse der Volkswirtschaftlichen Gesamtrechnungen, in: Wirtschaft und Statistik, N. F., 13. Jg. (1961), S. 135 ff. und S. 141 ff.

2 Vgl. hierzu Kopsch, Günter (I): Ausgaben des Staates nach Aufgabenbereichen in den Volkswirtschaftlichen Gesamtrechnungen, in: Wirtschaft und Statistik, N. F., 32. Jg. (1980), S. 155 ff.; Kopsch (II), S. 749 ff., und Statistisches Bundesamt Wiesbaden (Hrsg.) (II): Der Staat in den Volkswirtschaftlichen Gesamtrechnungen 1960 bis 1983, Fachserie 18, Reihe S.6, Stuttgart und Mainz 1984.

3 Vgl. Pohmer, Dieter (IX): Dimensionen des direkten und indirekten Staatseinflusses, in: Unternehmerischer Handlungsspielraum in der aktuellen wirtschafts- und gesellschaftspolitischen Situation, Schriftenreihe des Ifo-Instituts für Wirtschaftsforschung, Nr. 102, herausgegeben von Karl Heinrich Oppenländer, Berlin und München 1979, S. 246 ff.; Pohmer, Dieter (XII): Aspekte der Bedeutung der staatlichen Aktivität für die Unternehmensentscheidungen, in: Zukunftsprobleme der Sozialen Marktwirtschaft, Verhandlungen auf der Jahrestagung des Vereins für Socialpolitik, Gesellschaft für Wirtschafts- und Sozialwissenschaften, in Nürnberg 1980, Schriften des Vereins für Socialpolitik, N. F., Band 116, herausgegeben von Otmar Issing, Berlin 1981, S. 585 ff.; Eick, Christian: Der Staatseinfluß in der Bundesrepublik Deutschland seit 1960, (Die Staatsquoten 1960 - 1981), in: Bremer Zeitschrift für Wirtschaftspolitik, 5. Jg. (1982), S. 117 ff., und Pohmer, Dieter (XIII): Dimensionen des direkten und indirekten Staatseinflusses, in: Möglichkeiten und Grenzen der Staatstätigkeit, Schriftenreihe des Wirtschaftswissenschaftlichen Seminars Ottobeuren, Band 11, herausgegeben von Gottfried Bombach, Bernhard Gahlen und Alfred E. Ott, Tübingen 1982, S. 56 ff.

4 Die Definition und die Berechnung der Staatsquote sind nicht unumstritten. Vgl. dazu z. B. Littmann, Konrad, unter Mitarbeit von Krüger, Berend: Definition und Entwicklung der Staatsquote - Abgrenzung, Aussagekraft und Anwendungsbereiche unterschiedlicher Typen von Staatsquoten -, Kommission für wirtschaftlichen und sozialen Wandel, Band 42, Göttingen 1975; Wissenschaftlicher Beirat beim Bundesministerium der Finanzen: Gutachten zur Aussagefähigkeit staatswirtschaftlicher Quoten, in: Bulletin, Nr. 90 vom 30. Juli 1976, S. 849 ff., und Kroker, Rolf: Der Staat als Wirtschaftsfaktor, Zur Aussagefähigkeit der Staatsquote, Beiträge zur Wirtschafts- und Sozialpolitik, Institut der Deutschen Wirtschaft, Band 93, Köln 1981. Um den Trend und die Schwankungen abzulesen, ist es allerdings unerheblich, ob die Ausgaben bzw. Einnahmen auf das Bruttosozialprodukt oder das Volkseinkommen bezogen werden. Vgl. dazu Pohmer (XIII), S. 88.

5 Vgl. ebenda, S.79 ff.

tors. Hier können wir zwischen finanzwirtschaftlichen Beziehungen und marktwirtschaftlicher Betätigung unterscheiden.[6] Bei der marktwirtschaftlichen Betätigung handelt es sich um die zahlreichen Beteiligungen der öffentlichen Hand an privaten Unternehmen.[7] Diese werden unabhängig von ihrer Rechtsform völlig zu Recht dem Unternehmenssektor zugerechnet.[8] Ebenso wird mit den nicht in privatrechtlicher Form betriebenen Gesellschaften verfahren, die sich im Eigentum des Staates befinden, obwohl eine Sektorzuordnung hier nicht immer eindeutig vorgenommen werden kann.[9] Zu den finanzwirtschaftlichen Aktivitäten[10] rechnen die quasi-marktwirtschaftlichen Beziehungen, denen zwei entgegengesetzte Leistungsströme zugeordnet werden können, und die spezifisch finanzwirtschaftlichen Beziehungen, die dadurch gekennzeichnet sind, daß der Leistung nicht unmittelbar eine Gegenleistung zugerechnet werden kann. Den spezifisch finanzwirtschaftlichen Beziehungen kommt dabei die größte Bedeutung zu. Die mit ihnen verbundenen öffentlichen Leistungen werden der Allgemeinheit ohne spezielles Entgelt zur Verfügung gestellt.

---

6 Vgl. u. a. ebenda, S. 57 ff. und S. 67 ff.

7 Einen Überblick über die Beteiligungen des Bundes gibt der jährliche Bericht des Bundesministeriums der Finanzen. Vgl. dazu Bundesministerium der Finanzen (Hrsg.) (I): Beteiligungen des Bundes im Jahre 1988, Bonn 1989.

8 Vgl. Pohmer (IX), S. 253.

9 Vgl. ebenda.

10 Zu den Begriffen vgl. Pohmer (II), S. 74 ff.; Pohmer, Dieter (VIII): Wirkungen finanzpolitischer Instrumente, in: Handbuch der Finanzwissenschaft, Band I, herausgegeben von Fritz Neumark unter Mitarbeit von Norbert Andel und Heinz Haller, Dritte, gänzlich neubearbeitete Auflage, Tübingen 1977, S. 197 ff., und Pohmer, Dieter (XI): Finanzwissenschaft III: Politik, in: Handwörterbuch der Wirtschaftswissenschaft (HdWW), Dritter Band, herausgegeben von Willi Albers, Karl Erich Born u. a., Stuttgart, New York u. a. 1980, S. 266 ff.

Tabelle 9: Die Entwicklung der Staatsquoten von 1968 bis 1986[a)]

Gegenstand der Nachweisung	1968	1969	1970	1971	1972	1973	1974	1975	1976	1977
					in von Hundert					
Ausgaben/Bruttosozialprodukt	41,1	40,4	40,6	42,1	42,6	45,0	46,2	50,2	49,3	49,3
Ausgaben/Volkseinkommen	52,5	52,2	51,7	53,8	54,5	57,3	59,0	64,3	62,9	63,0
Gegenstand der Nachweisung	1978	1979	1980	1981	1982	1983	1984	1985	1986	
					in von Hundert					
Ausgaben/Bruttosozialprodukt	49,1	48,4	49,5	50,9	50,9	49,4	48,8	48,3	47,4	
Ausgaben/Volkseinkommen	62,7	62,2	64,0	66,2	66,4	64,6	63,6	62,8	61,1	

a) Eigene Berechnungen. Quellen der zugrundeliegenden Daten: Statistisches Bundesamt (III), S. 30 f., S. 185 ff., S. 260, S. 266 und S. 272, und Statistisches Bundesamt (IV), S. 210, S. 276 und S. 304. Die Ausgaben sind die Staatsausgaben in der Abgrenzung der VGR zuzüglich der Veränderung der Forderungen.

Der Produktionswert des Staates ergibt sich als Summe der Aufwandsposten.[11] In Ermangelung von Marktpreisen erfolgt deren Bewertung zu Herstellungskosten.[12] Zu den Aufwandsposten[13] rechnen die Einkommen aus unselbständiger Arbeit der beim Staat Beschäftigten, die von den betreffenden Behörden und Einrichtungen gezahlten Produktionssteuern, die Abschreibungen und die Vorleistungen. Die Einkommen aus unselbständiger Arbeit beinhalten unterstellte Sozialbeiträge für die Altersversorgung der Beamten und Aufwendungen für die Verpflegung und Bekleidung der Bundeswehr. Sie werden im Zeitpunkt ihrer Fälligkeit nachgewiesen. Die Abschreibungen beziehen sich auf Ausrüstungen und Gebäude. Güter des Staates mit schwer bestimmbarer Nutzungsdauer, wie z. B. Straßen, Brücken, Wasserwege u. ä., werden nach internationalem Brauch nicht abgeschrieben. Der Posten Vorleistungen umfaßt neben den von den anderen Sektoren gekauften Sachgütern, in denen keine Investitionsgüter enthalten sind, die Dienstleistungen und auch die vom Staat gezahlten Einfuhrabgaben, Käufe von anderen Körperschaften des Staatssektors sowie ebenfalls nach internationalem Brauch den Erwerb von militärischen Bauten und dauerhaften militärischen Ausrüstungen. Schließlich zählen die Käufe der Sozialversicherung, der Sozialhilfe usw. dazu. Die Vorleistungen messen die laufenden Käufe des Staates und nicht den tatsächlichen Verbrauch. Sie werden im Prinzip zum Zeitpunkt ihres Kaufes nachgewiesen. Den statistischen Ausgangsdaten liegen jedoch meistens Zahlungsvorgänge zugrunde.

Die Bruttowertschöpfung wird deshalb nicht wie üblich durch Differenzbildung zwischen Produktionswert und Vorleistungen ermittelt, sondern ebenfalls durch Addition der Aufwandsposten, wobei die Vorleistungen weggelassen werden.[14] Die indirekte Methode ist hier also de facto nicht anwendbar.

Verzichtet man zudem auf die Addition der Abschreibungen, und läßt man die Produktionssteuern weg - Subventionen fließen dem Staat nicht zu -, so bleibt das Einkommen aus unselbständiger Arbeit übrig. Der Beitrag des Sektors "Staat" zum Nettoinlandsprodukt zu Faktorkosten

11 Vgl. Statistisches Bundesamt (IV), S. 70 f.

12 Vgl. Bartels (VI), S. 331 f.

13 Vgl. zum Folgenden Statistisches Bundesamt (IV), S. 70 f. und S. 73. Die früher noch in den Herstellungskosten enthaltene Nettomiete für öffentlich genutzte Gebäude - vgl. Bartels (VI), S. 331 - wurde im Zuge der Revision von 1970 weggelassen. Vgl. dazu Hamer, Günter (III): Revision der Volkswirtschaftlichen Gesamtrechnungen, in: Wirtschaft und Statistik, N. F., 22. Jg. (1970), S. 57.

14 Vgl. Statistisches Bundesamt (IV), S. 78.

entspricht demnach den geleisteten Einkommen aus unselbständiger Arbeit.

Zum Abschluß muß noch auf den sogenannten Staatsverbrauch eingegangen werden, der für die Wertschöpfungsrechnung von Bedeutung ist. Er umfaßt die der Allgemeinheit ohne spezielles Entgelt zur Verfügung gestellten Verwaltungsleistungen der Gebietskörperschaften und der Sozialversicherung und wird ermittelt, indem vom Produktionswert der Wert der Verkäufe und der selbsthergestellten Anlagen abgezogen wird. Bei dem Wert der Verkäufe handelt es sich hauptsächlich um Benutzungsgebühren.[15] Dieser sogenannte Staatsverbrauch kommt letztendlich sowohl den privaten Haushalten als auch den Unternehmen zugute. In der Terminologie der Wertschöpfungsrechnung sind das bei den Unternehmen Vorleistungen, bei den privaten Haushalten ist es Endverbrauch und bei den privaten Organisationen o. E. Eigenverbrauch. Bei den Unternehmen schlagen sich diese Vorleistungen zwar nicht als Kosten in den Rechnungen nieder, sie stellen aber "Kostenreduktionen ohne explizite Aufzeichnung dar."[16] Das Statistische Bundesamt rechnet wegen der Schwierigkeiten bei der Zurechnung den Staatsverbrauch nicht als Vorleistungen bei den Unternehmen und als Endverbrauch bzw. Eigenverbrauch bei den privaten Haushalten bzw. den privaten Organisationen o. E., sondern als Endverbrauch des öffentlichen Sektors (Staatsverbrauch). Diese Handhabung ist, wie eben dargelegt, strittig.

II. Die Quantifizierung der Wertschöpfung des Staatssektors und seine Bedeutung für die Messung der Unternehmungskonzentration

Bevor wir eine endgültige Aussage zur Bedeutung der Wertschöpfung des Staates für die Konzentrationsmessung machen, wollen wir ihr quantitatives Gewicht und das ihrer Komponenten im Zeitablauf betrachten. Deshalb werden wir in Tabelle 10 zunächst die Wertschöpfung und ihre Komponenten in absoluten und in Tabelle 11 in Indexzahlen darstellen. Tabelle 12 zeigt anschließend den Beitrag des Staates zur gesamtwirtschaftlichen "bereinigten" Nettowertschöpfung und ihren Komponenten.

---

15 Vgl. ebenda, S. 73.

16 Brümmerhoff, S. 73.

Tabelle 10: Die Wertschöpfung des Staates und ihre Komponenten von 1968 bis 1986[a)]

Gegenstand der Nachweisung	1968	1969	1970	1971	1972	1973	1974	1975	1976	1977
					in Milliarden DM					
Produktionswert	92,38	103,60	118,22	140,96	157,84	183,07	213,40	236,55	251,96	266,84
– Vorleistungen	45,32	50,32	55,66	66,34	74,02	85,67	100,36	113,65	122,14	128,10
= Bruttowertschöpfung	47,06	53,28	62,56	74,62	83,82	97,40	113,04	122,90	129,82	138,74
– Abschreibungen	2,48	2,74	3,27	3,75	4,17	4,65	5,22	5,70	6,19	6,77
= Wertschöpfung	44,58	50,54	59,29	70,87	79,65	92,75	107,82	117,20	123,63	131,97
– Produktionssteuern	0,07	0,09	0,09	0,11	0,13	0,15	0,16	0,18	0,20	0,21
= Beitrag des Staates zum Nettoinlandsprodukt zu Faktorkosten										
= Nettowertschöpfung										
= Beim Staat entstandene Einkommen aus unselbständiger Arbeit	44,51	50,45	59,20	70,76	79,52	92,60	107,66	117,02	123,43	131,76

Gegenstand der Nachweisung	1978	1979	1980	1981	1982	1983	1984	1985	1986
					in Milliarden DM				
Produktionswert	287,62	311,14	338,96	363,00	374,52	387,49	403,77	421,17	441,09
– Vorleistungen	139,42	152,03	166,57	179,28	184,94	191,70	203,70	213,71	223,70
= Bruttowertschöpfung	148,20	159,11	172,39	183,72	189,58	195,79	200,07	207,46	217,39
– Abschreibungen	7,46	8,34	9,49	10,48	11,27	11,95	12,58	13,09	13,60
= Wertschöpfung	140,74	150,77	162,90	173,24	178,31	183,84	187,49	194,37	203,79
– Produktionssteuern	0,22	0,23	0,24	0,24	0,24	0,25	0,26	0,26	0,25
= Beitrag des Staates zum Nettoinlandsprodukt zu Faktorkosten									
= Nettowertschöpfung									
= Beim Staat entstandene Einkommen aus unselbständiger Arbeit	140,52	150,54	162,66	173,00	178,07	183,59	187,23	194,11	203,54

a) Vgl. Statistisches Bundesamt (III), S. 39 und S. 236 ff., und Statistisches Bundesamt (IV), S. 218 und S. 296 sowie eigene Berechnungen.

Tabelle 11: Index der Wertschöpfung des Staates und ihrer Komponenten von 1968 bis 1986[a)]

Gegenstand der Nachweisung	1968	1969	1970	1971	1972	1973	1974	1975	1976	1977
					in Indexzahlen					
Produktionswert	100	112	128	153	171	198	231	256	273	289
– Vorleistungen	100	111	123	146	163	189	221	251	270	283
= Bruttowertschöpfung	100	113	133	159	178	207	240	261	276	295
– Abschreibungen	100	110	132	151	168	188	210	230	250	273
= Wertschöpfung	100	113	133	159	179	208	242	263	277	296
– Produktionssteuern	100	129	129	157	186	214	229	257	286	300
= Beitrag des Staates zum Nettoinlandsprodukt zu Faktorkosten										
= Nettowertschöpfung										
= Beim Staat entstandene Einkommen aus unselbständiger Arbeit	100	113	133	159	179	208	242	263	277	296

Gegenstand der Nachweisung	1978	1979	1980	1981	1982	1983	1984	1985	1986
					in Indexzahlen				
Produktionswert	311	337	367	393	405	419	437	456	477
– Vorleistungen	308	335	368	396	408	423	449	472	494
= Bruttowertschöpfung	315	338	366	390	403	416	425	441	462
– Abschreibungen	301	336	383	423	454	482	507	528	548
= Wertschöpfung	316	338	365	389	400	412	421	436	457
– Produktionssteuern	314	329	343	343	343	357	371	371	357
= Beitrag des Staates zum Nettoinlandsprodukt zu Faktorkosten									
= Nettowertschöpfung									
= Beim Staat entstandene Einkommen aus unselbständiger Arbeit	316	338	365	389	400	412	421	436	457

a) Die Indexzahlen wurden auf der Basis 1968 anhand der Daten aus Tabelle 10 errechnet.

Tabelle 12: Der Anteil des Staates an der "bereinigten" Wertschöpfung aller Wirtschaftsbereiche und ihren Komponenten von 1968 bis 1986[a)]

Gegenstand der Nachweisung	1968	1969	1970	1971	1972	1973	1974	1975	1976	1977
	in von Hundert der entsprechenden Position aus Tabelle 1									
Produktionswert	6,9	6,9	6,9	7,5	7,8	8,0	8,4	9,0	8,7	8,7
– Vorleistungen	5,4	5,3	5,2	5,7	5,9	6,0	6,2	6,8	6,6	6,6
= Bruttowertschöpfung	9,5	9,6	10,0	10,7	11,0	11,4	12,3	12,8	12,4	12,4
– Abschreibungen	4,6	4,7	4,8	4,8	4,9	4,9	4,9	4,9	5,0	5,1
= Wertschöpfung	10,1	10,2	10,6	11,4	11,7	12,2	13,2	13,9	13,4	13,4
– Produktionssteuern	0,2	0,2	0,2	0,2	0,3	0,3	0,3	0,3	0,3	0,3
= Beitrag des Staates zum Nettoinlandsprodukt zu Faktorkosten										
= Nettowertschöpfung										
= Beim Staat entstandene Einkommen aus unselbständiger Arbeit	10,7	10,9	11,2	12,1	12,4	12,9	14,0	14,6	14,1	14,1

Gegenstand der Nachweisung	1978	1979	1980	1981	1982	1983	1984	1985	1986
	in von Hundert der entsprechenden Position aus Tabelle 1								
Produktionswert	8,9	8,8	8,9	9,0	9,0	9,0	8,8	8,8	9,2
– Vorleistungen	6,8	6,8	6,8	6,9	6,9	7,0	6,9	7,0	7,5
= Bruttowertschöpfung	12,4	12,3	12,6	12,9	12,8	12,7	12,3	12,2	12,1
– Abschreibungen	5,2	5,3	5,5	5,6	5,6	5,7	5,7	5,6	5,6
= Wertschöpfung	13,4	13,3	13,6	14,0	13,9	13,8	13,4	13,3	13,1
– Produktionssteuern	0,3	0,3	0,3	0,3	0,3	0,3	0,3	0,3	0,2
= Beitrag des Staates zum Nettoinlandsprodukt zu Faktorkosten									
= Nettowertschöpfung									
= Beim Staat entstandene Einkommen aus unselbständiger Arbeit	14,0	13,9	14,2	14,6	14,5	14,4	13,9	13,8	13,6

a) Die Prozentsätze wurden als Anteile der Posten aus Tabelle 10 an den entsprechenden Posten aus Tabelle 1 errechnet.

Der Staatsverbrauch und damit die Vorleistungen des Staates werden bedingt durch die Verrechnung der unterstellten Entgelte für Bankdienstleistungen im Unternehmenssektor als zu gering ausgewiesen. Die Wertschöpfungsgrößen des Staates sind demzufolge um seinen Anteil an diesen "Vorleistungen" zu hoch. Dieser Anteil läßt sich allerdings nicht ermitteln, weil ein geeigneter Schlüssel[17] zur Aufteilung der unterstellten Entgelte für Bankdienstleistungen auf die Sektoren "Staat", "Private Haushalte und private Organisationen o. E." und "Übrige Welt" und auf die Untersektoren "Produktionsunternehmen" und "Versicherungsunternehmen" fehlt.[18] Er bezieht sich auf Dienstleistungen in Verbindung mit den öffentlichen Krediten und den Einlagen der öffentlichen Hand bei den Banken. Die sich daraus ergebenden, beim Staat als Wertschöpfung verbuchten Zinsaufwendungen fließen teilweise dem Unternehmenssektor zu. Nur die Anteile der Kreditinstitute werden als Zinserträge wertschöpfungsrelevant verrechnet und führen zu Doppelzählungen bei der "unbereinigten" Wertschöpfung aller Wirtschaftsbereiche. Mit der staatlichen Wohnungswirtschaft zusammenhängende Bankdienstleistungen werden ohnehin im Unternehmenssektor berücksichtigt.

Der Produktionswert, die Vorleistungen und die Wertschöpfungsgrößen des Staates sind, wie Tabelle 10 und vor allem Tabelle 11 zu entnehmen ist, stärker gewachsen als die entsprechenden gesamtwirtschaftlichen Größen in Tabelle 1 bzw. Tabelle 2. Dies hängt vor allem damit zusammen, daß bedingt durch die Berechnung der Wertschöpfung für den Staat eine Erhöhung der Ausgaben unmittelbar zu einer Erhöhung der Wertschöpfungsgrößen und ihrer Komponenten führt. Die Abschreibungen und noch mehr die Produktionssteuern sind dabei absolut von geringer Bedeutung. Die Zunahme der meßbaren staatlichen Aktivität mit ihren Schwankungen zeigt Tabelle 9, die die Entwicklung der Staatsquoten wiedergibt. Vergleicht man diese Entwicklung[19] mit der Zeitreihe des Beitrags des Staates zur gesamtwirtschaftlichen Nettowertschöpfung in Tabelle 12, so sieht man, daß der Trend und die Schwankungen die gleichen sind. Beide lassen sich wohl durch den Konjunkturverlauf und das Wirtschaftswachstum erklären. Insgesamt ist der Beitrag des Staates zur Nettowertschöpfung von 1968 bis 1982

17 Vgl. die Ausführungen unter B.II. im ersten Kapitel.

18 Vgl. Dorow (I), S. 377 ff., insbesondere S. 379 f., und Hamer (V), S. 218 f. Besondere Probleme ergeben sich bei der Verbuchung der unterstellten Bankgebühr beim Sektor "Übrige Welt". Vgl. dazu Dorow (I), S. 379 f.

19 Dabei spielt es keine Rolle, ob wir die Staatsquote gemessen am Bruttosozialprodukt oder gemessen am Volkseinkommen als Vergleichsmaßstab nehmen. Die Entwicklung ist bei beiden tendenziell dieselbe.

von fast 11 auf gut 14 Prozent angewachsen und dann von 1983 bis 1986 wieder auf unter 14 Prozent zurückgegangen.

Aufgrund dieses hohen Beitrags des Staatssektors zur Nettowertschöpfung und aufgrund der im ersten Kapitel erwähnten Abgrenzungsprobleme zwischen den Sektoren "Unternehmen" und "Staat" müssen wir uns an dieser Stelle Gedanken über die geeignete Bezugsgröße zur Messung der Unternehmungskonzentration machen. Da die staatlichen Unternehmen, von einigen wenigen Zweifelsfällen abgesehen, im Unternehmenssektor nachgewiesen werden, sind an sich die für die Messung der Unternehmungskonzentration notwendigen Daten im Sektor "Unternehmen" erfaßt. Prinzipiell gilt jedoch, daß falsche Zuordnungen zu den einzelnen Sektoren eine größere Bedeutung haben, wenn die concentration ratios nur auf Teile des Nettoinlandsprodukts und nicht auf die Gesamtgröße bezogen werden. Bereits erwähnt wurde, daß bei der Beobachtung des Konzentrationsprozesses anhand von Zeitreihen dieses Problem geringer ist, vorausgesetzt an den Zuordnungskriterien wird nichts verändert. Betrachtet man dagegen den Konzentrationsstand für ein einzelnes Jahr, so kann es zu Abweichungen kommen. Durch die Einbeziehung des Staates in die Bezugsgröße können diese sich aus den Zweifelsfällen ergebenden Probleme ausgeräumt werden, es entstehen aber zugleich neue. So muß dann der Beitrag des Staates zur Nettowertschöpfung, d. h. sein Gewicht und seine Struktur beobachtet werden, weil eine Veränderung dieses Beitrags nicht zwangsläufig auf den Grenzfällen, also auf einer Veränderung bei den marktwirtschaftlichen Betätigungen des Staates beruhen dürfte, sondern eher auf einer Veränderung der finanzwirtschaftlichen Aktivitäten. Um aber den Zweifelsfällen gerecht zu werden, beziehen wir die staatliche Wertschöpfung mit ein, so daß zwei Bezugsgrößen zur Bestimmung der concentration ratios zur Verfügung stehen. Da wir jedoch die Nettowertschöpfung des Unternehmenssektors als "richtige" Bezugsgröße betrachten, konzentrieren sich unsere weiteren Überlegungen auf diese Größe und ihre Komponenten.

B. Die Wertschöpfung der privaten Haushalte und der privaten Organisationen ohne Erwerbszweck

Beim Sektor "Private Haushalte und private Organisationen o. E." werden wir ebenso vorgehen wie im vorigen Hauptabschnitt beim Staat. Es wird zunächst auf die Ermittlung der Wertschöpfung eingegangen und anschließend die Bedeutung der Wertschöpfung dieses Sektors für die Konzentrationsmessung beurteilt.

I. Die Ermittlung der Wertschöpfung des Sektors "Private Haushalte und private Organisationen o. E."

Der Sektor "Private Haushalte und private Organisationen o. E." umfaßt in den VGR, wie der Name schon zeigt, die Untersektoren "Private Haushalte" und "Private Organisationen o. E."

Die privaten Haushalte erscheinen wegen der Schwierigkeiten der theoretischen Abgrenzung, der statistischen Erfassung und der Bewertung der hauswirtschaftlichen Produktionstätigkeit[20] in den VGR nur mit den Entgelten für ihre häuslichen Bediensteten. Ihr Produktionswert, ihre Bruttowertschöpfung und ihre Nettowertschöpfung sind somit identisch. Die Wohnungsvermietung und die Nutzung von Eigentümerwohnungen sowie die Eigenleistungen im Wohnungsbau werden im Unternehmenssektor erfaßt.[21] Die Wertschöpfung des Untersektors "Private Haushalte" wird damit eindeutig zu gering ausgewiesen. Diese Problematik wird noch dadurch verstärkt, daß die Schattenwirtschaft[22] immer mehr zunimmt.

Der Produktionswert, die Vorleistungen, die Bruttowertschöpfung und die Nettowertschöpfung der privaten Organisationen o. E. werden wie beim Staat durch Addition der Aufwandsposten berechnet,[23] weil sie ebenso den überwiegenden Teil ihrer Leistungen unentgeltlich abgeben. Auch hier gibt es einen dem Staatsverbrauch ähnlichen Posten, den Eigenverbrauch[24] der privaten Organisationen o. E. Die Probleme, die dabei bestehen, sind dieselben wie beim Staatssektor. Wir können deshalb auf eine genauere Darstellung der Wertschöpfungsermittlung für diesen Untersektor verzichten und auf die entsprechenden Ausführungen über den Staat verweisen. Wir müssen aber noch auf eine Besonderheit[25] eingehen. Die Anlageinvestitionen der privaten Organisationen o.

---

20 Vgl. Szameitat, Klaus: Die Haushaltung als wirtschaftende Einheit und ihre statistische Erfassung, in: Allgemeines Statistisches Archiv, 39. Band (1955), S. 312 ff. An der Feststellung Szameitats, daß sich die statistische Praxis der Untersuchung des Bereichs der privaten Haushaltung trotz seiner wirtschaftlichen Bedeutung relativ wenig angenommen hat, hat sich bis heute kaum etwas geändert.

21 Vgl. Statistisches Bundesamt (IV), S. 71.

22 Zum Anteil der privaten Haushalte an der Schattenwirtschaft vgl. u. a. Cassel, Dieter: Schattenwirtschaft - eine Wachstumsbranche?, in: List Forum, Band 11 (1981/82), S. 343 ff., und Cassel, Dieter, und Caspers, Anja: Was ist Schattenwirtschaft?, Begriff und Erscheinungsformen der Second Economy, in: Wirtschaftswissenschaftliches Studium, 13. Jg. (1984), S. 1 ff.

23 Vgl. hierzu Hartmann, S. 639, und Statistisches Bundesamt (IV), S. 70 f. und S. 78.

24 Vgl. Statistisches Bundesamt (IV), S. 73.

25 Vgl. ebenda, S. 52, und Hartmann, S. 639.

E. werden wegen der Lücken im statistischen Ausgangsmaterial zusammen mit denen der Produktionsunternehmen in Kontengruppe 6 (Vermögensveränderungskonto) verbucht. Die Abschreibungen sind dagegen im Einkommensentstehungskonto des Untersektors "Private Organisationen o. E." enthalten, so daß die Daten der Entstehungsrechnung vollständig sind und die Nettowertschöpfung vorbehaltlich der Bewertungsprobleme "richtig" ist. Bedingt durch die Art der Wertschöpfungsermittlung entstehen im Untersektor "Private Organisationen o. E." natürlich auch nur Einkommen aus unselbständiger Arbeit. Die Organisationen, deren Leistungen dem Unternehmenssektor zugute kommen, werden dort mitberücksichtigt.

II. Die Quantifizierung der Wertschöpfung des Sektors "Private Haushalte und private Organisationen o. E." und seine Bedeutung für die Messung der Unternehmungskonzentration

Zum Abschluß wird an dieser Stelle wieder das quantitative Gewicht, in diesem Fall das des Sektors "Private Haushalte und private Organisationen o. E.", dargestellt. Tabelle 13 zeigt die absoluten Werte, Tabelle 14 die Indexzahlen und Tabelle 15 den Anteil dieses Sektors an der gesamtwirtschaftlichen "bereinigten" Wertschöpfung und ihren Komponenten.

Tabelle 13: Die Wertschöpfung der privaten Haushalte und der privaten Organisationen o. E. und ihre Komponenten von 1968 bis 1986[a)]

Gegenstand der Nachweisung	1968	1969	1970	1971	1972	1973	1974	1975	1976	1977
	in Milliarden DM									
Produktionswert	11,27	12,61	14,05	16,42	18,27	21,11	24,09	26,48	28,26	30,26
– Vorleistungen	3,20	3,63	4,06	4,61	5,01	5,76	6,62	7,40	8,05	8,59
= Bruttowertschöpfung	8,07	8,98	9,99	11,81	13,26	15,35	17,47	19,08	20,21	21,67
– Abschreibungen	0,70	0,78	0,94	1,09	1,21	1,36	1,52	1,64	1,75	1,89
= Wertschöpfung	7,37	8,20	9,05	10,72	12,05	13,99	15,95	17,44	18,46	19,78
– Produktionssteuern	0,01	0,01	0,01	0,01	0,01	0,01	0,01	0,01	0,01	0,02
= Beitrag der priv. Hh. und priv. Org. zum Nettoinlandsprodukt zu Faktorkosten = Nettowertschöpfung = Bei den privaten Haushalten und den privaten Organisationen o. E. entstandene Einkommen aus unselbständiger Arbeit	7,36	8,19	9,04	10,71	12,04	13,98	15,94	17,43	18,45	19,76

Gegenstand der Nachweisung	1978	1979	1980	1981	1982	1983	1984	1985	1986
	in Milliarden DM								
Produktionswert	32,41	34,92	38,38	40,93	43,63	46,13	48,49	51,48	55,37
– Vorleistungen	9,39	10,10	11,18	11,99	12,75	13,50	14,27	15,07	15,60
= Bruttowertschöpfung	23,02	24,82	27,20	28,94	30,88	32,63	34,22	36,41	39,77
– Abschreibungen	2,06	2,29	2,58	2,82	3,01	3,10	3,24	3,35	3,47
= Wertschöpfung	20,96	22,53	24,62	26,12	27,87	29,53	30,98	33,06	36,30
– Produktionssteuern	0,02	0,02	0,02	0,02	0,02	0,02	0,02	0,02	0,03
= Beitrag der priv. Hh. und priv. Org. zum Nettoinlandsprodukt zu Faktorkosten = Nettowertschöpfung = Bei den privaten Haushalten und den privaten Organisationen o. E. entstandene Einkommen aus unselbständiger Arbeit	20,94	22,51	24,60	26,10	27,85	29,51	30,96	33,04	36,27

a) Vgl. Statistisches Bundesamt (III), S. 41 und S. 236 ff., und Statistisches Bundesamt (IV), S. 220 und S. 296 sowie eigene Berechnungen.

Tabelle 14: Index der Wertschöpfung der privaten Haushalte und der privaten Organisationen o. E. und ihrer Komponenten von 1968 bis 1986[a)]

Gegenstand der Nachweisung	1968	1969	1970	1971	1972	1973	1974	1975	1976	1977
	in Indexzahlen									
Produktionswert	100	112	125	146	162	187	214	235	251	269
– Vorleistungen	100	113	127	144	157	180	207	231	252	268
= Bruttowertschöpfung	100	111	124	146	164	190	216	236	250	269
– Abschreibungen	100	111	134	156	173	194	217	234	250	270
= Wertschöpfung	100	111	123	145	164	190	216	237	250	268
– Produktionssteuern	100	100	100	100	100	100	100	100	100	200
= Beitrag der priv. Hh. und priv. Org. zum Nettoinlandsprodukt zu Faktorkosten										
= Nettowertschöpfung										
= Bei den privaten Haushalten und den privaten Organisationen o. E. entstandene Einkommen aus unselbständiger Arbeit	100	111	123	146	164	190	217	237	251	268

Gegenstand der Nachweisung	1978	1979	1980	1981	1982	1983	1984	1985	1986
	in Indexzahlen								
Produktionswert	288	310	341	363	387	409	430	457	491
– Vorleistungen	293	316	349	375	398	422	446	471	488
= Bruttowertschöpfung	285	308	337	359	383	404	424	451	493
– Abschreibungen	294	327	369	403	430	443	463	479	496
= Wertschöpfung	284	306	334	354	378	401	420	449	493
– Produktionssteuern	200	200	200	200	200	200	200	200	300
= Beitrag der priv. Hh. und priv. Org. zum Nettoinlandsprodukt zu Faktorkosten									
= Nettowertschöpfung									
= Bei den privaten Haushalten und den privaten Organisationen o. E. entstandene Einkommen aus unselbständiger Arbeit	285	306	334	355	378	401	421	449	493

a) Die Indexzahlen wurden auf der Basis 1968 anhand der Daten aus Tabelle 13 errechnet.

Tabelle 15: Der Anteil der privaten Haushalte und der privaten Organisationen o. E. an der "bereinigten" Wertschöpfung aller Wirtschaftsbereiche und ihren Komponenten von 1968 bis 1986[a)]

Gegenstand der Nachweisung	1968	1969	1970	1971	1972	1973	1974	1975	1976	1977
	in von Hundert der entsprechenden Position aus Tabelle 1									
Produktionswert	0,8	0,8	0,8	0,9	0,9	0,9	1,0	1,0	1,0	1,0
– Vorleistungen	0,4	0,4	0,4	0,4	0,4	0,4	0,4	0,4	0,4	0,4
= Bruttowertschöpfung	1,6	1,6	1,6	1,7	1,7	1,8	1,9	2,0	1,9	1,9
– Abschreibungen	1,3	1,3	1,4	1,4	1,4	1,4	1,4	1,4	1,4	1,4
= Wertschöpfung	1,7	1,7	1,6	1,7	1,8	1,8	2,0	2,1	2,0	2,0
– Produktionssteuern	–	–	–	–	–	–	–	–	–	–
= Beitrag der priv. Hh. und priv. Org. zum Nettoinlandesprodukt zu Faktorkosten										
= Nettowertschöpfung										
= Bei den priv. Haush. und priv. Org. entstand. Einkommen aus unselbständiger Arbeit	1,7	1,8	1,7	1,8	1,9	1,9	2,1	2,2	2,1	2,1

Gegenstand der Nachweisung	1978	1979	1980	1981	1982	1983	1984	1985	1986
	in von Hundert der entsprechenden Position aus Tabelle 1								
Produktionswert	1,0	1,0	1,0	1,0	1,1	1,1	1,1	1,1	1,2
– Vorleistungen	0,5	0,5	0,5	0,5	0,5	0,5	0,5	0,5	0,5
= Bruttowertschöpfung	1,9	1,9	2,0	2,0	2,1	2,1	2,1	2,1	2,2
– Abschreibungen	1,4	1,5	1,5	1,5	1,5	1,5	1,5	1,4	1,4
= Wertschöpfung	2,0	2,0	2,1	2,1	2,2	2,2	2,2	2,3	2,3
– Produktionssteuern	–	–	–	–	–	–	–	–	–
= Beitrag der priv. Hh. und priv. Org. zum Nettoinlandsprodukt zu Faktorkosten									
= Nettowertschöpfung									
= Bei den priv. Haush. und priv. Org. entstand. Einkommen aus unselbständiger Arbeit	2,1	2,1	2,2	2,2	2,3	2,3	2,3	2,3	2,4

a) Die Prozentsätze wurden als Anteile der Posten aus Tabelle 13 an den entsprechenden Posten aus Tabelle 1 errechnet.

Auch hier fehlt im Endverbrauch der privaten Haushalte und im Eigenverbrauch der privaten Organisationen o. E. der Anteil des zu betrachtenden Sektors an den unterstellten Entgelten für Bankdienstleistungen. Die Wertschöpfungsgrößen werden entsprechend zu hoch ausgewiesen. Der Anteil bezieht sich auf Bankdienstleistungen in Verbindung mit den Konsumentenschulden und den Einlagen der privaten Haushalte und der privaten Organisationen o. E. Zinsen auf Wohnungsbaukredite werden im Unternehmenssektor verbucht.[26] Die Zinsaufwendungen der privaten Haushalte und der privaten Organisationen o. E. erhöhen deren Wertschöpfung. Sie fließen als Zinserträge dem Unternehmenssektor und dort wohl ausschließlich den Kreditinstituten zu. Bei den Kreditinstituten wirken die Zinserträge ebenfalls wertschöpfungserhöhend. Es kommt wieder zu den Doppelzählungen bei der "unbereinigten" Wertschöpfung aller Wirtschaftsbereiche, weil andererseits eine Anlastung der Bankdienstleistungen bei den privaten Haushalten und den privaten Organisationen o. E. nicht erfolgt.

Die Nettowertschöpfung des Sektors "Private Haushalte und private Organisationen o. E." entwickelte sich ähnlich der des Staates, wie aus Tabelle 11 und Tabelle 14 abgelesen werden kann. Das liegt aber nicht an den privaten Haushalten. Die dort entstandenen Einkommen aus unselbständiger Arbeit sind nur mäßig gestiegen und zwar unterdurchschnittlich[27] im Vergleich zur Zunahme der Nettowertschöpfung in Tabelle 2. Nehmen wir realistischerweise an, daß die Einkommen der Bediensteten in den Jahren von 1968 bis heute gewachsen sind, so läßt die tatsächliche Entwicklung nur den Schluß zu, daß die Zahl der Beschäftigten in den privaten Haushalten absolut zurückgegangen ist. Hat die Nettowertschöpfung in diesem Sektor trotzdem stärker zugenommen als die aller Sektoren, so liegt das einmal an dem geringen Gewicht der privaten Haushalte (bedingt durch die Art ihrer Wertschöpfungsermittlung) und zum anderen an dem überproportionalen Wachstum der Nettowertschöpfung der privaten Organisationen o. E.[28] und deren Gewicht innerhalb dieses Sektors. Tabelle 15 zeigt uns, daß es dabei zu Schwankungen kam, die zeitlich und tendenziell mit denen beim Staat übereinstimmen. Das deutet darauf hin, daß auch die privaten

---

26 Vgl. Statistisches Bundesamt (IV), S. 84.

27 Vgl. Statistisches Bundesamt (III), Tabelle 3.2, S. 41, und Statistisches Bundesamt (IV), Tabelle 3.2, S. 220. Zieht man dort von den im Sektor entstandenen Einkommen aus unselbständiger Arbeit diejenigen des Untersektors "Private Organisationen o. E." ab, so stellt man fest, daß die Einkommen und damit die Nettowertschöpfung im Untersektor "Private Haushalte" um das gut 1,2fache von 1968 bis 1986 zugenommen haben, während die Nettowertschöpfung aller Wirtschaftsbereiche um etwa das 3,6fache gestiegen ist (vgl. dazu Tabelle 2).

28 In diesem Untersektor verzeichnen wir in demselben Zeitraum eine Zunahme der Nettowertschöpfung um das 5,7fache. Vgl. dazu die in Fußnote 27 angegebene Quelle.

Organisationen o. E. in ihren Aktivitäten dem Konjunkturverlauf unterliegen.

Zusammenfassend können wir feststellen, daß die Bedeutung des Sektors "Private Haushalte und private Organisationen o. E." zugenommen hat, daß sein Anteil an der Nettowertschöpfung der Volkswirtschaft aber heute nur 2,4 Prozent ausmacht und er damit eine untergeordnete Rolle spielt. Diese Tatsache ist jedoch hauptsächlich auf die äußerst problematische Bewertung der hauswirtschaftlichen Produktionstätigkeit in den VGR zurückzuführen, auf die allein sich die Begründung stützen kann, diesen Sektor bei der Konzentrationsrechnung außer acht zu lassen. Betont werden muß an dieser Stelle noch einmal, daß die Wertschöpfung der privaten Haushalte zu gering ausgewiesen wird, und daß die Ermittlung der Wertschöpfung der privaten Organisationen o. E. ähnliche Probleme aufwirft wie die des Staates. Die privaten Organisationen o. E., deren Leistungen überwiegend dem Unternehmenssektor zugute kommen, werden auch dort ausgewiesen. Ferner gilt auch hier, daß alle für die Messung der Unternehmungskonzentration relevanten Unternehmen im Unternehmenssektor nachgewiesen werden und es Abgrenzungsprobleme zum Sektor "Unternehmen" nicht gibt.

C. Die Wertschöpfung der Unternehmen

In diesem Hauptabschnitt werden wir uns mit dem Sektor "Unternehmen" beschäftigen. In einem ersten Schritt soll auch hier der Anteil des Sektors an der Entstehung der gesamtwirtschaftlichen "bereinigten" Wertschöpfung dargestellt werden. Danach steht die Ermittlung der Nettowertschöpfung für die einzelnen Untersektoren, "Produktionsunternehmen", "Kreditinstitute" und "Versicherungsunternehmen", im Mittelpunkt der Untersuchung, wobei an dieser Stelle noch alle offenen Fragen, soweit sie formaler Natur sind, geklärt werden sollen.

I. Die Quantifizierung der Wertschöpfung des Unternehmenssektors

Die ersten drei der folgenden vier Tabellen sind in Analogie zur Vorgehensweise beim Sektor "Staat" und beim Sektor "Private Haushalte und private Organisationen o. E." zusammengestellt. Tabelle 16 gibt die "bereinigte" Wertschöpfung der Unternehmen und ihre Komponenten in absoluten Zahlen wieder. In Tabelle 17 sind diese absoluten Werte auf der Basis 1968 indexiert. Tabelle 18 enthält schließlich den Anteil der Unternehmen an der gesamtwirtschaftlichen "bereinigten" Wertschöpfung und ihren Komponenten.

Tabelle 16: Die "bereinigte" Wertschöpfung der Unternehmen und ihre Komponenten von 1968 bis 1986[a)]

Gegenstand der Nachweisung	1968	1969	1970	1971	1972	1973	1974	1975	1976	1977
					in Milliarden DM					
Produktionswert	1230,55	1392,42	1572,42	1714,49	1852,65	2078,52	2305,09	2361,86	2611,57	2758,86
– Vorleistungen	789,46	902,20	1017,00	1103,38	1184,24	1335,64	1514,34	1544,52	1713,32	1799,58
darunter: Unterstellte Entgelte für Bankdienstleistungen[b)]	12,92	15,43	17,94	20,76	24,00	27,27	33,97	36,85	38,81	41,67
= Bruttowertschöpfung	441,09	490,22	555,42	611,11	668,41	742,88	790,75	817,34	898,25	959,28
– Abschreibungen	50,47	54,68	63,82	72,69	79,98	88,58	99,72	108,60	116,32	124,30
= Wertschöpfung	390,62	435,54	491,60	538,42	588,43	654,30	691,03	708,74	781,93	834,98
– Produktionssteuern	37,80	43,71	41,62	45,55	51,79	59,27	61,55	62,51	68,27	74,16
+ Subventionen[c)]	12,98	11,62	11,78	12,61	15,78	18,65	18,86	20,39	22,13	24,61
= Beitrag der Unternehmen zum Nettoinlandsprodukt zu Faktorkosten										
= Nettowertschöpfung										
= Bei den Unternehmen entstandene Erwerbs- und Vermögenseinkommen	365,80	403,45	461,76	505,48	552,42	613,68	648,34	666,62	735,79	785,43
darunter: Bei den Unternehmen entstandene Einkommen aus unselbständiger Arbeit	216,97	243,98	291,05	326,30	357,56	403,29	438,45	451,48	488,14	523,18
darunter: Bei den Unternehmen entstandene Einkommen aus Unternehmertätigkeit und Vermögen	148,83	159,47	170,71	179,18	194,86	210,39	209,89	215,14	247,65	262,25

Gegenstand der Nachweisung	1978	1979	1980	1981	1982	1983	1984	1985	1986
					in Milliarden DM				
Produktionswert	2918,85	3193,63	3446,41	3629,71	3733,64	3866,59	4110,30	4287,51	4282,70
– Vorleistungen	1894,01	2084,98	2277,03	2416,30	2472,37	2545,73	2721,20	2833,95	2743,49
darunter: Unterstellte Entgelte für Bankdienstleistungen[b)]	45,37	49,21	53,94	63,26	73,47	81,72	84,07	84,24	83,69
= Bruttowertschöpfung	1024,84	1108,65	1169,38	1213,41	1261,27	1320,86	1389,10	1453,56	1539,21
– Abschreibungen	133,95	146,01	161,67	175,34	186,83	196,38	206,16	215,35	223,68
= Wertschöpfung	890,89	962,64	1007,71	1038,07	1074,44	1124,48	1182,94	1238,21	1315,53
– Produktionssteuern	78,06	83,19	83,16	83,22	85,44	88,68	93,47	96,95	101,00
+ Subventionen[c)]	29,67	31,12	30,53	29,13	29,42	31,78	36,21	37,81	41,34
= Beitrag der Unternehmen zum Nettoinlandsprodukt zu Faktorkosten									
= Nettowertschöpfung									
= Bei den Unternehmen entstandene Erwerbs- und Vermögenseinkommen	842,50	910,57	955,08	983,98	1018,42	1067,58	1125,68	1179,07	1255,87
darunter: Bei den Unternehmen entstandene Einkommen aus unselbständiger Arbeit	558,78	603,34	655,58	682,10	694,45	704,47	732,30	760,03	797,40
darunter: Bei den Unternehmen enstandene Einkommen aus Unternehmer-tätigkeit und Vermögen	283,72	307,23	299,50	301,88	323,97	363,11	393,38	419,04	458,47

a) Vgl. Statistisches Bundesamt (III), S. 44, S. 46, S. 48 f. und S. 236 ff., und Statistisches Bundesamt (IV), S. 223 ff. und S. 296 sowie eigene Berechnungen.

b) Die unterstellte Bankgebühr wird ausschließlich im Unternehmenssektor verbucht.

c) Da nur den Unternehmen Subventionen zufließen, entsprechen diese den Subventioen aller Wirtschaftsbereiche in Tabelle 1.

Tabelle 17: Index der "bereinigten" Wertschöpfung der Unternehmen und ihrer Komponenten von 1968 bis 1986[a)]

Gegenstand der Nachweisung	1968	1969	1970	1971	1972	1973	1974	1975	1976	1977
	in Indexzahlen									
Produktionswert	100	113	128	139	151	169	187	192	212	224
– Vorleistungen	100	114	129	140	150	169	192	196	217	228
darunter: Unterstellte Entgelte für Bankdienstleistungen	100	119	139	161	186	211	263	285	300	323
= Bruttowertschöpfung	100	111	126	139	152	168	179	185	204	217
– Abschreibungen	100	108	126	144	158	176	198	215	230	246
= Wertschöpfung	100	112	126	138	151	168	177	181	200	214
– Produktionssteuern	100	116	110	121	137	157	163	165	181	196
+ Subventionen	100	90	91	97	122	144	145	157	170	190
= Beitrag der Unternehmen zum Nettoinlandsprodukt zu Faktorkosten										
= Nettowertschöpfung										
= Bei den Unternehmen entstandene Erwerbs- und Vermögenseinkommen	100	110	126	138	151	168	177	182	201	215
darunter: Bei den Unternehmen entstandene Einkommen aus unselbständiger Arbeit	100	112	134	150	165	186	202	208	225	241
darunter: Bei den Unternehmen entstandene Einkommen aus Unternehmertätigkeit und Vermögen	100	107	115	120	131	141	141	145	166	176

Gegenstand der Nachweisung	1978	1979	1980	1981	1982	1983	1984	1985	1986
					in Indexzahlen				
Produktionswert	237	260	280	295	303	314	334	348	348
– Vorleistungen	240	264	288	306	313	322	345	359	348
darunter: Unterstellte Entgelte für Bankdienstleistungen	351	381	417	490	569	633	651	652	648
= Bruttowertschöpfung	232	251	265	275	286	299	315	330	349
– Abschreibungen	265	289	320	347	370	389	408	427	443
= Wertschöpfung	228	246	258	266	275	288	303	317	337
– Produktionssteuern	207	220	220	220	226	235	247	256	267
+ Subventionen	229	240	235	224	227	245	279	291	318
= Beitrag der Unternehmen zum Nettoinlandsprodukt zu Faktorkosten									
= Nettowertschöpfung									
= Bei den Unternehmen entstandene Erwerbs- und Vermögenseinkommen	230	249	261	269	278	292	308	322	343
darunter: Bei den Unternehmen entstandene Einkommen aus unselbständiger Arbeit	258	278	302	314	320	325	338	350	368
darunter: Bei den Unternehmen entstandene Einkommen aus Unternehmertätigkeit und Vermögen	191	206	201	203	218	244	264	282	308

a) Die Indexzahlen wurden auf der Basis 1968 anhand der Daten aus Tabelle 16 errechnet.

Tabelle 18: Der Anteil der Unternehmen an der "bereinigten" Wertschöpfung aller Wirtschaftsbereiche und ihren Komponenten von 1968 bis 1986[a)]

Gegenstand der Nachweisung	1968	1969	1970	1971	1972	1973	1974	1975	1976	1977
	in von Hundert der entsprechenden Position aus Tabelle 1									
Produktionswert	92,2	92,3	92,2	91,6	91,3	91,1	90,7	90,0	90,3	90,3
– Vorleistungen	94,2	94,4	94,5	94,0	93,7	93,6	93,4	92,7	92,9	92,9
darunter: Unterstellte Entgelte für Bankdienstleistungen[b)]	1,5	1,6	1,7	1,8	1,9	1,9	2,1	2,2	2,1	2,2
= Bruttowertschöpfung	88,9	88,7	88,5	87,6	87,3	86,8	85,8	85,2	85,7	85,7
– Abschreibungen	94,1	94,0	93,8	93,8	93,7	93,7	93,7	93,7	93,6	93,5
= Wertschöpfung	88,3	88,1	87,8	86,8	86,5	86,0	84,8	84,0	84,6	84,6
– Produktionssteuern	99,8	99,8	99,8	99,7	99,7	99,7	99,7	99,7	99,7	99,7
+ Subventionen	100,0	100,0	100,0	100,0	100,0	100,0	100,0	100,0	100,0	100,0
= Beitrag der Unternehmen zum Nettoinlandsprodukt zu Faktorkosten										
= Nettowertschöpfung										
= Bei den Unternehmen entstandene Erwerbs- und Vermögenseinkommen	87,6	87,3	87,1	86,1	85,8	85,2	84,0	83,2	83,8	83,8
darunter: Bei den Unternehmen entstandene Einkommen aus unselbständiger Arbeit	80,7	80,6	81,0	80,0	79,6	79,1	78,0	77,1	77,5	77,5
darunter: Bei den Unternehmen entstandene Einkommen aus Unternehmertätigkeit und Vermögen	100,0	100,0	100,0	100,0	100,0	100,0	100,0	100,0	100,0	100,0

Gegenstand der Nachweisung	1978	1979	1980	1981	1982	1983	1984	1985	1986
	in von Hundert der entsprechenden Position aus Tabelle 1								
Produktionswert	90,1	90,2	90,1	90,0	89,9	89,9	90,1	90,1	89,6
– Vorleistungen	92,7	92,8	92,8	92,7	92,6	92,5	92,6	92,5	92,0
darunter: Unterstellte Entgelte für Bankdienstleistungen[b)]	2,2	2,2	2,2	2,4	2,8	3,0	2,9	2,8	2,8
= Bruttowertschöpfung	85,7	85,8	85,4	85,1	85,1	85,3	85,6	85,6	85,7
– Abschreibungen	93,4	93,2	93,1	93,0	92,9	92,9	92,9	92,9	92,9
= Wertschöpfung	84,6	84,7	84,3	83,3	83,9	84,1	84,4	84,5	84,6
– Produktionssteuern	99,7	99,7	99,7	99,7	99,7	99,7	99,7	99,7	99,7
+ Subventionen	100,0	100,0	100,0	100,0	100,0	100,0	100,0	100,0	100,0
= Beitrag der Unternehmen zum Nettoinlandsprodukt zu Faktorkosten									
= Nettowertschöpfung									
= Bei den Unternehmen entstandene Erwerbs- und Vermögenseinkommen	83,9	84,0	83,6	83,2	83,2	83,4	83,8	83,8	84,0
darunter: Bei den Unternehmen entstandene Einkommen aus unselbständiger Arbeit	77,6	77,7	77,8	77,4	77,1	76,7	77,0	77,0	76,9
darunter: Bei den Unternehmen entstandene Einkommen aus Unternehmertätigkeit und Vermögen	100,0	100,0	100,0	100,0	100,0	100,0	100,0	100,0	100,0

a) Die Prozentsätze wurden als Anteile der Posten aus Tabelle 16 an den entsprechenden Posten aus Tabelle 1 und Tabelle 6 errechnet.

b) Die unterstellten Entgelte für Bankdienstleistungen wurden auf die Summe der Vorleistungen aus Tabelle 1 bezogen.

Tabelle 19: Die "unbereinigte", d. h. um die unterstellten Entgelte für Bankdienstleistungen überhöhte, Wertschöpfung der Unternehmen und ihre Komponenten nach der Entstehungsrechnung von 1968 bis 1986[a)]

Gegenstand der Nachweisung	1968	1969	1970	1971	1972	1973	1974	1975	1976	1977
						in Milliarden DM				
Produktionswert	1230,55	1392,42	1572,42	1714,49	1852,65	2078,52	2305,09	2361,86	2611,57	2758,86
– Vorleistungen[b)]	776,54	886,77	999,06	1082,62	1160,24	1308,37	1480,37	1507,67	1674,51	1757,91
= "Unbereinigte" Bruttowertschöpfung	454,01	505,65	573,36	631,87	692,41	770,15	824,72	854,19	937,06	1000,95
– Abschreibungen	50,47	54,68	63,82	72,69	79,98	88,58	99,72	108,60	116,32	124,30
= "Unbereinigte" Wertschöpfung	403,54	450,97	509,54	559,18	612,43	681,57	725,00	745,59	820,74	876,65
– Produktionssteuern	37,80	43,71	41,62	45,55	51,79	59,27	61,55	62,51	68,27	74,16
+ Subventionen[c)]	12,98	11,62	11,78	12,61	15,78	18,65	18,86	20,39	22,13	24,61
= "Unbereinigter" Beitrag der Unternehmen zum Nettoinlandsprodukt zu Faktorkosten										
= "Unbereinigte" Nettowertschöpfung										
= Bei den Unternehmen entstandene "unbereinigte" Erwerbs- und Vermögenseinkommen[d)]	378,72	418,88	479,70	526,24	576,42	640,95	682,31	703,47	774,60	827,10

	Gegenstand der Nachweisung	1978	1979	1980	1981	1982	1983	1984	1985	1986
						in Milliarden DM				
	Produktionswert	2918,85	3193,63	3446,41	3629,71	3733,64	3866,59	4110,30	4287,51	4282,70
–	Vorleistungen[b)]	1848,64	2035,77	2223,09	2353,04	2398,90	2464,01	2637,13	2749,71	2659,80
=	"Unbereinigte" Bruttowertschöpfung	1070,21	1157,86	1223,32	1276,67	1334,74	1402,58	1473,17	1537,80	1622,90
–	Abschreibungen	133,95	146,01	161,67	175,34	186,83	196,38	206,16	215,35	223,68
=	"Unbereinigte" Wertschöpfung	936,26	1011,85	1061,65	1101,33	1147,91	1206,20	1267,01	1322,45	1399,22
–	Produktionssteuern	78,06	83,19	83,16	83,22	85,44	88,68	93,47	96,95	101,00
+	Subventionen[c)]	29,67	31,12	30,53	29,13	29,42	31,78	36,21	37,81	41,34
=	"Unbereinigter" Beitrag der Unternehmen zum Nettoinlandsprodukt zu Faktorkosten									
=	"Unbereinigte " Nettowertschöpfung									
=	Bei den Unternehmen entstandene "unbereinigte" Erwerbs- und Vermögenseinkommen[d)]	887,87	959,78	1009,02	1047,24	1091,89	1149,30	1209,75	1263,31	1339,56

a) Vgl. Statistisches Bundesamt (III), S. 39, S. 46 und S. 236 ff., und Statistisches Bundesamt (IV), S. 218, S. 224 und S. 296 sowie eigene Berechnungen.

b) Ohne unterstellte Entgelte für Bankdienstleistungen.

c) Da nur den Unternehmen Subventionen zufließen, entsprechen diese den Subventionen aller Wirtschaftsbereiche in Tabelle 1.

d) Es wäre hier unsinnig, die um die unterstellten Entgelte für Bankdienstleistungen überhöhten Einkommen aus Unternehmertätigkeit und Vermögen auszuweisen. Deshalb verzichten wir in dieser Tabelle auf die Darstellung der Bestandteile der Verteilungsrechnung.

Wir sind uns dabei bewußt, daß die Vorleistungen des Sektors "Unternehmen" um den Anteil der anderen Sektoren (Staat, private Haushalte und private Organisationen o. E. und übrige Welt) an den unterstellten Entgelten für Bankdienstleistungen zu groß sind. Die "bereinigten" Wertschöpfungsgrößen des Unternehmenssektors werden demzufolge zu niedrig ausgewiesen. Tabelle 19 enthält schließlich die "unbereinigten", d. h. die um die unterstellten Entgelte für Bankdienstleistungen überhöhten Größen des Unternehmenssektors. Sie deckt sich auch mit der einzelbetrieblichen Berechnung, die bedingt durch die Behandlung der Zinsaufwendungen und -erträge dazu führt, daß die Wertschöpfung der Produktions- und Versicherungsunternehmen überhöht ausgewiesen wird; denn auch dort werden die Käufe von Bankdienstleistungen nicht in den Vorleistungen berücksichtigt. Eine Ausnahme bilden solche Dienstleistungen, für die von den Kreditinstituten spezielle Gebühren erhoben werden, die ihren Niederschlag in den sonstigen Aufwendungen der Produktions- und Versicherungsunternehmen finden.[29] Die an die Kreditinstitute fließenden Zinsaufwendungen der Produktions- und Versicherungsunternehmen erhöhen die Wertschöpfung sowohl bei den ersteren als auch bei den letzteren. Es kommt also auch einzelbetrieblich zu Doppelzählungen. Hinzu kommt, daß die Zinserträge der Banken und dementsprechend die Zinsaufwendungen der anderen Unternehmen nicht nur Kapitalnutzungsentgelte, sondern auch Entgelte für die Kapitalvermittlung und -weiterleitung enthalten,[30] und daß die Zinsaufwendungen der Banken sowie die Zinserträge der übrigen Bereiche um entsprechende "Gebühren" gekürzt sind. Eine Aufteilung der Zinsen in die beiden Komponenten ist nicht möglich. Dieses Problem wird uns anschließend auch noch bei den Untersektoren des Unternehmenssektors beschäftigen.

Die "unbereinigte" Wertschöpfung des Unternehmenssektors ist jetzt allerdings noch um die Anteile des Staates, der privaten Haushalte und privaten Organisationen o. E. und der übrigen Welt an den unterstellten Entgelten für Bankdienstleistungen zu hoch. Da wir diese Abweichung nicht korrigieren können, nehmen wir sie in Kauf, zumal sie dem Gebot, die "gesamtwirtschaftliche" Wertschöpfung lieber zu hoch als zu niedrig

29 Vgl. Menrad, Siegfried: Zinsen, in: Handwörterbuch des Rechnungswesens, Enzyklopädie der Betriebswirtschaftslehre, Band III, herausgegeben von Erich Kosiol, Klaus Chmielewisz und Marcell Schweitzer unter Mitarbeit von zahlreichen Fachgelehrten und Experten aus Wissenschaft und Praxis, Zweite, völlig neu gestaltete Auflage, Stuttgart 1981, Sp. 1844 ff., hier insbesondere Sp. 1851.

30 Vgl. dazu Pohmer (VI), S. 333, insbesondere Fußnote 85, und Kroenlein, S. 19 und S. 113.

und damit die concentration ratios lieber zu niedrig als zu hoch auszuweisen, entspricht. Einzelbetrieblich werden durch diese Handhabung die Kreditinstitute gegenüber den Produktions- und Versicherungsunternehmen bei der Ermittlung ihres Anteils am Nettoinlandsprodukt zu Faktorkosten und somit in ihrer Rangfolge bei der Bestimmung der größten Unternehmen diskriminiert. Der Anteil der unterstellten Entgelte für Bankdienstleistungen an der Summe der Vorleistungen aller Wirtschaftsbereiche ist von 1968 bis 1983 von 1,5 auf 3,0 Prozent angestiegen und anschließend bis 1986 wieder auf 2,8 Prozent gefallen, wie wir aus Tabelle 18 ablesen können. Damit ist der Fehler, der sich aus der Verwendung der "unbereinigten" Daten ergibt, auch insgesamt nicht sehr gravierend, weil ohnehin ein Großteil der Bankdienstleistungen auf den Unternehmenssektor, hauptsächlich auf die Produktionsunternehmen, entfallen dürfte.

Der Sektor "Unternehmen" vereinigt den größten Anteil an der Wertschöpfung auf sich. Das entspricht unseren Erwartungen und hängt zum großen Teil mit den Konventionen zusammen, die in der amtlichen Statistik in bezug auf die beiden anderen inländischen Sektoren, den "Staat" und die "Privaten Haushalte und die privaten Organsationen o. E.", getroffen werden. Die Entwicklung der einzelnen Positionen in Tabelle 16 bzw. Tabelle 17 entspricht der in Tabelle 1 bzw. Tabelle 2, was bei dem hohen Anteil des Unternehmenssektors nicht verwundert. Dieser Anteil ist, wie wir Tabelle 18 entnehmen können, bei der Nettowertschöpfung von 87,6 Prozent im Jahre 1968 auf 84,0 Prozent im Jahre 1986 gesunken. Seine Abnahme resultiert aus der Zunahme der relativen Bedeutung des Staates und der privaten Organisationen o. E. Schauen wir uns die anderen Bestandteile an, so können wir eine ähnliche Entwicklung beim Produktionswert, den Vorleistungen und den anderen Wertschöpfungsgrößen feststellen. Der Anteil der Abschreibungen und der Produktionssteuern ist beim Unternehmenssektor ziemlich konstant. Da nur die Unternehmen Subventionen erhalten, beträgt ihr Anteil an allen Subventionen naturgemäß 100 Prozent.

II. Die Abgrenzung der unternehmerischen Betätigung

Bevor wir uns den einzelnen Positionen der Entstehungsrechnung des Unternehmenssektors der VGR zuwenden und sie mit den indirekten Wertschöpfungsstaffeln vergleichen, müssen wir noch klären, wie die beiden Systeme die unternehmerische Betätigung abgrenzen, und wie sie insbesondere Zinserträge und Zinsaufwendungen verbuchen.

Für die einzelbetriebliche Wertschöpfungsrechnung der *Industrie- und Handelsunternehmen* finden wir eine solche Begriffsbestimmung bei Kroenlein, der sich an Pohmer anlehnt.[31] Von beiden wird die unternehmerische Betätigung als Produktion i. w. S. definiert. Dazu gehört auch die "Produktion" von Dienstleistungen. Das Ergebnis ist ein weiter Unternehmensbegriff, nach dem auch die Überlassung von Grundstücken und Gebäuden und die Nutzung von gewissen immateriellen Gütern (Patente, Lizenzen, Wasserrechte usw.) als Unternehmertätigkeit angesehen werden. Dementsprechend werden Erträge aus diesen Aktivitäten dem eigenen Umsatz, Aufwendungen daraus dagegen den Umsätzen anderer Unternehmen zugerechnet. Bei den Gewinnen wird nicht zwischen einbehaltenen und ausgeschütteten differenziert. Deshalb werden die aufgrund von Unternehmensverschachtelungen abgeführten Gewinne der ausschüttenden Unternehmung zugerechnet und entsprechend Beteiligungserträge beim Empfänger abgezogen. Da die reine Kapitalüberlassung nicht als unternehmerische Betätigung angesehen wird, werden Zinserträge bei der Wertschöpfungsermittlung der Industrie- und Handelsunternehmen nicht berücksichtigt, Zinsaufwendungen dagegen zählen voll zur Wertschöpfung der sie entrichtenden Unternehmung.[32]

Für die *VGR* gibt es keine Definition der unternehmerischen Betätigung, sondern nur eine Aufzählung dessen, was als ökonomische Aktivität gilt. Wie wir vorn gesehen haben, gilt in den VGR ein umfassender Produktionsbegriff, der sowohl über den Markt als auch außerhalb des Marktes ablaufende ökonomische Aktivitäten einschließt. Auch hier gilt demnach ein weiter Produktionsbegriff, der sich mit dem von Kroenlein nahezu vollständig deckt.[33] Die Mieterträge und -aufwendungen, die Gewinne und Verluste, die Beteiligungserträge und -aufwendungen und die Zinserträge und -aufwendungen werden folglich in der Entstehungsrechnung ebenso behandelt wie in der Wertschöpfungsrechnung für die Industrie- und Handelsunternehmen.

Anders verrechnet werden die Pachten für Grundstücke und die Einkommem aus immateriellen Werten, wie Patente, Lizenzen, Urheberrechte u. ä., die in den VGR zu den Einkommen aus Vermögen bzw. aus

---

31 Vgl. Kroenlein, S. 18 ff.; Pohmer, Dieter (III): Die Neuordnung der Umsatzbesteuerung, Grundlagen der bisherigen Diskussion und Grundsätze einer Reform, Bonn 1960, S. 94, aber auch Pohmer/Kroenlein, Sp. 1915 f.

32 Vgl. dazu Fußnote 30 dieses Kapitels. Diese Handhabung ist nicht unproblematisch, weil die Zinserträge in der Regel neben dem Kapitalnutzungsentgelt auch ein Entgelt für die Kapitalvermittlung und -weiterleitung enthalten. Eine Aufteilung der Bestandteile des Zinses ist nicht ohne Willkür möglich.

33 Vgl. dazu die Erörterungen im ersten Kapitel, und Bartels (VI), S. 326 f. sowie Statistisches Bundesamt (IV), S. 53 ff., S. 69, S. 71 f. und S. 83 ff.

immateriellen Werten zählen.[34] Diesen Sachverhalt haben wir bereits im ersten Kapitel erörtert und korrigieren entsprechend die gesamtwirtschaftliche Wertschöpfung, indem wir die vom Ausland empfangenen Patent- und Lizenzgebühren in der Entstehungsrechnung und in der Verteilungsrechnung addieren, die geleisteten Patent- und Lizenzgebühren dagegen subtrahieren (siehe Schema 5 und Schema 6). Ansonsten spielt diese Abweichung in der Verbuchung keine Rolle, solange keine Branchenuntersuchung bzw. keine Untersuchung der Untersektoren vorgenommen werden soll,[35] da die Nettopachten und die immateriellen Werte ohnehin den Unternehmenssektor betreffen.

  Produktionswert der Unternehmen
– Vorleistungen der Unternehmen
+ Vom Ausland empfangene Patent- und Lizenzgebühren der Unternehmen
– Ans Ausland geleistete Patent- und Lizenzgebühren der Unternehmen
= Korrigierte Bruttowertschöpfung der Unternehmen
– Abschreibungen der Unternehmen
= Korrigierte Wertschöpfung der Unternehmen
– Produktionssteuern der Unternehmen
+ Subventionen der Unternehmen
= Korrigierte Nettowertschöpfung der Unternehmen

Schema 5: Berücksichtigung des Patent- und Lizenzverkehrs mit dem Ausland in der Entstehungsrechnung der Unternehmen

  Bei den Unternehmen entstandene Einkommen aus unselbständiger Arbeit
+ Bei den Unternehmen entstandene Einkommen aus Unternehmertätigkeit und Vermögen
+ Vom Ausland empfangene Patent- und Lizenzgebühren der Unternehmen
– Ans Ausland geleistete Patent- und Lizenzgebühren der Unternehmen
= Korrigierte Nettowertschöpfung der Unternehmen

Schema 6: Berücksichtigung des Patent- und Lizenzverkehrs mit dem Ausland in der Verteilungsrechnung der Unternehmen

34 Vgl. Hamer (III), S. 59 f., und Statistisches Bundesamt (IV), S. 71.

35 Eine Branchenuntersuchung ist - wie wir wissen - nicht möglich.

Für die *Kreditinstitute* muß die für die Industrie- und Handelsunternehmen gegebene Definition der unternehmerischen Betätigung etwas modifiziert werden.[36] Dort wird unterstellt, daß die Kapitalüberlassung keine unternehmerische Tätigkeit ist. Entsprechend werden die Zinserträge und empfangene Dividenden wertschöpfungserhöhend der ausschüttenden (anderen) Unternehmung, Zinsaufwendungen und geleistete Dividenden der eigenen Wertschöpfung zugerechnet.[37] Würde bei den Kreditinstituten ebenso verfahren, so könnte sich, trotz eines Gewinns und der Zahlung von Einkommen aus unselbständiger Arbeit eine negative Wertschöpfung ergeben. Für die Kreditinstitute kann diese Konvention folglich nicht aufrecht erhalten werden. Der Grund dafür liegt in der Eigenart der Leistungen und der Preispolitik der Kreditinstitute.[38] Die Leistungen der Kreditinstitute umfassen das Bankgeschäft im Sinne des § 1 Abs. 1 KWG. Dazu gehört das Einlagengeschäft, das Kreditgeschäft, das Diskontgeschäft, das Effektengeschäft, das Depotgeschäft, das Investmentgeschäft, ein spezifisches "Revolving"-Geschäft, das Garantiegeschäft und das Girogeschäft. Da wir einen weiten Produktionsbegriff zugrunde legen, sind auch die zum überwiegenden Teil immateriellen Leistungen der Kreditinstitute zu erfassen und demzufolge die Kreditinstitute als "Produktionsunternehmen" anzusehen.

Die *Versicherungsunternehmen* bieten als Dienstleistungsunternehmen das immaterielle Wirtschaftsgut Versicherungsschutz an,[39] d. h. sie übernehmen kalkulierbare Risiken gegen vertraglich vereinbarte Prämien.[40] Diese Prämien bestehen bei reinen Risikoversicherungsunternehmen aus einem Risikoanteil und einem Dienstleistungsanteil. Bei sogenannten gemischten Versicherungsunternehmen kommt außerdem noch ein Sparanteil hinzu.[41] Die reinen Risikoversicherer sind Schaden- und Unfallversicherungsunternehmen, Krankenversicherungsunternehmen und bestimmte Nebenzweige der Lebensversicherungsunternehmen. Bei den gemischten Versicherungsunternehmen handelt es sich um Lebensversicherer und Pensions- und Sterbekassen.[42] Die Einteilung in

---

36 Zum Folgenden vgl. Göckeler, S. 17 ff.

37 Auf das Problem, daß die Zinserträge neben dem Kapitalnutzungsentgelt auch ein Entgelt für die Kapitalvermittlung und -weiterleitung enthalten, das sehr wohl als Dienstleistungsentgelt wertschöpfungsrelevant bei der eigenen Unternehmung verrechnet werden müßte, haben wir wiederholt hingewiesen. Vgl. dazu die Fußnoten 30 und 32 dieses Kapitels.

38 Vgl. Göckeler, S. 18 f.

39 Vgl. Weinstock, S. 23.

40 Vgl. Statistisches Bundesamt (IV), S. 50.

41 Zu den Begriffen vgl. Weinstock, S. 24.

42 Vgl. Hipler, S. 332.

reine Risikoversicherer und gemischte Versicherungsunternehmen ist in den VGR und bei Weinstock identisch.

III. Die Ermittlung der Wertschöpfung der Produktionsunternehmen

Wir wenden uns nun den einzelnen Positionen der Entstehungsrechnung zu. Da wir uns für die Nettowertschöpfung zu Faktorkosten als Bezugsgröße für die Berechnung der concentration ratios entschieden haben, werden wir uns im folgenden auf die wichtigsten der im ersten Kapitel erarbeiteten Komponenten, nämlich die Produktionswerte, die Vorleistungen, die Abschreibungen, die Produktionssteuern und die Subventionen beschränken, ohne auf die anderen Wertschöpfungsgrößen einzugehen.

1. Die Produktionswerte der Produktionsunternehmen

Ausgangspunkt sind die Produktionswerte der Produktionsunternehmen,[43] die sich aus dem Wert der Verkäufe von Waren und Dienstleistungen aus eigener Produktion sowie von Handelsware, dem Wert der Bestandsveränderungen an halbfertigen und fertigen Erzeugnissen aus eigener Produktion (Veränderung der sogenannten Output-Vorräte[44]) und der Wert der selbsthergestellten Anlagen (einschließlich Gebäude und selbstdurchgeführter Großreparaturen, soweit diese aktiviert sind) zusammensetzt. Der Produktionswert der Landwirtschaft enthält nach dem sogenannten Bundeshofgesetz nicht die Verkäufe von landwirtschaftlichen Erzeugnissen an andere landwirtschaftliche Betriebe. Da bei den Vorleistungen die Käufe landwirtschaftlicher Erzeugnisse von anderen landwirtschaftlichen Betrieben ebenfalls nicht erfaßt werden, ist diese Handhabung für die Wertschöpfungsgrößen der Landwirtschaft ohne Bedeutung.[45] In den Verkäufen der Unternehmen sind auch der

---

43 Vgl. Statistisches Bundesamt (IV), S. 69.

44 Die Bestände an eigenen Erzeugnissen werden in den VGR als Output-Vorräte bezeichnet. Ihre Veränderung ist Bestandteil der Produktionswerte der Unternehmen. Diese Veränderung ergibt zusammen mit der Veränderung der Input-Vorräte, das sind die Vorräte an Vorprodukten einschließlich der Handelsware, die Vorratsveränderung als Bestandteil der Bruttoinvestitionen. Vgl. dazu Statistisches Bundesamt (IV), S. 75 f. Die Bewertung erfolgt zu Durchschnittspreisen der Periode. Vgl. Fußnote 81 im ersten Kapitel.

45 Zu den Schwierigkeiten der Ermittlung der Wertschöpfung der Landwirtschaft und zum Bundeshofkonzept vgl. Raabe, Karl-Heinz (III): Der Beitrag der Land- und Forstwirtschaft und der Fischerei zum Sozialprodukt, in: Wirtschaft und Statistik, N. F., 6. Jg. (1954), S. 367 ff., und Häfner, Kurt: Die Landwirtschaft in der Wirtschaftsstatistik, in: Allgemeines Statistisches Archiv, 51. Band (1967), S. 258 f., insbesondere S. 266.

Eigenverbrauch der Unternehmer und die Einnahmen aus der Vermietung gewerblicher Räume und sonstiger reproduzierbarer Anlagen, nicht aber die Einnahmen aus Grundstückspachten und die Einkommen aus immateriellen Werten enthalten. Die Wohnungsvermietung[46] geht dagegen mit der Miete und den Nebenkosten, wie Umlagen für Treppenhausbeleuchtung, Wasser, Schornsteinfegerleistungen, Müllabfuhr, Straßenreinigung etc. in die Summe der Produktionswerte ein. Die Nutzung von Eigentümerwohnungen wird mit einem geschätzten Mietwert erfaßt. Die mit dem Kauf bzw. Verkauf von gebrauchten Anlagen und Land verbundenen Übertragungskosten werden dem Produktionswert des diese Kosten tragenden Unternehmen zugerechnet. Die Verkäufe von gebrauchten Anlagen und Land gehen nicht in die Produktionswerte ein, sondern werden mit den entsprechenden Käufen saldiert, die den Anlageinvestitionen zugerechnet werden.[47] Dabei heben sie sich gesamtwirtschaftlich weitgehend auf. Der Verschleiß des reproduzierbaren Anlagevermögens geht über die Abschreibungen in die Berechnung der Wertschöpfung ein. Der Wert der selbsthergestellten Anlagen umfaßt zudem die Eigenleistungen der privaten Haushalte im Wohnungsbau. Bei der Bewertung und Periodisierung der Produktionswerte ergeben sich kaum Probleme, wir werden darauf im dritten Kapitel zurückkommen.

Dem Produktionswert der Unternehmen in den VGR sind die wertschöpfungsrelevanten Erträge bei Kroenlein[48] gegenüberzustellen. Dazu gehören zunächst die Umsatzerlöse, das sind die Erlöse aus der Erzeugung, Fertigung oder Lieferung von Gegenständen oder Waren bei Unternehmen, deren Geschäftszweig in der Erzeugung oder Fertigung von Gegenständen oder im Vertrieb von Waren besteht. In den Umsatzerlösen können im Vergleich zu den VGR Subventionen enthalten sein. Das ist aber ohne Einfluß auf die Nettowertschöpfung zu Faktorkosten, weil die Subventionen in den VGR geschlossen zum Nettoinlandsprodukt zu Marktpreisen addiert werden. Die Umsatzerlöse werden ergänzt durch die Bestandsveränderungen an fertigen und unfertigen Erzeugnissen, die auch auf Wertberichtigungen beruhen können, worauf wir bei

46 Vgl. Dorow/Hartmann, S. 315.

47 Vgl. Bartels, Hildegard, und Oppermann, Willi: Die Anlageinvestitionen von 1950 bis 1960, Weitere Ergebnisse der Volkswirtschaftlichen Gesamtrechnungen, in: Wirtschaft und Statistik, N. F., 14. Jg. (1962), S. 311; Angenendt, Beate: Volkswirtschaftliche Gesamtrechnungen, Materialgrundlagen, Berechnungsverfahren und Fehlerquellen bei der Ermittlung der Bruttoanlageinvestitionen für Nordrhein-Westfalen, in: Statistische Rundschau für das Land Nordrhein-Westfalen, 31. Jg. (1979), S. 597, und Statistisches Bundesamt (IV), S. 74.

48 Vgl. Kroenlein, S. 54 ff.

den Abschreibungen zurückkommen werden, und durch die anderen aktivierten Eigenleistungen. Dies ergibt schließlich die Gesamtleistung der Unternehmung in der betrachteten Periode. Auch die Stelle der Verrechnung der in den Bestandsveränderungen enthaltenen Wertberichtigungen im indirekten Wertschöpfungsschema hat keine Bedeutung für die Nettowertschöpfung zu Faktorkosten. Unter "andere aktivierte Eigenleistungen" fallen im wesentlichen selbsthergestellte Anlagen, aktivierte Großreparaturen, Bauzinsen im Sinne des § 57 Abs. 3 AktG und sonstige Anlaufs-, Entwicklungs- und Versuchskosten.[49] Neben der Gesamtleistung sind aber noch einige weitere Ertragspositionen relevant. Diese sind die Erträge aus dem Abgang von Gegenständen des Anlagevermögens und aus Zuschreibungen zu Gegenständen des Anlagevermögens, die Erträge aus der Herabsetzung der Pauschalwertberichtigung zu Forderungen, die Erträge aus der Auflösung von Rückstellungen und die sonstigen Erträge. Hier handelt es sich um Größen, die in der einzelbetrieblichen Wertschöpfungsrechnung einer möglichst periodengerechten Wertschöpfungsermittlung dienen. Die dabei bestehenden Probleme hat Kroenlein[50] aufgezeigt. Die Erträge aus Anlageabgängen und Zuschreibungen ergeben sich aus der Auflösung stiller Reserven, die aus einer abweichenden Bewertung oder zu hohen Abschreibungen resultieren. Bei den Erträgen aus der Herabsetzung der Pauschalwertberichtigung zu Forderungen wurde entweder das Risiko zu hoch eingeschätzt oder die Forderungen sind insgesamt zurückgegangen. Auch hier werden stille Reserven aufgelöst. Erträge aus der Auflösung von Rückstellungen entstehen, wenn Aufwendungen für vergangene Perioden sich nachträglich als zu hoch erweisen. Für die Wertschöpfungsrechnung wäre es wichtig, zwischen Rückstellungen für Aufwendungen, die Vorleistungen sind, und solchen, die Bestandteile der Wertschöpfung sind, zu unterscheiden. Beide lassen sich schwer trennen. Sie werden zusammen als aperiodische Korrekturposten addiert. Der letzte Posten, die sonstigen Erträge, ist ein Sammelposten, der alle bisher nicht ausgewiesenen Erträge zusammenfaßt. Eine, wenn auch nicht vollständige, Aufzählung der sonstigen Erträge findet sich bei Adler/Düring/Schmaltz.[51] Sie zählen dazu Zahlungsvorgänge auf in früheren Jahren ausgebuchte Forderungen, Schuldnachlässe, Buchgewinne aus dem Verkauf von Wertpapieren des Umlaufvermögens, Kursgewinne aus Währungen, Kostenerstattungen, Rückvergütungen und Gutschrif-

49 Vgl. Adler/Düring/Schmaltz, Band 1, Tz. 56 - 62 zu § 157, hier insbesondere Tz. 58, S. 630.

50 Vgl. Kroenlein, S. 61 ff.

51 Vgl. Adler/Düring/Schmaltz, Band 1, Tz. 133 zu § 157, S. 658 f.

ten früherer Jahre, Verwaltungskostenumlagen bei Konzernen, Erträge aus der Weiterbelastung von Steuern an Organgesellschaften, Erträge aus Ausgleichsansprüchen nach § 311 Abs. 2 AktG, Schadensersatzansprüche, Ausgleichsposten bei der Inanspruchnahme von solchen Rückstellungen, die über die sonstigen Aufwendungen gebildet werden mußten, Erträge aus Sozialeinrichtungen der Gesellschaft und, soweit nicht als Umsatzerlöse ausgewiesen, Miet- und Pachteinnahmen, Patent- und Lizenzgebühren, Magazinverkäufe und ähnliche Erträge und Einnahmen aus Betriebsunterbrechungsversicherungen. Die sonstigen Erträge (ohne die außerordentlichen) werden bei Kroenlein als periodische Erträge, die außerordentlichen als aperiodische Erträge jeweils als positive Wertschöpfungskomponente in die Wertschöpfungsrechnung eingestellt.[52]

Vergleichen wir nun die Produktionswerte der Produktionsunternehmen mit den wertschöpfungsrelevanten Erträgen bei Kroenlein, so läßt sich eine weitgehende Übereinstimmung feststellen. Abweichungen bestehen bei den bereits erwähnten Einnahmen aus immateriellen Werten und der Verpachtung von Grundstücken, die aber von uns bereits berücksichtigt wurden (vgl. Schema 5 und Schema 6). Die aperiodischen Korrekturposten und ein Teil der sonstigen Erträge der einzelbetrieblichen indirekten Wertschöpfungsstaffel sind betriebsfremde Erträge, die nichts mit dem eigentlichen Betriebszweck zu tun haben. Diese betriebsfremden Erträge werden in den VGR nicht erfaßt, wie es in den Kostenstrukturerhebungen[53] deutlich zum Ausdruck kommt. Die Kostenstrukturerhebungen sind nach Auskunft des Statistischen Bundesamtes die wichtigsten Quellen für die Enstehungsrechnung der Produktionsunternehmen. Da sich die betriebsfremden Erträge und Aufwendungen we-

---

52 Vgl. Kroenlein, S. 69 ff.

53 Vgl. Bartels, Hildegard (II): Das Programm der Kostenstrukturerhebung 1950, in: Wirtschaft und Statistik, N. F., 3. Jg. (1951), S. 383 f.; Fürst, Gerhard (I): Stand und Probleme der Umsatzstatistik, in: Wirtschaft und Statistik, N. F., 4. Jg. (1952), S. 183 f., und Fürst, Gerhard (II): Die Bedeutung der Nettoproduktionswerte für gesamtwirtschaftliche Statistiken, in: Allgemeines Statistisches Archiv, 43. Band (1959), S. 379 ff. Vgl. weiter Raabe, Karl-Heinz (V): Ergänzungsreferat über: "Das Zusammenführen volkswirtschaftlicher und betriebswirtschaftlicher Aspekte in der Wirtschaftsstatistik", in: Allgemeines Statistisches Archiv, 45. Band (1961), S. 324 f.; Neubauer, Werner: Makroökonomische Kostenstrukturen im System der Statistik des Sozialprodukts und der Input-Output-Verflechtung, Berlin 1968, S. 138 ff., insbesondere S. 142; Brandner, Hela; Glaab, Hermann, u. a.: Methode der Kostenstrukturerhebungen im Produzierenden Gewerbe, in: Wirtschaft und Statistik, N. F., 29. Jg. (1977), S. 689 ff., insbesondere S. 691; Glaab, Hermann, und Wartenberg, Erwin: Zensus im Produzierenden Gewerbe für das Jahr 1979, Einführung und Methode, in: Wirtschaft und Statistik, N. F., 33. Jg. (1981), S. 28 ff., und Stock, Gerhard: Kostenstrukturerhebungen im Bergbau und im Verarbeitenden Gewerbe, in: Wirtschaft und Statistik, N. F., 35. Jg. (1983), S. 680 f.

nigstens zum Teil gesamtwirtschaftlich bzw. im Unternehmenssektor aufheben und sie vom Umfang her meistens nicht sehr ins Gewicht fallen, kann auf eine Korrektur, die in Ermangelung von Daten ohnehin nicht möglich wäre, verzichtet werden. Darüber hinaus werden in den VGR in den Produktionswerten der Produktionsunternehmen auch noch die nichtgewerbliche Wohnungsvermietung der privaten Haushalte und der privaten Organiationen o. E. und des Staates sowie die Nutzung von Eigentümerwohnungen nachgewiesen. Ebenfalls einbezogen sind die den anderen Untersektoren (Kreditinstitute und Versicherungsunternehmen) zuzurechnenden Einkommen aus der gewerblichen Wohnungsvermietung.[54] Dies ist für den Unternehmenssektor als Ganzes wiederum ohne Bedeutung. Entsprechendes gilt natürlich auch für die im folgenden noch zu untersuchenden Vorleistungen, Abschreibungen und indirekten Steuern im Zusammenhang mit der Wohnungswirtschaft. Eine Bereinigung ist auch hier nicht möglich und wohl auch nicht nötig, wenn sich an der Bedeutung der Wohnungsvermietung für die Produktionswerte bzw. die Nettowertschöpfung des Unternehmenssektors nichts wesentliches ändert, zumal auch ihr Beitrag zu diesem Posten nicht sehr groß ist. Die Gewichtung der Anteile der Unternehmen auf der einen Seite und der privaten Haushalte, der privaten Organisationen o. E. und des Staates auf der anderen Seite, ist nicht ohne weiteres möglich, da die zweite Gruppe auch die Einkommen aus Wohnungsvermietung der Unternehmen ohne eigene Rechtspersönlichkeit umfaßt. Es spricht aber einiges dafür, daß der Anteil der Nichtunternehmen sehr hoch liegt.[55] Im übrigen entspricht dieser Sachverhalt wieder unserer Intention, die Basisgröße zur Berechnung der concentration ratios lieber zu hoch als zu niedrig auszuweisen.

Schließlich muß schon an dieser Stelle festgehalten werden, daß die von Kroenlein erfaßten Industrie- und Handelsunternehmen nur eine Teilmenge der Unternehmen sind, die den Untersektor "Produktionsunternehmen" ausmachen. Es fehlen die nichtpublizitätspflichtigen Unternehmen. Andererseits erfaßt die amtliche Statistik entsprechend ihrer Zielsetzung in der Entstehungsrechnung nur einen Teil der Daten dieser Unternehmen im Vergleich zur einzelbetrieblichen Wertschöpfungsrechnung; denn betriebsfremde Erträge und Aufwendungen werden von ihr nicht verbucht. Diese gleichen sich allerdings gesamtwirtschaftlich aus.

---

54 Vgl. Dorow/Hartmann, S. 317.

55 Vgl. ebenda.

2. Die Vorleistungen der Produktionsunternehmen

Von den Produktionswerten der Produktionsunternehmen werden die von ihnen verbrauchten Vorleistungen abgezogen. Diesen wollen wir uns nun genauer zuwenden. Bei den Vorleistungen[56] handelt es sich um den Wert der Waren und Dienstleistungen (mit Ausnahme des Arbeitseinsatzes durch die privaten Haushaltungen sowie des reinen Kapitaleinsatzes), die inländische Wirtschaftseinheiten (hier die Produktionsunternehmen) von anderen in- und ausländischen Wirtschaftseinheiten bezogen und im Berichtszeitraum im Zuge ihrer Produktion verbraucht haben. Sie umfassen neben den Rohstoffen, den sonstigen Vorprodukten, den Hilfs- und Betriebsstoffen, den Brenn- und Treibstoffen und den anderen Materialien auch die Handelsware, die Bau- und sonstigen Leistungen für laufende Reparaturen, die Transportkosten, die Postgebühren, die Anwaltskosten, die gewerblichen Mieten, die Benutzungsgebühren für öffentliche Einrichtungen u. ä.[57] Dabei ist auch die Veränderung der sogenannten Input-Vorräte[58] berücksichtigt. Außerdem enthalten sie die unterstellten Entgelte für Bankdienstleistungen, die Prämien zu Schadenversicherungen in Höhe des darin enthaltenen Dienstleistungsanteils, die nichtabzugsfähige Umsatzsteuer und die Einfuhrabgaben. Auch hier ist die Bewertung und Periodisierung relativ problemlos. Deren genaue Analyse soll wieder im dritten Kapitel erfolgen.

Den Vorleistungen der Produktionsunternehmen stehen auf der einzelbetrieblichen Seite die Verbrauchsvorleistungen[59] gegenüber. Das sind die Materialaufwendungen, die sonstigen Aufwendungen, die Verluste aus Wertminderungen oder dem Abgang von Gegenständen des Umlaufvermögens außer Vorräten und Einstellung in die Pauschalwertberichtigung zu Forderungen und die Verluste aus Anlageabgängen. Einstellungen in Sonderposten mit Rücklageanteil und Auflösungserträge daraus werden von Kroenlein aus Gründen der Kompatibilität mit den VGR als wertschöpfungsirrelevante Gewinnverwendungsvorgänge angesehen. Wir kommen darauf zurück. Materialaufwendungen sind Aufwendungen für Roh-, Hilfs- und Betriebsstoffe sowie für bezogene Waren. Sie geben den Materialverbrauch der Periode wieder und sind als Gegenstück zur Gesamtleistung zu sehen. Auch Fremdleistungen

---

56 Zum Folgenden vgl. Statistisches Bundesamt (IV), S. 71 f.

57 Vgl. hierzu Neubauer, S. 151 ff.; Brandner/Glaab, S. 691, und Stock, S. 683 ff.

58 Vgl. Fußnote 44 dieses Kapitels.

59 Vgl. Kroenlein, S. 74 ff.

sind in den Materialaufwendungen enthalten, sofern sie nicht in den sonstigen Aufwendungen nachgewiesen werden. Bei den sonstigen Aufwendungen handelt es sich um alle Aufwendungen, die nicht an anderer Stelle auszuweisen sind. Kroenlein unterscheidet davon in Anlehnung an die Kommentare zum Aktiengesetz fünf Gruppen,[60] die unterschiedlich behandelt werden sollten, aus Mangel an Informationen aber geschlossen abgezogen werden müssen. Dazu gehören im einzelnen Fremdlöhne, Fremdreparaturen, Versandkosten, Aufwendungen für Frachten, Mieten und Pachten, Lizenzen, Kosten des Geldverkehrs, Versicherungsprämien, Postgebühren, Büromaterial, Verpackungsmaterial, Provisionen, Lebensmittel für Kantinen, Honorare, Prüfungskosten u. ä., Rechts- und Beratungskosten, Kurssicherungskosten, Kulanzleistungen, Rückstellungen, Werbekosten, verschiedene freiwillige Sozialleistungen, Vertreterkosten, Aufsichtsrats- und Beiratsvergütungen, Spenden, Verluste aus Syndikatsabrechnungen und Arbeitsgemeinschaften, Kursverluste, Konzernumlagen für Steuern, Gebühren und die Montanunionumlage. Die sonstigen Aufwendungen lassen sich wie erwähnt einzelbetrieblich nur geschlossen abziehen, nur die Aufsichtsrats- und Beiratsvergütungen, die Montanunionumlage und die Steuerumlagen bei Organschaftsverhältnissen können und sollen herausgerechnet werden. Bei den Verlusten aus Wertminderungen oder dem Abgang von Gegenständen des Umlaufvermögens außer Vorräten und Einstellung in die Pauschalwertberichtigung zu Forderungen und bei den Verlusten aus Anlageabgängen handelt es sich um aus der Bewertung resultierende Aufwendungen, die im Sinne einer periodengerechten einzelbetrieblichen Wertschöpfung verrechnet werden und als Pendant zu den entsprechenden Erträgen zu sehen sind. Die Aufwendungen für Roh-, Hilfs- und Betriebsstoffe können ebenso wie die Bestandsveränderungen an fertigen und unfertigen Erzeugnissen Wertminderungen von Vorräten enthalten. Auf sie und auf die Verluste aus Wertminderungen oder Verluste aus dem Abgang von Gegenständen des Umlaufvermögens außer Vorräten und Einstellung in die Pauschalwertberichtigung zu Forderungen müssen wir im Zusammenhang mit den Abschreibungen noch einmal zurückkommen, obwohl es für die Nettowertschöpfung zu Faktorkosten wieder ohne Bedeutung ist, ob die Wertberichtigungen in den Umsätzen und Vorleistungen oder erst bei den Abschreibungen berücksichtigt werden.

Auch bei den Vorleistungen läßt sich eine weitgehende Übereinstimmung feststellen. Abweichungen bestehen wiederum bei den Aufwendungen für Grundstückspachten und Lizenzen. Hier sei auf die vorn

60 Vgl. ebenda, S. 76 ff.

gemachten Ausführungen verwiesen. Eine weitere Abweichung liegt darin, daß in den VGR die Versicherungsprämien nur in Höhe des Dienstleistungsanteils,[61] in den einzelbetrieblichen Wertschöpfungsrechnungen dagegen in voller Höhe[62] in die Vorleistungen eingehen. Das wird dadurch kompensiert, daß im einzelbetrieblichen Umsatz die Leistungen der Versicherungen enthalten sind, im Produktionswert der VGR aber nicht. Mit diesem Sachverhalt werden wir uns noch im Zusammenhang mit den Versicherungsunternehmen beschäftigen. Schließlich spielt es für die Nettowertschöpfung zu Faktorkosten keine Rolle, ob die Montanunionumlage und die Steuerumlagen bei Organschaftsverhältnissen von den sonstigen Aufwendungen oder von den sonstigen Steuern subtrahiert werden. Entsprechendes gilt für die nichtabzugsfähige Umsatzsteuer in den VGR. Die eigentlich zu den indirekten Steuern bzw. sonstigen Steuern zählenden Einfuhrabgaben werden, wie wir weiter oben schon gesehen haben, in beiden Rechnungen mit den Vorleistungen abgezogen. Ebenso wird die in den Warennebenkosten enthaltene Mineralöl- und Branntweinsteuer auf Erzeugnisse, die im Begleitscheinverfahren bezogen werden, verbucht.[63] Die betriebsfremden Bestandteile der sonstigen Aufwendungen, die Verluste aus Wertminderungen oder dem Abgang von Gegenständen des Umlaufvermögens außer Vorräten und Einstellung in die Pauschalwertberichtigung zu Forderungen und die Verluste aus dem Abgang von Gegenständen des Anlagevermögens werden in den VGR nicht erfaßt. Wir können hier auf die entsprechenden Ausführungen zu den betriebsfremden Erträgen bei den Produktionswerten verweisen. Die Aufsichtsrats- und Beiratsvergütungen werden von Kroenlein, Göckeler und Weinstock soweit möglich den Personalkosten zugeordnet und sind somit Bestandteil der Nettowertschöpfung.[64] In den VGR ist dieser Posten schwer zu finden. Den einzigen Anhaltspunkt liefert Hipler, den Göckeler[65] bereits zitiert. Hipler[66] zählt die Tantiemen an Aufsichtsräte, Beiräte u. ä. bei den Versicherungsunternehmen zu den Einkommen aus Unternehmertätig-

61 Vgl. Statistisches Bundesamt (IV), S. 71.

62 Vgl. Kroenlein, S. 76.

63 Vgl. Hamer (V), S. 218, und Statistisches Bundesamt (IV), S. 71 f.

64 Bei Kroenlein muß bei der direkten Wertschöpfungsermittlung darauf geachtet werden, daß die Aufsichtsrats- und Beiratsvergütungen, sofern sie nicht in den Löhnen und Gehältern enthalten sind, addiert werden. Im indirekten Schema müssen sie von den sonstigen Aufwendungen abgezogen werden. Kroenlein hat diesen Posten im Gegensatz zu Göckeler und Weinstock nicht explizit in den Wertschöpfungsstaffeln ausgewiesen.

65 Vgl. Göckeler, S. 86, Fußnote 62.

66 Vgl. Hipler, S. 335 f.

keit und Vermögen, also auch als Bestandteil der Nettowertschöpfung. Es ist demnach zu vermuten, daß auch andere Formen der Aufsichtsrats- und Beiratsvergütungen in der Nettowertschöpfung enthalten sind, und dies nicht nur bei den Versicherungsunternehmen, sondern auch bei den Produktionsunternehmen und den Kreditinstituten. Die in den VGR in den Vorleistungen enthaltene unterstellte Gebühr für Bankdienstleistungen ist ein Korrekturposten; denn der Produktionswert der Kreditinstitute ist um diese unterstellte Bankgebühr erhöht. Mit der Korrektur werden Doppelzählungen bei den Zinserträgen bzw. Zinsaufwendungen vermieden. Wir nehmen diese Doppelzählungen bewußt in Kauf, indem wir uns auf die "unbereinigte" Nettowertschöpfung der Unternehmen beziehen. Die Gründe dafür haben wir bereits erörtert.

3. Die Abschreibungen der Produktionsunternehmen

Als nächsten Abzugsposten von den Produktionswerten müssen wir uns nach den Vorleistungen nun die Abschreibungen ansehen. Die "Abschreibungen messen in den Volkswirtschaftlichen Gesamtrechnungen die Wertminderung des reproduzierbaren Anlagevermögens im Laufe einer Periode durch Verschleiß und wirtschaftliches Veralten."[67] Vorzeitig durch Schadensfälle ausscheidende Anlagen werden, soweit sie versicherbar sind, berücksichtigt. Dem Ziel der Erhaltung des realen Vermögensbestandes folgend, werden die Abschreibungen zu Wiederbeschaffungspreisen bewertet.[68]

Das reproduzierbare Anlagevermögen[69] ist der Bestand an dauerhaften reproduzierbaren Produktionsmitteln, unterteilt in Ausrüstungen und Bauten. Die Ausrüstungen umfassen bewegliche Anlagegüter, wie z. B. Maschinen und maschinelle Anlagen, Betriebs- und Geschäftsausstattungen und Fahrzeuge sowie ähnliche Anlagegüter, die nicht fest mit den Bauten verbunden sind. Die Bauten schließen neben den Gebäuden auch Straßen, Brücken, Flugplätze, Kanäle, Staudämme, Stahl- und Holzkonstruktionen, Versorgungs- und Rohrfernleitungen und die mit ihnen fest verbundenen Einrichtungen wie Aufzüge, Heizungs-, Lüf-

---

67 Schäfer, Dieter, und Schmidt, Liane: Abschreibungen nach verschiedenen Bewertungs- und Berechnungsmethoden, in: Wirtschaft und Statistik, N. F., 35. Jg. (1983), S. 920.

68 Vgl. Hamer (III), S. 62; Gemper, Bodo B.: Einige Bemerkungen zu den Abschreibungen in den Volkswirtschaftlichen Gesamtrechnungen, in: Allgemeines Statistisches Archiv, 55. Band (1971), S. 177 f. und S. 191, und Statistisches Bundesamt (IV), S. 78.

69 Vgl. dazu Lützel, Heinrich (I): Das reproduzierbare Anlagevermögen in Preisen von 1962, in: Wirtschaft und Statistik, N. F., 23. Jg. (1971), S. 593 f., und Stahmer, Carsten (I): Reproduzierbares Anlagevermögen nach Wirtschaftsbereichen, in: Wirtschaft und Statistik, N. F., 31. Jg. (1979), S. 412.

tungs- und Klimaanlagen, gärtnerische Anlagen u. ä. ein. Nicht zum reproduzierbaren Anlagevermögen zählen die dauerhaften militärischen Güter und die von privaten Haushalten gekauften dauerhaften Güter. Dazugerechnet werden die Wohngebäude und Wohnungen, auch wenn sie sich im Eigentum von privaten Haushalten befinden. Ebenso werden größere Reparaturen, soweit sie den Wert erhöhen bzw. einen Schaden ausgleichen, dem Anlagevermögen zugeordnet. Dauerhafte Produktionsmittel sind solche, die normalerweise aktiviert werden und deren Nutzungsdauer mehr als ein Jahr beträgt. Ausgenommem sind geringwertige Wirtschaftsgüter, die in der Regel jährlich beschafft werden, wie z. B. Werkzeuge, Reifen und Büromaterial. Sie gehen unmittelbar in die Vorleistungen ein. Die steuerrechtliche Grenze von 800 DM wird dabei in den VGR unterschritten, die handelsrechtliche von 100 DM überschritten.[70] Das reproduzierbare Anlagevermögen wird mit Ausnahme von Straßen, Brücken, Wasserwegen u. ä. Gütern des Staates, deren Nutzungsdauer schwer zu schätzen ist, abgeschrieben. Bei den Ausnahmen wird angenommen, daß ihr Nutzwert durch Reparaturen erhalten bleibt. Ebenfalls nicht abgeschrieben werden die Vorratsveränderungen, die von der Abgrenzung her weitgehend dem Umlaufvermögen in den Unternehmensbilanzen entsprechen.[71]

Für die Berechnung der Abschreibungen in den VGR gibt es prinzipiell zwei Methoden. Die erste, die direkte Methode, ist die Ermittlung über Kostenstrukturerhebungen, Bilanzstatistiken u. ä. Sie scheitert daran, daß die Anpassung der nach handelsrechtlichen oder steuerrechtlichen Vorschriften abgegrenzten Daten, wie z. B. der Nutzungsdauer und der Bewertung zu Anschaffungs- bzw. Herstellungskosten, an die Konzeptionen der VGR mit erheblichen Schätzproblemen verbunden wäre. Zudem liegen nur für Teile des Unternehmensbereiches statistische Unterlagen vor.[72] Aus diesen Gründen werden die Abschreibungen indirekt mit der sogenannten Perpetual-Inventory-Methode, einer Kumulationsmethode, über die Anlageinvestitionen der einzelnen Jahre berechnet.[73] Darauf werden wir gleich zurückkommen.

---

70 Vgl. Kupka, Günther: Methoden der Berechnung der Anlageinvestitionen in den Volkswirtschaftlichen Gesamtrechnungen, in: Wirtschaft und Statistik, N. F., 29. Jg. (1977), S. 757, und Engelmann, Margot, und Mohr, Dietrich: Anlageinvestitionen nach Wirtschaftsbereichen, Ergebnis der Volkswirtschaftlichen Gesamtrechnungen, in: Wirtschaft und Statistik, N. F., 30. Jg. (1978), S. 758.

71 Vgl. Kupka, S. 758, und Engelmann/Mohr, S. 755 f.

72 Vgl. dazu Schäfer/Schmidt, S. 923, und Statistisches Bundesamt (IV), S. 78 f.

73 Vgl. dazu Schäfer/Schmidt, S. 923 f.

Für die Berechnung der Stromgröße Abschreibungen wird somit die gleiche Methode angewendet wie für die Bestandsgröße Anlagevermögen. Das verwundert allerdings nicht, wenn man sich den engen Zusammenhang zwischen den beiden Größen vor Augen führt.[74] An der Vorgehensweise hat sich dabei im Laufe der Zeit wenig geändert, nur die Untergliederung wurde feiner. Die Anlageinvestitionen wurden zunächst hauptsächlich indirekt mit Hilfe der Commodity-Flow-Methode, d. h. aufgrund detaillierter Angaben über die Produktion und den Absatz sowie die Ein- und Ausfuhr von Investitionsgütern, für die Unternehmen und den Staat berechnet, wobei in erster Linie nach Güterarten differenziert wurde. Erst später wurde es möglich, die direkte Methode auszubauen und über die Befragung der Investoren in stärkerem Maße Ergebnisse für die Wirtschaftsbereiche zu erhalten. Heute werden beide Methoden ergänzend zur Berechnung der Anlageinvestitionen eingesetzt, wobei inzwischen die direkte Befragung dominiert.[75]

Die Perpetual-Inventory-Methode[76] baut auf den Anlageinvestitionen auf. Ausgegangen wird von weit in die Vergangenheit zurückreichenden Investitionsreihen. Es werden für jeden Investitionsjahrgang für eine Vielzahl von Gütergruppen getrennt nach Ausrüstungs- und Bauinvestitionen die jeweilige durchschnittliche Nutzungsdauer geschätzt und mit Hilfe einer Überlebensfunktion die Abgänge ermittelt. Die Abschreibungen werden ausgehend von den in konstanten Preisen, den Preisen eines Basisjahres, bestimmten Anlageinvestitionen der einzelnen Jahre entsprechend der erwarteten wirtschaftlichen Nutzungsdauer der einzelnen Gütergruppen gleichmäßig auf die Gesamtzeit der Nutzung verteilt. Es wird also linear abgeschrieben. Für das Investitions- und das Abgangsjahr wird aufgrund der Annahme, daß die Zu- und Abgänge gleichmäßig über das Berichtsjahr verteilt sind, mit dem halben Abschreibungssatz gerechnet. Die auf die einzelnen Jahre entfallenden

---

74 Zum Zusammenhang von Anlagevermögen, Abschreibungen und Anlageinvestitionen und zur Entwicklung der Berechnung der Anlageinvestitionen in den VGR vgl. Bartels/Oppermann, S. 311 ff.; Lützel (I), S. 593 ff.; Lützel, Heinrich (II): Das reproduzierbare Sachvermögen zu Anschaffungs- und Wiederbeschaffungspreisen, in: Wirtschaft und Statistik, N. F., 24. Jg. (1972), S. 611 ff.; Lützel, Heinrich (III): Altersaufbau des Anlagevermögens, in: Wirtschaft und Statistik, N. F., 28. Jg. (1976), S. 217 ff.; Kupka, S. 757 ff.; Engelmann/Mohr, S. 755 ff.; Stahmer (I), S. 411 ff.; Stahmer, Carsten (II): Altersaufbau des Anlagevermögens nach Wirtschaftsbereichen, in: Wirtschaft und Statistik, N. F., 35. Jg. (1983), S. 285 ff., und Schmidt, Liane: Reproduzierbares Anlagevermögen in erweiterter Bereichsgliederung, in: Wirtschaft und Statistik, N. F., 38. Jg. (1986), S. 499 ff.

75 Vgl. hierzu Kupka, S. 757 und S. 759 f.; Engelmann/Mohr, S. 755 und S. 757 f., und Schäfer/Schmidt, S. 923.

76 Vgl. vor allem Lützel (I), S. 595 ff.

Abschreibungsbeträge werden anschließend mit den Wiederbeschaffungspreisen der entsprechenden Investitionsgüter bewertet. Kumuliert ergeben die Abschreibungen der einzelnen Güterarten die Abschreibungen der Berichtsperiode. Die veröffentlichten Informationen des Statistischen Bundesamtes sind auch hier sehr spärlich.[77]

Zusammenfassend kann gesagt werden, daß die Abschreibungen des reproduzierbaren Anlagevermögens nach dem Jahrgang der Beschaffung, nach Gütergruppen, nach der jeweils für diese Gütergruppen erwarteten wirtschaftlichen Nutzungsdauer und zu Wiederbeschaffungspreisen berechnet werden. Schwierigkeiten bestehen bei der Schätzung der Nutzungsdauer, bei der Ermittlung geeigneter Preisindices und bei der Feststellung der langen Investitionsreihen. Bei den langen Investitionsreihen gibt es vor allem in den Jahren vor 1960, insbesondere vor 1950 Probleme. Das statistische Material über diese Zeit ist natürlich sehr bescheiden, da es eine Zeit betrifft, in der die modernen VGR ihren Ursprung haben. Zudem waren zwei Währungsumstellungen und Gebietsveränderungen zu berücksichtigen.[78] Auch das Deutsche Institut für Wirtschaftsforschung hat bei der Ermittlung des Anlagevermögens und der Erörterung der damit zusammenhängenden Schwierigkeiten Entscheidendes geleistet.[79] Das gilt auch für die Schätzung der Nutzungsdauer und die Definition der Überlebensfunk-

77 Heute sieht es jedoch nicht mehr ganz so trist aus, wie es Steden 1971/72 gesehen hat. Vgl. dazu Steden, Werner: Abschreibungen in der Volkswirtschaftlichen Gesamtrechnung der Bundesrepublik, in: Jahrbücher für Nationalökonomie und Statistik, Band 186 (1971/72), S. 217 ff.

78 Vgl. Lützel (I), S. 597 f., und Stahmer (I), S. 416 f.

79 Von den zahlreichen Publikationen seien hier nur einige genannt: Krengel, Rolf: Anlagevermögen, Produktion und Beschäftigung der Industrie im Gebiet der Bundesrepublik von 1924 bis 1956, Sonderhefte, N. F., Nr. 42, Reihe A: Forschung, herausgegeben vom Deutschen Institut für Wirtschaftsforschung, Berlin 1958; Kirner, Wolfgang (I): Ermittlung von Investitionsgrößenordnungen für Wirtschaftsbereiche, Eine Untersuchung im Auftrage des Bundesministers für Wirtschaft, Bonn, Sonderhefte, N. F., Nr. 71, herausgegeben vom Deutschen Institut für Wirtschaftsforschung, Berlin 1965; Kirner, Wolfgang (II): Zeitreihen für das Anlagevermögen der Wirtschaftsbereiche in der Bundesrepublik Deutschland, DIW-Beiträge zur Strukturforschung, Heft 5, herausgegeben vom Deutschen Institut für Wirtschaftsforschung, Berlin 1968; Franzmeyer, Fritz: Die aggregative Ermittlung des industriellen Anlagevermögens, Methodik und Empirie im internationalen Vergleich, Sonderhefte, N. F., Nr. 86, herausgegeben vom Deutschen Institut für Wirtschaftsforschung, Berlin 1970; Görzig, Bernd, und Kirner, Wolfgang: Anlageinvestitionen und Anlagevermögen in den Wirtschaftsbereichen der Bundesrepublik Deutschland, Ergebnisse einer Neuberechnung, Beiträge zur Strukturforschung, Heft 41, herausgegeben vom Deutschen Institut für Wirtschaftsforschung, Berlin 1976, und Görzig, Bernd: Das Sachvermögen in den Wirtschaftsbereichen der Bundesrepublik Deutschland, Beiträge zur Strukturforschung, Heft 71, herausgegeben vom Deutschen Institut für Wirtschaftsforschung, Berlin 1982. Daß zwischen den Berechnungen des Deutschen Instituts für Wirtschaftsforschung und des Statistischen Bundesamtes Parallelen vorhanden sind, zeigt auch die Untersuchung von Steden. Vgl. Steden, S. 217 ff.

tion.[80] Die Prognose der Nutzungsdauer bereitet in den VGR ebenso wie im betrieblichen Rechnungswesen beträchtliche Probleme.[81] Sie muß für eine Vielzahl von Gütergruppen erfolgen. Umfassende Unterlagen über die durchschnittliche Nutzungsdauer liegen aber nur für Kraftfahrzeuge vor. Bei den anderen Anlagegütern stützt sich das Statistische Bundesamt auf alle erhältlichen Informationen,[82] insbesondere auf die AfA-Tabellen des Bundesministeriums der Finanzen. Die Probleme des Statistischen Bundesamtes bei der Berechnung der Abschreibungen sollen hier nicht im einzelnen erörtert werden.[83] Wir wollen vielmehr die Abweichungen der Abschreibungen in den VGR von denen bei Kroenlein und später bei Göckeler und Weinstock aufzeigen und entsprechend der Zielsetzung unserer Arbeit bewerten. Dazu müssen wir uns zunächst noch kurz die einzelbetrieblichen Abschreibungen ansehen.

Kroenlein beschäftigt sich hauptsächlich mit der periodengerechten Verrechnung der planmäßigen und außerplanmäßigen Abschreibungen.[84] Planmäßige Abschreibungen und Wertberichtigungen betreffen Gegenstände des Anlagevermögens, deren Nutzung zeitlich begrenzt ist. Es wird von den Anschaffungs- bzw. Herstellungskosten abgeschrieben, wobei die Nutzungsdauer und die Abschreibungsmethode die entscheidende Rolle spielen. Während die Bestimmung der Anschaffungs- bzw. Herstellungskosten kaum Schwierigkeiten bereitet, ist die Schätzung der Nutzungsdauer mit erheblichen Problemen belastet, auch wenn eine Anlehnung an steuerliche Gegebenheiten eine gewisse Erhöhung der Vergleichbarkeit[85] und damit eine Verringerung der Probleme bringt. Die Abschreibungsmethode kann linear, degressiv aber auch progressiv sein. In der Realität sind hauptsächlich die degressive (Abschreibung mit fallenden Quoten) und die lineare (Abschreibung mit gleichbleibenden Quoten) Abschreibung vorzufinden. Außerplanmäßige Abschreibungen und Wertberichtigungen können auf alle Gegenstände des Anla-

---

80 Vgl. Kirner (II), S. 19 ff. und S. 96 f., und Franzmeyer, S. 60 ff.

81 Allerdings sieht z. B. Seidler die Schätzung der Nutzungsdauer für die VGR weniger als Fehlerquelle an als vielmehr die Bestimmung der Anlageinvestitionen der früheren Jahre. Vgl. hierzu Seidler, Horst: Probleme der Abschreibungen in der Volkswirtschaftlichen Gesamtrechnung, in: Konjunkturpolitik, Zeitschrift für angewandte Konjunkturforschung, 5. Jg. (1959), S. 47 ff., insbesondere S. 51.

82 Vgl. Stahmer (I), S. 417 f., und Schäfer/Schmidt, S. 924.

83 Es sei deshalb an dieser Stelle auf die vielen, bereits zitierten Quellen verwiesen.

84 Vgl. Kroenlein, S. 81 ff.

85 Vgl. ebenda, S. 85.

gevermögens, also auch auf solche mit unbegrenzter Nutzungsdauer vorgenommen werden. Das bis 1986 geltende Aktiengesetz (§ 154 Abs. 2) sah zwei Gründe für außerplanmäßige Abschreibungen vor: Abschreibungen auf den niedrigeren Wert, der diesen Gegenständen zum Abschlußstichtag beizulegen ist und Abschreibungen auf den niedrigeren steuerlich zulässigen Wert. Ihren Niederschlag finden die Abschreibungen auf das Anlagevermögen in der Gewinn- und Verlustrechnung und somit auch in der einzelbetrieblichen Wertschöpfungsrechnung der Produktionsunternehmen in den beiden Positionen "Abschreibungen und Wertberichtigungen auf Sachanlagen und immaterielle Anlagewerte" und "Abschreibungen und Wertberichtigungen auf Finanzanlagen mit Ausnahme des Betrages, der in die Pauschalwertberichtigung zu Forderungen eingestellt ist". Beide Positionen werden von Kroenlein in der indirekten Wertschöpfungsstaffel abgezogen, um von der Bruttowertschöpfung zur Nettowertschöpfung zu gelangen.

Die Abschreibungen und Wertberichtigungen auf Finanzanlagen werden von der Monopolkommission[86] - wie wir in der Einleitung angedeutet haben - in der direkten Methode, die sie von Kroenlein übernommen hat, als Aufwendung addiert, ohne daß diese Abweichung gegenüber Kroenlein begründet wird. In einer Fußnote wird sogar ausdrücklich auf ihn verwiesen.[87] Der Grund für die Abweichung liegt wohl darin, daß die Monopolkommission die Abschreibungen auf Finanzanlagen als Aufwendungen entsprechend der Definition der unternehmerischen Betätigung ebenso wie die Erträge aus Finanzanlagen in die direkte Wertschöpfungsstaffel übernommen hat. Denkbar wäre auch die Anpassung an die VGR, die derartige Abschreibungen nicht vornehmen. Die Monopolkommission steht mit ihrer Vorgehensweise nicht allein da.[88] Doch es spricht einiges für die Handhabung Kroenleins, wenn man

86 Vgl. Monopolkommission (I), S. 96.

87 Vgl. ebenda, Fußnote 2.

88 Zu diesem Punkt vgl. Hild, Dieter: Zur Wertschöpfung einer warenproduzierenden Aktien-Gesellschaft, in: Die Wirtschaftsprüfung, 23. Jg. (1970), S. 477; Keller (I), S. 290 f., und Keller, Manfred (II): Der Zusammenhang zwischen aktienrechtlicher Ergebnisrechnung und volkswirtschaftlicher Inlandsproduktberechnung (Wertschöpfung), in: Der Betrieb, 30. Jg. (1977), S. 1715 f. Diese Autoren sprechen sich gegen eine Berücksichtigung der Abschreibungen auf Finanzanlagen aus, sie gehen teilweise sogar soweit, daß sie die Abschreibungen auf Sachanlagen und immaterielle Werte um steuerlich begründete Abschreibungen bei der direkten Wertschöpfungsermittlung bereinigt sehen wollen. Ähnliche Gedanken macht sich zwar auch der Arbeitskreis "Das Unternehmen in der Gesellschaft" im Betriebswirtschaftlichen Ausschuß des Verbandes der Chemischen Industrie, er zieht aber dann alle Abschreibungen ab, berücksichtigt allerdings auch alle Erträge in der Wertschöpfungsrechnung (Entstehungsrechnung). Vgl. Arbeitskreis, S. 163 f.

bedenkt, daß diese Abschreibungen Verlustcharakter tragen,[89] und er (realisierte) Verluste aus Anlageabgängen ebenfalls und völlig zurecht in der indirekten Wertschöpfungsstaffel abzieht. Zudem können diese Abschreibungen nicht wie die Erträge aus Finanzanlagen einer anderen Unternehmung (als Aufwendungen) wertschöpfungsrelevant zugeordnet werden. Außerdem verrechnet Kroenlein logischerweise alle mit der Bildung und Auflösung von stillen Reserven zusammenhängenden Aufwendungen und Erträge in der indirekten Wertschöpfungsrechnung. Allerdings deckt sich das nicht mit der Handhabung in den VGR. Wir schließen uns Kroenlein an, zumal seine Vorgehensweise auch seiner Zielsetzung, die Wertschöpfung lieber zu niedrig als zu hoch auszuweisen, entspricht, und der Posten nicht sehr ins Gewicht fällt.

Mit dem Vergleich der einzelbetrieblichen Abschreibungen und denen in den VGR haben sich schon mehrere Autoren beschäftigt.[90] Wir können vorab festhalten, daß es sich um zwei grundsätzlich verschiedene Methoden handelt, die zwar teilweise dieselben Grundlagen aber auch mindestens genausoviele Abweichungen haben. Bei beiden handelt es sich um Posten, die sich nicht am Marktgeschehen oder an innerbetrieblichen Vorgängen ablesen lassen.[91] Deshalb dürften die kalkulatorischen Abschreibungen der betrieblichen Kostenrechnung weitgehend den Abschreibungen in den VGR entsprechen, denn die kalkulatorischen Abschreibungen werden auch nur auf betriebsnotwendige Anlagen ohne die Einbeziehung außerplanmäßiger Abschreibungen in der Regel linear auf der Basis von Wiederbeschaffungspreisen vorgenommen.[92] Damit haben wir im Grunde genommen schon die wesentlichen Gemeinsamkeiten und Abweichungen aufgezeigt. Sie sollen im einzelnen wiederholt und vervollständigt sowie in ihrer Wirkung bewertet werden:

1. Während wir einzelbetrieblich eine Einzelabschreibung vorliegen haben, handelt es sich gesamtwirtschaftlich um eine Gruppenabschreibung.

2. Der Begriff der Abschreibungen reicht einzelbetrieblich weiter, weil nicht nur das reproduzierbare Anlagevermögen planmäßig abgeschrieben wird, sondern auch Abschreibungen auf unbebaute Grund-

89 Vgl. hierzu Adler/Düring/Schmaltz, Band 1, Tz. 154 zu § 157, S. 668.

90 Vgl. Raabe, Karl-Heinz (IV): Übereinstimmung und Unterschiede in der Definition und Messung der Abschreibungen in betrieblicher und volkswirtschaftlicher Sicht, in: Allgemeines Statistisches Archiv, 41. Band (1957), S. 357 ff.; Neubauer, S. 165 ff., und in jüngerer Zeit Schäfer/Schmidt, S. 919 ff.

91 Vgl. dazu Schäfer/Schmidt, S. 919.

92 Vgl. ebenda, S. 923.

stücke, immaterielle Werte und Finanzanlagen vorgenommen und zudem auch Sonderabschreibungen berücksichtigt werden.[93] Man kann sogar noch weiter gehen, und die in den Bestandsveränderungen und in den Aufwendungen für Roh-, Hilfs- und Betriebsstoffe enthaltenen Wertminderungen von Vorräten und die anderen Wertminderungen des Umlaufvermögens, die in Posten Nr. 21 des bis 1986 geltenden aktienrechtlichen Gliederungsschemas, den Verlusten aus Wertminderungen oder dem Abgang von Gegenständen des Umlaufvermögens außer Vorräten und Einstellung in die Pauschalwertberichtigung zu Forderungen, ihren Niederschlag finden, zu den einzelbetrieblichen Abschreibungen rechnen.[94] Dadurch, daß der Begriff der Abschreibungen einzelbetrieblich weiter gefaßt ist, ist die Abschreibungsbasis unter sonst gleichen Bedingungen auch tendenziell größer und entsprechend die Nettowertschöpfung tendenziell kleiner als in den VGR.

3. Die geringwertigen Wirtschaftsgüter werden in den VGR enger definiert als im betrieblichen Rechnungswesen. Sie werden im Anschaffungsjahr voll als Vorleistungen verbucht.[95] Deshalb sind die Vorleistungen einzelbetrieblich tendenziell höher.[96] Sie wirken also in gleicher Weise wie die Abweichungen beim Umfang der Abschreibungen.

4. Die werterhaltenden bzw. -erhöhenden Reparaturen werden in beiden Rechnungen prinzipiell gleich behandelt. Es kann aber durch Ermessensspielräume der Unternehmen zu Abweichungen kommen, die sich nur schwer quantifizieren lassen.[97]

5. Gesamtwirtschaftlich wird nur linear abgeschrieben. Einzelbetrieblich ist daneben auch die degressive Abschreibung zugelassen. Dadurch wird einzelbetrieblich schneller abgeschrieben als in den VGR. Die Abschreibungen sind deshalb im einzelnen Unternehmen tendenziell höher, die Nettowertschöpfung entsprechend geringer.

6. Genauso wirkt sich die in der Regel längere Nutzungsdauer in den VGR aus. Sie ist, obwohl sich beide Systeme an die AfA-Tabellen[98] des

93 Vgl. ebenda, S. 921 und S. 923.

94 Vgl. hierzu Neubauer, S. 166, und Coenenberg, S. 236 f.

95 Vgl. Raabe (IV), S. 363, und Schäfer/Schmidt, S. 921.

96 Für die geringwertigen Wirtschaftsgüter gilt einzelbetrieblich die Umkehr des Maßgeblichkeitsgrundsatzes, so daß auch im handelsrechtlichen Jahresabschluß überwiegend von der steuerrechtlichen Grenze in Höhe von 800 DM ausgegangen werden muß.

97 Vgl. dazu Raabe (IV), S. 363, und Engelmann/Mohr, S. 758.

98 Das gilt auch für die handelsrechtlichen Jahresabschlüsse, die sich häufig an den steuerrechtlichen orientieren. Vgl. Schäfer/Schmidt, S. 923.

Bundesministeriums der Finanzen anlehnen, länger, weil einzelbetrieblich die ökonomische Nutzungsdauer kürzer sein dürfte, da große Betriebe gut erhaltene, bereits abgeschriebene Anlagen häufig an kleinere Betriebe verkaufen[99] und so die ökonomische Nutzungsdauer gesamtwirtschaftlich ausdehnen. Zudem dürften bei den Betrieben die Anlagegüter aus Risikogründen schneller abgeschrieben werden,[100] während die VGR einen durchschnittlichen Verschleiß unterstellen.[101]

7. In die andere Richtung wirkt die Bewertung der Abschreibungen zu Wiederbeschaffungspreisen in den VGR. Die gesamtwirtschaftlichen Abschreibungen sind damit höher als die zu Anschaffungs- bzw. Herstellungskosten bewerteten handelsrechtlichen Abschreibungen. Die Nettowertschöpfung fällt somit unter sonst gleichen Bedingungen gesamtwirtschaftlich tendenziell kleiner aus.

Insgesamt kann wohl davon ausgegangen werden, daß sich die Bewertung zu Wiederbeschaffungspreisen auf seiten der VGR und der umfassendere Begriff der Abschreibungen, die weitere Abgrenzung der geringwertigen Wirtschaftsgüter, die degressiven Abschreibungsmöglichkeiten und die kürzeren Nutzungsdaueransätze auf der einzelbetrieblichen Seite teilweise kompensieren. Eine exakte Quantifizierung ist nicht möglich. Zu diesem Ergebnis kommen auch Seidler[102] und Schäfer/Schmidt.[103] Letztere haben anhand von Simulationsrechnungen die Abschreibungen der VGR mit den Abschreibungen auf steuerrechtlichen Grundsätzen für den Zeitraum von 1960 bis 1981 verglichen. Aufgrund obiger Erkenntnisse und wegen der Unmöglichkeit der Umbewertung der einzelnen Gütergruppen mit geeigneten Preisindices verzichten wir auf eine Korrektur der gesamtwirtschaftlichen Abschreibungen, genauer der Abschreibungen des Unternehmenssektors, zumal die dazu notwendigen Informationen vom Statistischen Bundesamt bisher nicht bekanntgegeben wurden. Eine Korrektur wäre somit ein äußerst zweifelhaftes Unterfangen. Sollte das Statistische Bundesamt in Zukunft Abschreibungen auf der Basis von handelsrechtlichen Anschaffungs- bzw. Herstellungskosten bereitstellen, so könnte wohl von einer einheitlichen Tendenz ausgegangen werden, die dem Prinzip entspricht, die Konzentration im Zweifel zu niedrig auszuweisen. Wir kommen auf die Abschreibungen im Zusammenhang mit den Kreditinstituten und

99 Vgl. dazu Raabe (IV), S. 364.

100 Vgl. Seidler, S. 45.

101 Vgl. dazu Schäfer/Schmidt, S. 924.

102 Vgl. Seidler, S. 44 f.

103 Vgl. dazu Schäfer/Schmidt, S. 919 ff.

den Versicherungsunternehmen und im dritten Kapitel noch einmal zurück.

4. Die Produktionssteuern der Produktionsunternehmen

Der nächste Posten, den wir von den Produktionswerten abziehen müssen, um zur Nettowertschöpfung zu Faktorkosten zu gelangen, sind die Produktionssteuern. Korrekt im Sinne der Entstehungsrechnung wäre es, hier die indirekten Steuern abzuziehen. Da wir einen Teil davon, die nichtabzugsfähige Umsatzsteuer und die Einfuhrabgaben, bereits mit den Vorleistungen subtrahiert haben, müssen wir uns an dieser Stelle nur noch mit den Produktionssteuern auseinandersetzen.

Für die nichtabzugsfähige Umsatzsteuer und die Einfuhrabgaben haben wir festgestellt, daß es im Hinblick auf die Nettowertschöpfung keine Rolle spielt, ob sie mit den Vorleistungen oder mit den indirekten Steuern abgezogen werden. Im übrigen ist die Umsatzsteuer manchmal auch in den sonstigen Steuern des betrieblichen Rechnungswesens enthalten, allerdings nur, wenn ein Bruttoausweis bei den Umsätzen vorliegt. Da die verdeckte Nettomethode in der Praxis überwiegt, taucht die Mehrwertsteuerschuld als durchlaufender Posten in der Regel nicht in den Gewinn- und Verlustrechnungen und folglich auch nicht in den sonstigen Steuern auf.

Es genügt also, wenn wir uns im folgenden nur mit den Produktionssteuern befassen und diese mit den sonstigen Steuern vergleichen. Daß dabei Abweichungen bestehen, haben wir schon mehrfach angedeutet. Aufgrund dieser Abweichungen ist es notwendig, daß wir auch die direkten Steuern bzw. die Steuern vom Einkommen, vom Ertrag und vom Vermögen in die Betrachtung einbeziehen. Ziel dieses Abschnitts ist es, die Abweichungen in der Abgrenzung der VGR gegenüber den sonstigen Steuern aufzuzeigen und die Möglichkeiten einer Anpassung der gesamtwirtschaftlichen an die einzelbetriebliche Abgrenzung zu prüfen.

In bezug auf die Produktionssteuern und die direkten Steuern verweisen wir auf die Aufzählung im ersten Kapitel und listen hier nur die sonstigen Steuern[104] auf, um die Abweichungen herauszuarbeiten. Die sonstigen Steuern umfassen die Verbrauchsteuern im Sinne der Produktionssteuern der VGR, das sind die Biersteuer, die Branntweinsteuer, die Kaffeesteuer, die Leuchtmittelsteuer, die Mineralölsteuer, die Salzsteu-

104 Vgl. Adler/Düring/Schmaltz, Band 1, Tz. 176 zu § 157, S. 678 f., und Wirtschaftsprüfer-Handbuch 1985/86, Band I, S. 673 f.

er, die Schaumweinsteuer, die Tabaksteuer, die Teesteuer und die Zuckersteuer. Bei diesen Steuern besteht Übereinstimmung in der Zuordnung. Das gilt ebenso für die Getränkesteuer, die Kraftfahrzeugsteuer, die Rennwett- und Lotteriesteuer, die Schankerlaubnissteuer, die Vergnügungsteuer, die Wechselsteuer und die Versicherungsteuer. Auf letztere und auf die Feuerschutzsteuer müssen wir bei den Versicherungsunternehmen noch einmal eingehen. Außerdem können in den sonstigen Steuern eine Reihe von Steuern enthalten sein, die wir nicht weiterverfolgen werden. Dazu gehören die Ausfuhrzölle, die in der Bundesrepublik Deutschland ohne Bedeutung sind, und alle Steuern, die inzwischen abgeschafft bzw. aufgehoben worden sind. Das sind die Beförderungsteuer (1968), die Essigsäuresteuer (1981), die Speiseeissteuer (1971), die eine Tochtersteuer der Getränkesteuer war, die Spielkartensteuer (1981), die Wertpapiersteuer (1965) und die Zündwarensteuer (1981).[105] Bei den 1981 abgeschafften Steuern handelte es sich durchweg um Bagatellsteuern. Die Gesellschaftsteuer ist Teil der Kapitalverkehrsteuern. Die ebenfalls zu den Kapitalverkehrsteuern gehörende Börsenumsatzsteuer wird nicht in den sonstigen Steuern nachgewiesen, sondern ist in den Anschaffungsnebenkosten enthalten.[106] Dasselbe gilt für die Grunderwerbsteuer. Die Nettowertschöpfung zu Faktorkosten wird davon nicht berührt.

Bevor wir zu den Abweichungen kommen, müssen wir noch einige weitere Abgaben ansehen. Dazu gehören die Ausgleichsabgabe nach dem 3. Verstromungsgesetz (die Ausgleichsabgabe zur Finanzierung der Mehrkosten beim Einsatz von Steinkohle in der Elektrizitätswirtschaft), die Montanunionumlage (die Umlage für die Europäische Gemeinschaft für Kohle und Stahl) und die Verwaltungsgebühren, die in der betrieblichen Wertschöpfungsrechnung in den sonstigen Aufwendungen enthalten sind. Ähnlich ist es mit der Milchumlage, der Milchmitverantwortungsabgabe und den Abführungen von Lotterien, Lotto und Toto, den Abgaben von Spielbanken und den sonstigen steuerähnlichen Abgaben, wie Jagd- und Fischereiabgabe sowie der Fremdenverkehrsabgabe, die wir bei den Produktionssteuern noch finden. Auch bei diesen Abgaben hat die Stelle der Verrechnung im Wertschöpfungsschema keinen Einfluß auf die Nettowertschöpfung.

Doch nun zu den Abweichungen. Die sonstigen Steuern enthalten im Gegensatz zu den Produktionssteuern noch die Hundesteuer, die Jagd- und Fischereisteuer, soweit sie auf Unternehmen entfällt, und die La-

105 Zu den Terminen vgl. Bundesministerium der Finanzen (Hrsg.) (II): Unsere Steuern von A - Z, 12. Auflage, Bonn 1989.

106 Vgl. hierzu Adler/Düring/Schmaltz, Band 1, Tz. 177 zu § 157, S. 679.

stenausgleichsvermögensabgabe. Alle drei spielen quantitativ keine Rolle, so daß wir auf eine Korrektur verzichten. Die Lastenausgleichsvermögensabgabe ist 1979 ohnehin zum letzten Mal erhoben worden. Wir müßten diese Abgaben in der Entstehungsrechnung zu den Produktionssteuern addieren, d. h. mit ihnen abziehen. Auch in der Verteilungsrechnung müßten sie subtrahiert werden. Anders sieht es bei den verbleibenden Abweichungen aus. Das sind die Gewerbeertragsteuer, die Gewerbekapitalsteuer, die Lohnsummensteuer und die Grundsteuer (A und B). Sie sind in den Produktionssteuern enthalten, in den sonstigen Steuern dagegen nicht. Da wir die Produktionssteuern an die sonstigen Steuern anpassen wollen, müssen wir diese restlichen Abweichungen in der Entstehungsrechnung und in der Verteilungsrechnung addieren. Wir ziehen also die Gewerbesteuer (E und K), die Lohnsummensteuer und die Grundsteuer (A und B) von den Produktionssteuern ab bzw. rechnen sie zur Nettowertschöpfung in der Entstehungsrechnung und in der Verteilungsrechnung hinzu. Im übrigen handelt es sich auch bei der Lohnsummensteuer um eine (1980) abgeschaffte Steuer. Die Grundsteuer B enthält natürlich auch Zahlungen der privaten Haushalte und der privaten Organisationen o. E. Diese Zahlungen rechnen wir aber dem Unternehmenssektor zu, da die Wohnungswirtschaft des Sektors "Private Haushalte und private Organisationen o. E." ebenfalls dort verrechnet wird.

Ob noch weitere Korrekturen der Steuern notwendig sind, müssen wir anhand der Besonderheiten der Kreditinstitute und der Versicherungsunternehmen klären.

5. Die Subventionen der Produktionsunternehmen

Nachdem die Vorleistungen, die Abschreibungen und die Produktionssteuern vom Produktionswert abgezogen worden sind, müssen noch die Subventionen addiert werden. Auch mit ihnen haben wir uns im ersten Kapitel schon befaßt und festgestellt, daß eine Zuordnung zum letztlich Begünstigten nicht möglich ist. Eine Auflistung der Subventionen findet sich in den Konten und Standardtabellen.[107]

In den Gewinn- und Verlustrechnungen der Industrie- und Handelsunternehmen gibt es eine Position "Subventionen" nicht.[108] Die sogenannten offenen Subventionen, d. h. die Zahlungen der öffentlichen Hand, sind dort verdeckt in den Umsatzerlösen, in den sonstigen Erträgen oder als Minderung der Anschaffungs- bzw. Herstellungskosten in

---

107 Vgl. Statistisches Bundesamt (IV), S. 80 f.

108 Vgl. Kroenlein, S. 111.

den Materialaufwendungen oder den aktivierten Eigenleistungen enthalten. Nur sehr wenige Geschäftsberichte, wie z . B. diejenigen der Deutschen Bundesbahn, weisen diese Subventionen offen aus. Die anderen öffentlichen Begünstigungen lassen sich meistens überhaupt nicht feststellen, geschweige denn quantifizieren.

Auf die Nettowertschöpfung zu Faktorkosten bzw. auf das Nettoinlandsprodukt zu Faktorkosten hat die Stelle der Addition der Subventionen im Wertschöpfungsschema wiederum keinen Einfluß. Da also die Nettowertschöpfung nicht tangiert wird, und die Subventionen in den VGR ausschließlich den Produktionsunternehmen zufließen, können wir das Kapitel Subventionen abschließen. Wir werden nur bei der materiellen Analyse im dritten Kapitel kurz auf sie zurückkommen.

Im folgenden Schema 7 sind die in der Entstehungsrechnung der Produktionsunternehmen notwendigen Korrekturen zum besseren Verständnis zusammengefaßt.

Produktionswert der Produktionsunternehmen
– Vorleistungen der Produktionsunternehmen
+ Vom Ausland empfangene Patent- und Lizenzgebühren der Produktionsunternehmen
– Ans Ausland geleistete Patent- und Lizenzgebühren der Produktionsunternehmen
= Korrigierte Bruttowertschöpfung der Produktionsunternehmen
– Abschreibungen der Produktionsunternehmen
= Korrigierte Wertschöpfung der Produktionsunternehmen
– Produktionssteuern der Produktionsunternehmen
+ Gewerbesteuer (E und K) einschließlich Lohnsummensteuer der Produktionsunternehmen
+ Grundsteuer (A und B) der Produktionsunternehmen
+ Subventionen der Produktionsunternehmen
= Korrigierte Nettowertschöpfung der Produktionsunternehmen

Schema 7: Korrigierte Entstehungsrechnung der Produktionsunternehmen

6. Die Bestandteile der Verteilungsrechnung der Produktionsunternehmen

Zum Schluß dieses Abschnitts müssen wir der Vollständigkeit halber noch die Bestandteile der Verteilungsrechnung betrachten, die - wie wir bereits wissen - keine eigenständige Rechnung ist. Detailliert haben wir das bereits im ersten Kapitel für die entstandenen Einkommen aus unselbständiger Arbeit für alle Wirtschaftsbereiche getan. Wir können deshalb die Ergebnisse für den Unternehmenssektor übernehmen. Sie sollen kurz wiederholt werden. Auf der einzelbetrieblichen Seite stehen den Einkommen aus unselbständiger Arbeit die Positionen "Löhne und Gehälter", "Soziale Abgaben" und "Aufwendungen für Altersversorgung und Unterstützung" gegenüber. Dabei konnten wir bis auf geringfügige Abweichungen, die ohne Bedeutung sind, eine formale Übereinstimmung feststellen.

Ähnlich sah es bei den Einkommen aus Unternehmertätigkeit und Vermögen aus. Auch hier konnten wir eine übereinstimmende Zuordnung für Zinserträge und -aufwendungen, Beteiligungserträge u. ä. erkennen. Abweichend behandelt werden Einkommen aus Nettopachten und aus immateriellen Werten. Hier haben wir entsprechend korrigiert. Sie spielen ansonsten für den Unternehmenssektor keine Rolle. Als Gewinn und damit Wertschöpfung der abführenden Unternehmung werden auch die aufgrund einer Gewinngemeinschaft u. ä. abgeführten Gewinne und Aufwendungen aus Verlustübernahme bei Kroenlein eingestuft. Umgekehrt zählen Erträge aus diesen Posten zur Wertschöpfung anderer Unternehmen. Für den Sektor "Unternehmen" heben sie sich gegenseitig auf. Die Einstellung in Sonderposten mit Rücklageanteil und die Erträge aus der Auflösung von Sonderposten mit Rücklageanteil werden von Kroenlein[109] als Gewinnverwendungsvorgänge gebucht, wobei er sich im Klaren ist, daß sie Steuerrückstellungen enthalten, die nicht quantifiziert werden können. Er paßt sich damit an die VGR an, da erstens in den VGR Steuerforderungen des Staates unberücksichtigt bleiben, und nur tatsächliche Zahlungen verbucht werden, und zweitens nur sogenannte indirekte Steuern bei der Ermittlung der Nettowertschöpfung zu Faktorkosten abgezogen werden. Die Steuerrückstellungen in den Sonderposten mit Rücklageanteil betreffen aber nur gewinnabhängige, also direkte Steuern.

Übrig bleiben die direkten Steuern in den VGR und die Steuern vom Einkommen, vom Ertrag und vom Vermögen bei Kroenlein, die wir ebenfalls schon erschöpfend verglichen haben. Wir müssen die Gewer-

109 Vgl. ebenda, S. 67 ff. und S. 80 f.

besteuer (E und K), die Lohnsummensteuer und die Grundsteuer (A und B) auch in der Verteilungsrechnung zu den direkten Steuern addieren, um eine Anpassung der direkten Steuern an die Steuern vom Einkommen, vom Ertrag und vom Vermögen zu erreichen. Die Nettowertschöpfung fällt dann um den Betrag dieser Steuern höher aus. Schema 8 gibt die Korrekturen der Verteilungsrechnung wieder.

  Bei den Produktionsunternehmen entstandene Einkommen aus unselbständiger Arbeit
+ Bei den Produktionsunternehmen entstandene Einkommen aus Unternehmertätigkeit und Vermögen
+ Vom Ausland empfangene Patent- und Lizenzgebühren der Produktionsunternehmen
– Ans Ausland geleistete Patent- und Lizenzgebühren der Produktionsunternehmen
+ Gewerbesteuer (E und K) einschließlich Lohnsummensteuer der Produktionsunternehmen
+ Grundsteuer (A und B) der Produktionsunternehmen
= Korrigierte Nettowertschöpfung der Produktionsunternehmen

Schema 8: Korrigierte Verteilungsrechnung der Produktionsunternehmen

IV. Die Ermittlung der Wertschöpfung der Kreditinstitute

Bei den Ausführungen zur Abgrenzung der unternehmerischen Betätigung der Kreditinstitute in Abschnitt C.II. dieses Kapitels wurde bereits betont, daß die herrschende Konvention, Zinsen als reines Kapitalnutzungsentgelt zu betrachten und damit der kapitalnutzenden Unternehmung als Wertschöpfung zuzurechnen insbesondere bei der eigengearteten Produktion der Banken deren Wertschöpfung nicht adäquat ausweisen würde, weil auf diese Weise das im Zins enthaltene Eigenleistungsentgelt, die Dienstleistungskomponente, nicht beachtet wird.[110] Würde bei den Banken offen eine Vermittlungsprovision für Kapitalvermittlung ausgewiesen, bestünde diese Zurechnungsproblematik nicht. So wird im Rahmen der "Zins"differenzkonzeption die Differenz zwischen Zinserträgen (oder weiter: Vermögenserträgen) und Zinsaufwendungen als unterstelltes Dienstleistungsentgelt angesehen.[111] Dieses ergibt zusammen mit den anderen, nicht in Form von

---

110 Vgl. Pohmer (VI), S. 333, Fußnote 85.

111 Vgl. Göckeler, S. 9, S. 10 f. und S. 17 ff.

Zinsen berechneten Entgelten, den speziellen Gebühren, die "Umsätze" auf der einzelbetrieblichen Seite[112] bzw. die Produktionswerte auf der gesamtwirtschaftlichen Seite.[113] Daß es dadurch bei den "unbereinigten" Größen zu Doppelzählungen kommt, haben wir bereits erörtert. Inwiefern sich die in die "Zins"differenzkonzeption jeweils eingehenden Erträge und Aufwendungen einzelbetrieblich und gesamtwirtschaftlich entsprechen, werden wir im folgenden untersuchen.

Die Daten für die Ermittlung der Wertschöpfung erhält das Statistische Bundesamt von der Deutschen Bundesbank,[114] die sich stark an den Gewinn- und Verlustrechnungen der Kreditinstitute orientiert. Die Komponenten der Wertschöpfungsrechnung sind aus diesem Grund dieselben wie bei Göckeler. Das Statistische Bundesamt geht davon aus, daß der Untersektor "Kreditinstitute" damit vollständig erfaßt ist und paßt deshalb die Daten nur noch, soweit es erforderlich ist, den Konzeptionen der VGR an.

Wir werden im folgenden bei der Untersuchung der Wertschöpfungskomponenten der Kreditinstitute ebenso vorgehen wie bei den Produktionsunternehmen. Dabei werden wir vieles von unseren Überlegungen, die wir im Zusammenhang mit den Produktionsunternehmen angestellt haben, übernehmen können. Außerdem hat Göckeler bereits sehr detailliert die Vergleiche zu den VGR hergestellt, so daß es meistens genügt, wenn wir seine Ergebnisse zitieren oder uns auf Auskünfte des Statistischen Bundesamtes beziehen. Die entscheidende Abweichung gegenüber den Produktionsunternehmen besteht in der Bestimmung der Produktionswerte, denen wir uns nun zunächst zuwenden werden.

1. Die Produktionswerte der Kreditinstitute

Die Produktionswerte[115] der Kreditinstitute beinhalten neben den tatsächlichen Einnahmen aus Gebühren u. ä. auch die unterstellten Entgelte für Bankdienstleistungen. Diese unterstellten Entgelte für Bankdienstleistungen werden bestimmt durch die Differenz zwischen Ertragszinsen, Kreditprovisionen und anderen Vermögenseinkommen der Kreditinstitute (ohne die von nichtselbständigen Auslandsfilialen) und deren Aufwandszinsen. Es werden also alle Erträge aus Vermögensanlagen, d. h. Ertragszinsen aus Forderungen, Erträge aus Mitglied-

---

112 Vgl. ebenda, S. 20.

113 Vgl. Statistisches Bundesamt (IV), S. 70.

114 Nach Auskunft des Statistischen Bundesamtes.

115 Vgl. Statistisches Bundesamt (IV), S. 70.

schaftsrechten einschließlich verbriefter und unverbriefter Beteiligungen, darunter Erträge aus Ergebnisabführungsverträgen, den Zinsaufwendungen für Forderungen gegenübergestellt. Diese Vorgehensweise ist in Anbetracht der tatsächlichen Erlösquellen der Banken sinnvoll, weil eine exakte Trennung von Ertragsquellen und Finanzierungsquellen nicht möglich ist.[116] Hinzu kommt, daß genaugenommen nur diejenigen Vermögenseinkommen in die "Zins"differenz einbezogen werden dürften, die aus der Anlage fremder Mittel resultieren; denn die Erträge aus eigenen Mitteln lassen sich mit dem unterstellten Verkauf von Bankdienstleistungen an andere Sektoren nicht in Verbindung bringen. Eine Trennung in eigene und fremde Mittel ist aber ebenfalls weder gesamtwirtschaftlich noch einzelbetrieblich möglich und wohl auch nicht nötig, da das Eigenkapital in erster Linie als Haftungskapital dient und heute keine Bedeutung als Finanzierungsmittel mehr hat.[117]

Die tatsächlichen Gebühren der Kreditinstitute umfassen z. B. Buchungsgebühren, Provisionen im Effektengeschäft, Stahlfachmieten u. ä.[118] Hinter diesen Komponenten stecken nach Auskunft des Statistischen Bundesamtes dieselben Posten, die in der Gewinn- und Verlustrechnung der Kreditinstitute zu finden sind und in die betriebliche Wertschöpfungsrechnung eingehen.

Einzelbetrieblich entspricht dem Produktionswert der Kreditinstitute der "Umsatz" des einzelnen Kreditinstituts, der ebenfalls über die "Zins"differenzkonzeption ermittelt wird. Er setzt sich nach den Formblatt-Mustern für die Gewinn- und Verlustrechnung aus folgenden Positionen zusammen:[119] Zinsen und zinsähnliche Erträge aus Kredit- und Geldmarktgeschäften, laufende Erträge aus festverzinslichen Wertpapieren und Schuldbuchforderungen und laufende Erträge aus anderen Wertpapieren minus Zinsen und zinsähnliche Aufwendungen. Dazu kommen die Provisionen und die anderen Erträge aus Dienstleistungsgeschäften, die Vergütungen für die Mitglieder des Aufsichtsrats und sonstiger Beiräte, soweit sie nicht in dem Posten "Löhne und Gehälter" enthalten sind, und die aperiodischen Korrekturposten, die anderen Erträge einschließlich der Erträge aus der Auflösung von Rückstellungen im Kreditgeschäft (Posten 4) und die Erträge aus der Auflösung von Rückstellungen, soweit sie nicht unter Posten 4 ausgewiesen sind. Wir werden jetzt diese Positionen im einzelnen erläutern und den Vergleich zu den VGR herstellen.

---

116 Vgl. Dorow (I), S. 378, und Göckeler, S. 24.

117 Vgl. Göckeler, S. 20 f.

118 Vgl. Dorow (I), S. 378.

119 Vgl. Göckeler, S. 62 ff. und S. 101 f.

Die Zinsen und zinsähnlichen Erträge aus Kredit- und Geldmarktgeschäften umfassen die offenen und verdeckten Ertragszinsen aus diesen Geschäften und werden in beiden Wertschöpfungsrechnungen (einzel- und gesamtwirtschaftlich) in die "Zins"differenzrechnung einbezogen. Göckeler erwähnt hier noch zwei Einschränkungen.[120] Die Kreditprovisionen wurden früher in den VGR außerhalb der "Zins"differenzrechnung gesondert als Dienstleistungsentgelt gebucht. Auf die Wertschöpfung hatte das keinen Einfluß. Die Kreditprovisionen gehen inzwischen auch dort in die "Zins"differenzkonzeption mit ein.[121] Die zweite Einschränkung bestand darin, daß das Disagio bei der Ausgabe festverzinslicher Wertpapiere als Vermögensübertragung verbucht werden mußte. Da jetzt von den tatsächlichen Zahlungsströmen ausgegangen wird, ist diese Korrektur nicht mehr erforderlich.[122] Von dem Posten "Laufende Erträge aus Wertpapieren, Schuldbuchforderungen und Beteiligungen", der sich aus den drei Unterposten "Zinsen aus festverzinslichen Wertpapieren und Schuldbuchforderungen", "Zinsen und Dividenden aus anderen Wertpapieren" und "Erträge aus verbrieften und unverbrieften Beteiligungen" zusammensetzt, werden nur die ersten beiden in die einzelbetriebliche "Zins"differenzrechnung eingestellt. Die Erträge aus Beteiligungen dagegen werden entsprechend der Konvention, Beteiligungserträge als fremde Wertschöpfung anzusehen, nicht berücksichtigt.[123] In den VGR dagegen sind die Beteiligungserträge in der "Zins"differenz enthalten. Für die "bereinigte" Wertschöpfung des Unternehmenssektors spielt das keine Rolle, weil die unterstellte Bankgebühr global durch die Vorleistungen wieder herausgerechnet wird. Da wir aber aus bereits dargelegten Gründen die "unbereinigte" Wertschöpfung verwenden,[124] kommt es in Höhe der Beteilgungserträge zu Doppelzählungen. Außerdem werden in den VGR die Erträge aus Ergebnisabführungsverträgen und die Erträge und Aufwendungen aus Verlustübernahme in die "Zins"differenzkonzeption einbezogen, so daß auch ihr Saldo zu Doppelzählungen führt. Die Wertschöpfung des Unternehmenssektors fällt um diese nicht unbeträchtlichen Doppelzählungen zu hoch aus. Wir müssen diese Abweichung in der Entstehungsrechnung und in der Verteilungsrechnung korrigieren, d. h. abziehen. Das Statistische Bundesamt hat uns freundlicherweise die dazu erforderlichen Zahlen geliefert.

---

120 Vgl. ebenda, S. 24, S. 63 f. und S. 66.

121 Vgl. Statistisches Bundesamt (IV), S. 70.

122 Vgl. Hamer (V), S. 230.

123 Vgl. Göckeler, S. 22 und S. 65.

124 Vgl. hierzu die Anmerkungen unter B.II. im ersten Kapitel.

Von den bisher aufgezählten einzelbetrieblichen Erträgen werden die Zinsen und zinsähnlichen Aufwendungen abgezogen.[125] Dieser Posten ist der korrespondierende Teil der "Zins"differenzrechnung. Er enthält Zinsen und zinsähnliche Aufwendungen aus der Entgegennahme fremder Gelder sowie aus Factoringgeschäften. Die Verrechnung des Disagios bei langfristigen Verbindlichkeiten als Vermögensübertragung wurde mit der Revision der VGR im Jahre 1977 hinfällig.[126] Das Ergebnis ist die "Zins"differenz, die auch in den VGR auf diesem Wege ermittelt wird. In der einzelbetrieblichen "Zins"differenzrechnung sind die Zinserträge und die Zinsaufwendungen der nichtselbständigen ausländischen Filialen enthalten. In den VGR werden sie dem Inlandskonzept entsprechend seit der Revision 1977 beginnend mit dem Jahr 1975 aus der Wertschöpfung herausgerechnet, d. h. die Zinserträge werden abgezogen, die Zinsaufwendungen addiert. Da dieser Saldo negativ ist, müssen wir ihn mit positivem Vorzeichen in die Entstehungsrechnung und in die Verteilungsrechnung einstellen, um die Abweichung zu korrigieren (siehe Schema 9 und Schema 10). Auch hierfür hat uns das Statistische Bundesamt die Daten zur Verfügung gestellt.

Zur "Zins"differenz werden schließlich bei Göckeler die Provisionen und die anderen Eträge aus Dienstleistungsgeschäften addiert. Dazu gehören u. a. Provisionen und Erträge aus dem Zahlungsverkehr, Außenhandelsgeschäft, Wertpapierkommissions- und Depotgeschäft, Umsatzprovisionen, Provisionen aus der Vermittlung von Krediten, Bauspar- und Versicherungsverträgen, Kontoführungsgebühren, Erträge aus durchlaufenden Krediten und Verwaltungskrediten sowie Provisionen im Zusammenhang mit der Veräußerung von Devisen, Sorten und Edelmetallen.[127] Dieser Vorgehensweise entspricht die Addition der tatsächlichen Gebühreneinnahmen der Kreditinstitute bei der gesamtwirtschaftlichen Wertschöpfungsberechnung.

Es kommen dann noch einige Korrekturposten hinzu. Das sind zunächst die Vergütungen für die Mitglieder des Aufsichtsrates und sonstiger Beiräte, die, wenn sie nicht in den Löhnen und Gehältern, sondern im Sachaufwand für das Bankgeschäft oder in den sonstigen Aufwendungen enthalten sind, in die indirekte und in die direkte Wertschöpfungsstaffel mit positivem Vorzeichen einbezogen werden müssen.[128]

125 Vgl. Göckeler, S. 79 f.

126 Vgl. Hamer (V), S. 230.

127 Vgl. Göckeler, S. 65.

128 Vgl. ebenda, S. 85 f. Das entspricht der Handhabung bei Kroenlein und der in den VGR. Vgl. auch die Fußnoten 64 bis 66 dieses Kapitels.

Als aperiodische Korrekturposten kommen schließlich noch der Posten 4 "Andere Erträge einschließlich der Erträge aus der Auflösung von Rückstellungen im Kreditgeschäft" und der Posten "Erträge aus der Auflösung von Rückstellungen, soweit sie nicht unter Posten 4 auszuweisen sind" hinzu. Der erste der beiden Posten ist ein Sammelposten, in dem alle Erträge zu erfassen sind, die nicht anderweitig zugeordnet werden können.[129] Göckeler teilt sie grob in vier Klassen ein. Das sind die Erträge aus dem Abgang von Sachen und Rechten, Erträge, die Korrekturen zu Aufwandsverrechnungen früherer Perioden darstellen, Kassenüberschüsse und Erträge aus nichtbankgeschäftlichen Umsätzen. Göckeler hat die Erträge der zwei ersten Klassen, das sind die Erträge aus dem Abgang von Sachen des Anlagevermögens und aus dem Abgang von Wertpapieren, die Erträge aus Zuschreibungen zu Gegenständen des Anlagevermögens, die Erträge aus höherer Bewertung von Forderungen und Wertpapieren, die Erträge aus dem Eingang von voll- oder teilabgeschriebenen Forderungen und aus der Auflösung von Rückstellungen im Kreditgeschäft und die Erträge aus der Erstattung von Steuern, im Sinne von Kroenlein verrechnet, d. h. in die indirekte Methode als Additionsposten einbezogen. Wir können deshalb auf Kroenlein und auf unsere Überlegungen bei den entsprechenden Positionen der Produktionsunternehmen verweisen. Den Kassenüberschüssen kommt nur ein geringes Gewicht zu, so daß sie vernachlässigt werden können, zumal sie und die in den sonstigen Aufwendungen enthaltenen Kassenfehlbeträge sich gesamtwirtschaftlich kompensieren. Die nichtbankgeschäftlichen Umsätze der Kreditinstitute, die vor allem bei Genossenschafsbanken und Privatbanken eine Rolle spielen, sind wertschöpfungsrelevante Erträge.[130]

Die Erträge aus der Auflösung von Rückstellungen, soweit sie nicht unter Posten 4 auszuweisen sind, beinhalten Erträge, die nichts mit dem Kreditgeschäft zu tun haben.[131] Das sind, wie die in Posten 4 verrechneten Erträge aus Rückstellungen im Kreditgeschäft, Korrekturen von in früheren Perioden zu hoch angesetzten Aufwendungen. Soweit die Rückstellungen Pensionsverpflichtungen und direkte Steuern betreffen, dürften sie nicht berücksichtigt werden.[132] Die Jahresabschlüsse bieten aber nicht die Informationen, die erforderlich sind, um eine Trennung vorzunehmen. Deshalb werden sie wie bei Kroenlein mit den anderen aperiodischen Erträgen addiert. Der größte Teil der Erträge aus der

129 Zum Folgenden vgl. Göckeler, S. 67 ff.

130 Vgl. ebenda, S. 69 ff.

131 Vgl. ebenda, S. 75 ff.

132 Vgl. ebenda, S. 69 f. und S. 76 f.

Auflösung von Rückstellungen dient in den VGR[133] der Korrektur der Vorleistungen. Der kleinere Teil wird auf die Produktionssteuern und auf die direkten Steuern verteilt. Die Korrektur der Vorleistungen und der Produktionssteuern deckt sich demnach mit der Verrechnung dieses Postens bei Göckeler. Die Wertschöpfung in den VGR ist aber um den Teil, der auf die direkten Steuern entfällt, kleiner als die einzelbetriebliche. Das ist zwar sachlich richtig, wir müssen aber, um die Abweichung zu beseitigen, die gesamtwirtschaftliche Wertschöpfung um den Anteil der direkten Steuern an den Erträgen aus Rückstellungen erhöhen (siehe Schema 9 und Schema 10). Die dazu erforderlichen Zahlen hat uns wiederum das Statistische Bundesamt zur Verfügung gestellt.

2. Die weiteren Komponenten der Entstehungsrechnung der Kreditinstitute

Von der Summe der Produktionswerte der Kreditinstitute werden auch hier die Vorleistungen, die Abschreibungen und die Produktionssteuern subtrahiert, um zu deren Nettowertschöpfung zu gelangen. Wir können diese Komponenten schnell und in einem Abschnitt abhandeln, weil sie kaum von den entsprechenden Positionen bei den Produktionsunternehmen abweichen.

Die Vorleistungen des Untersektors "Kreditinstitute" decken sich - ebenfalls nach Auskunft des Statistischen Bundesamtes - mit den ihnen auf der einzelbetrieblichen Seite gegenüberstehenden Posten, den Provisionen und ähnlichen Aufwendungen für Dienstleistungsgeschäfte, dem Sachaufwand für das Bankgeschäft und den sonstigen Aufwendungen. Bei den Provisionen und ähnlichen Aufwendungen für Dienstleistungen handelt es sich hauptsächlich um von anderen Kreditinstituten erbrachte Vorleistungen, also um fremde Wertschöpfung, die in der Subtraktionsmethode abzuziehen sind.[134] Ebenso verhält es sich mit dem Sachaufwand für das Bankgeschäft. Er umfaßt vor allem Raumkosten, Bürobetriebskosten, Kraftfahrzeugbetriebskosten, Porto, Verbandsbeiträge, Werbekosten, Repräsentationskosten, Versicherungsprämien, Rechts-, Prüfungs- und Beratungskosten.[135] Die hier eventuell verbuchten Vergütungen für Mitglieder des Aufsichtsrats und sonstiger Beiräte sind, wie wir schon erwähnt haben, herauszurechnen. Die sonstigen Aufwendungen sind wieder ein Sammelposten, der alle Aufwendungen aufnimmt, die nicht anderweitig zugeordnet werden können.

133 Nach Auskunft des Statistischen Bundesamtes.

134 Vgl. Göckeler, S. 80 f.

135 Vgl. ebenda, S. 88.

Göckeler unterscheidet fünf Gruppen, die zum Teil als Wertschöpfung, zum Teil als Vorleistungen einzustufen sind.[136] Wertschöpfungsbestandteil sind die freiwilligen sozialen Leistungen, die Spenden an Dritte und die Vergütungen an Mitglieder des Aufsichtsrats und sonstige Beiräte. Der Rest, die Verluste im Zusammenhang mit der Veräußerung von Vermögensgegenständen, die Kassenfehlbeträge, die Aufwendungen für die Berufsförderung, die Aufwendungen im Zusammenhang mit Kapitalerhöhungen und der Verwaltung von Grundstücken und die Verluste aus nichtbankgeschäftlichen Umsätzen, sind Vorleistungen. Da die Geschäftsberichte keine detaillierten Informationen zu den sonstigen Aufwendungen außer den Aufsichtsrats- und Beiratsvergütungen liefern, wird der Posten geschlossen abgezogen. Die Aufsichtsrats- und Beiratsvergütungen werden aus den sonstigen Aufwendungen eliminiert, sofern sie in diesen enthalten sind. Sie werden folglich den Löhnen und Gehältern und damit der Wertschöpfung zugerechnet. Ähnlich verfährt das Statistische Bundesamt, das nach eigenen Aussagen von den sonstigen Aufwendungen einem Erfahrungssatz folgend 79 Prozent den Vorleistungen und 21 Prozent den Einkommen aus unselbständiger Arbeit zuweist.

Die gesamtwirtschaftlichen Abschreibungen haben wir bei den Produktionsunternehmen bereits ausführlich analysiert und mit den Abschreibungen der Industrie- und Handelsunternehmen verglichen. Auf eine Korrektur der nicht unerheblichen Abweichungen haben wir verzichtet, weil diese sich teilweise kompensieren, wenngleich eine Quantifizierung der Kompensation nicht möglich ist. Wir können dieses Ergebnis für die Kreditinstitute übernehmen. Deren Abschreibungen und Wertberichtigungen finden sich hauptsächlich in drei Positionen ihrer Gewinn- und Verlustrechnung,[137] den Abschreibungen und Wertberichtigungen auf Forderungen und Wertpapiere sowie Zuführungen zu Rückstellungen im Kreditgeschäft, den Abschreibungen und Wertberichtigungen auf Grundstücke und Gebäude sowie auf Betriebs- und Geschäftsausstattungen und den Abschreibungen und Wertberichtigungen auf Beteiligungen. Außerdem können beispielsweise auch in den Zinsen und zinsähnlichen Aufwendungen Abschreibungen enthalten sein.[138] Der erste und der dritte Posten werden gesamtwirtschaftlich nicht, der zweite nur teilweise (soweit es sich um planmäßige Abschreibungen handelt) erfaßt. Die Probleme, die dabei bestehen, haben wir bereits bei den Produktionsunternehmen erörtert.

---

136 Vgl. ebenda, S. 98 ff.

137 Vgl. ebenda, S. 81 ff. und S. 88 ff.

138 Vgl. ebenda, S. 79.

Der Steuerausweis in der Gewinn- und Verlustrechnung der Kreditinstitute entspricht der Einteilung in Steuern vom Einkommen, vom Ertrag und vom Vermögen und in sonstige Steuern.[139] Die bei den Produktionsunternehmen erarbeitete Korrektur der Produktionssteuern bzw. der Nettowertschöpfung um die Gewerbesteuer (E und K) einschließlich der Lohnsummensteuer und die Grundsteuer (A und B) ist deshalb auch für die Kreditinstitute erforderlich (siehe Schemata 7 bis 10).

Der offenen Form von Subventionen[140] kommt bei den Kreditinstituten keine Bedeutung zu. Wir können folglich auch hier unsere früheren Erkenntnisse übernehmen.

Die in der Entstehungsrechnung durchzuführenden Korrekturen sind im folgenden Schema 9 dargestellt.

Produktionswert der Kreditinstitute
– Vorleistungen der Kreditinstitute
+ Vom Ausland empfangene Patent- und Lizenzgebühren der Kreditinstitute
– Ans Ausland geleistete Patent- und Lizenzgebühren der Kreditinstitute
– Beteiligungserträge der Kreditinstitute
– Erträge aus Ergebnisabführungsverträgen der Kreditinstitute
– Erträge aus Verlustübernahme der Kreditinstitute
+ Aufwendungen aus Verlustübernahme der Kreditinstitute
+ Zinserträge nichtselbständiger Auslandsfilialen der Kreditinstitute (ab 1975)
– Zinsaufwendungen nichtselbständiger Auslandsfilialen der Kreditinstitute (ab 1975)
– Auf die direkten Steuern entfallender Anteil der Erträge aus der Auflösung von Rückstellungen der Kreditinstitute
= Korrigierte Bruttowertschöpfung der Kreditinstitute
– Abschreibungen der Kreditinstitute
= Korrigierte Wertschöpfung der Kreditinstitute
– Produktionssteuern der Kreditinstitute
+ Gewerbesteuer (E und K) einschließlich Lohnsummensteuer der Kreditinstitute
+ Grundsteuer (A und B) der Kreditinstitute
= Korrigierte Nettowertschöpfung der Kreditinstitute

Schema 9: Korrigierte Entstehungsrechnung der Kreditinstitute

---

139 Vgl. ebenda, S, 93 ff.

140 Vgl. ebenda, S. 27.

3. Die Bestandteile der Verteilungsrechnung der Kreditinstitute

Für die Kreditinstitute gilt in den VGR die im ersten Kapitel in Schema 3 und Schema 4 dargestellte Verteilungsrechnung, die sich auf "bereinigte" Größen bezieht. In der "unbereinigten" Verteilungsrechnung sind die in der Entstehungsrechnung notwendigen Korrekturen ebenfalls vorzunehmen. Der Saldo der Beteiligungserträge, der Erträge aus Ergebnisabführungsverträgen, der Erträge aus Verlustübernahme und der Aufwendungen aus Verlustübernahme ist von der Wertschöpfung abzuziehen, der Saldo der Zinserträge und Zinsaufwendungen der unselbständigen Auslandsfilialen ist hinzuzurechnen. Die zwischen dem In- und Ausland fließenden Lizenz- und Patentgebühren spielen bei den Kreditinstituten keine Rolle. Sie betreffen wohl ausschließlich die Produktionsunternehmen. Zur Anpassung der Steuern müssen auch hier die Gewerbesteuer (E und K) inklusive der Lohnsummensteuer und die Grundsteuer (A und B) addiert werden. Ebenfalls zu addieren ist der vom Statistischen Bundesamt auf die direkten Steuern verbuchte Anteil an den Erträgen aus der Auflösung von Rückstellungen. Da eine Differenzierung nach Branchen bzw. Untersektoren nicht möglich ist, sind die Korrekturen ohnehin global an den Daten des Unternehmenssektors vorzunehmen.

Die einzelbetriebliche direkte Wertschöpfungsstaffel bei Göckeler[141] entspricht, bis auf die sich aus der Eigenart der Berechnung der "Umsätze" der Kreditinstitute ("Zins"differenzrechnung) ergebenden Abweichungen, dem Schema bei Kroenlein.[142] Die Einkommen aus unselbständiger Arbeit umfassen auch bei Göckeler die Löhne und Gehälter, die sozialen Abgaben, die Aufwendungen für Altersversorgung und Unterstützung und die Vergütungen für die Mitglieder des Aufsichtsrats und sonstiger Beiräte, soweit sie nicht im Posten "Löhne und Gehälter" enthalten sind. Die Abgrenzung der Posten entspricht den aktienrechtlichen Vorschriften[143] und ist damit mit der bei Kroenlein identisch. Neben dem Jahresüberschuß bzw. Jahresfehlbetrag und den Steuern vom Einkommen, vom Ertrag und vom Vermögen sind die aufgrund einer Gewinngemeinschaft abgeführten Gewinne, die Aufwendungen aus Verlustübernahme und die Einstellungen in Sonderposten mit Rücklagean-

141 Vgl. ebenda, S. 102 f.

142 Vgl. Kroenlein, S. 156 f.

143 Vgl. dazu Göckeler, S. 84 ff.

teil einbezogen, während die Erträge aus Gewinngemeinschaften,[144] die laufenden Erträge aus Beteiligungen, die Erträge aus Verlustübernahme und die Erträge aus der Auflösung von Sonderposten mit Rücklageanteil abgezogen werden.[145] Die bei Kroenlein im direkten Schema verrechneten Zinserträge und Zinsaufwendungen und Erträge aus den anderen Finanzanlagen sind in der "Zins"differenzkonzeption der direkten Methode berücksichtigt.

Durch die oben aufgeführten Korrekturen der Verteilungsrechnung der Kreditinstitute entsprechen deren Bestandteile denen der einzelbetrieblichen direkten Methode bei Göckeler. Die Verteilungsrechnung der VGR ist auch bei den Kreditinstituten keine eigenständige Rechnung. Die Korrekturen, die in ihr vorzunehmen sind, haben wir zur Verdeutlichung in Schema 10 zusammengefaßt.

Bei den Kreditinstituten entstandene Einkommen aus unselbständiger Arbeit
\+ Bei den Kreditinstituten entstandene Einkommen aus Unternehmertätigkeit und Vermögen
\+ Vom Ausland empfangene Patent- und Lizenzgebühren der Kreditinstitute
– Ans Ausland geleistete Patent- und Lizenzgebühren der Kreditinstitute
– Beteiligungserträge der Kreditinstitute
– Erträge aus Verlustübernahme der Kreditinstitute
\+ Aufwendungen aus Verlustübernahme der Kreditinstitute
\+ Zinserträge nichtselbständiger Auslandsfilialen der Kreditinstitute (ab 1975)
– Zinsaufwendungen nichtselbständiger Auslandsfilialen der Kreditinstitute (ab 1975)
\+ Auf die direkten Steuern entfallender Anteil der Erträge aus der Auflösung von Rückstellungen der Kreditinstitute
\+ Gewerbesteuer (E und K) einschließlich Lohnsummensteuer der Kreditinstitute
\+ Grundsteuer (A und B) der Kreditinstitute
= Korrigierte Nettowertschöpfung der Kreditinstitute

Schema 10: Korrigierte Verteilungsrechnung der Kreditinstitute

144 Im direkten Rechenschema fehlt bei Göckeler der im Text erwähnte Posten "Erträge aus Gewinngemeinschaften, Gewinnabführungs- und Teilgewinnabführungsverträgen". Dieser Posten muß dort selbstverständlich mit negativem Vorzeichen einbezogen werden, sofern er in der Erfolgsrechnung auftaucht. Vgl. Göckeler, S. 74 f. und S. 102.

145 Vgl. ebenda, S. 77 ff. und S. 97 f.

4. Die Berechnung der Wertschöpfung der Bausparkassen

Die Daten für die Bausparkassen erhält das Statistische Bundesamt ebenfalls von der Deutschen Bundesbank. Bis zum Jahre 1976 stellte es aufgrund der Geschäftsberichte der Bausparkassen eigene Berechnungen an.[146]

Da für die Bausparkassen bis 1975 ein von den Formblättern der Kreditinstitute stärker abweichendes Formblatt für den Formalaufbau der Gewinn- und Verlustrechnung gegolten hat,[147] mußte Göckeler für sie spezielle Wertschöpfungsstaffeln erarbeiten.[148] Diese Wertschöpfungsstaffeln hat er in Anlehnung an seine Ergebnisse bei den Kreditinstituten und im Hinblick auf Kompatibilität mit den VGR aufgestellt. Das neue Formblatt der Bausparkassen brachte 1976 die Angleichung an die Gewinn- und Verlustrechnung der Kreditinstitute. Es weicht seither im wesentlichen nur noch in den Zinsaufwendungen und Zinserträgen ab, die den Besonderheiten der Bausparkassen Rechnung tragen.[149] Doch auch bei den Bausparkassen werden die Zinserträge und die Zinsaufwendungen bei der indirekten Methode in die "Zins"differenzrechnung einbezogen. Die "Zins"differenz[150] errechnet sich aus den Zinsen aus Bauspardarlehen, aus Vor- und Zwischenfinanzierungsdarlehen und aus sonstigen Baudarlehen (Posten 1a - c) plus den anderen Zinsen und zinsähnlichen Erträgen (Posten 2) abzüglich der Zinsen für Bauspareinlagen, Spareinlagen, langfristige Verbindlichkeiten und Schuldverschreibungen (Posten 6a - d) und der anderen Zinsen und zinsähnlichen Aufwendungen (Posten 7). Zur überwiegend periodischen Bruttowertschöpfung zu Marktpreisen kommt man schließlich, indem man zur "Zins"differenz die Gebühren für Vertragsabschluß und -vermittlung, für die Darlehensregelung nach der Zuteilung, für die Bereitstellung und Bearbeitung von Vor- und Zwischenfinanzierungskrediten und die sonstigen Gebühren (Posten 3a - d) addiert, und dann in Übereinstimmung mit dem indirekten Wertschöpfungsschema der Kreditinstitute die Vergütungen für die Mitglieder des Aufsichtsrats und sonsti-

---

146 Nach Auskunft des Statistischen Bundesamtes.

147 Das neue Formblatt wurde mit der Verordnung über Formblätter für die Gliederung des Jahresabschlusses der Bausparkassen im Jahre 1975 eingeführt. Es war erstmals für das nach dem 31. Dezember 1975 beginnende Geschäftsjahr anzuwenden. Vgl. dazu Verordnung über Formblätter für die Gliederung des Jahresabschlusses der privaten und der öffentlich-rechtlichen Bausparkassen vom 1. April 1975, BGBl. I, S. 831 ff.

148 Vgl. dazu Göckeler, S. 103 ff., insbesondere S. 112 f.

149 Vgl. Wirtschaftsprüfer-Handbuch 1985/86, Band I, S. 282 f. und S. 338 f.

150 Vgl. ebenda, S. 338 f.

ger Beiräte, soweit sie nicht in den Löhnen und Gehältern enthalten sind, hinzuzählt und die Provisionen für Vertragsabschluß und -vermittlung (Posten 8), den Sachaufwand (Posten 17) und die sonstigen Aufwendungen (Posten 23) abzieht. Die restlichen Positionen dieser neuen Staffel (siehe Anhang B.IV.) decken sich mit den entsprechenden Positionen der indirekten Wertschöpfungsrechnung der Kreditinstitute. Gleiches gilt für die Positionen der direkten Wertschöpfungsstaffel, nur die Numerierung der Posten ist anders.

Ob der Wechsel der Wertschöpfungsstaffel Auswirkungen auf die Konzentrationsmessung hat, muß bei der Auswertung im Übergangsjahr geprüft werden. In diesem Jahr werden in den Geschäftsberichten meistens auch die Daten des Vorjahres nach der neuen Gliederung veröffentlicht, so daß für das Vorjahr (1975) beide Staffeln angewendet werden können. Im übrigen ist zu vermuten, daß dem Beitrag der Bausparkassen zur Entstehung des Nettoinlandsprodukts zu Faktorkosten des Unternehmenssektors keine große Bedeutung zukommt. Die Bausparkassen fallen deshalb wohl auch nicht unter die 100 größten Unternehmen. Ansonsten gelten bei den Bausparkassen dieselben Erkenntnisse wie bei den Kreditinstituten.

V. Die Ermittlung der Wertschöpfung der Versicherungsunternehmen

Der letzte Untersektor, dessen Wertschöpfungsrechnung Besonderheiten aufweist, ist der Untersektor "Versicherungsunternehmen". Der Schwerpunkt unserer Erörterungen wird, wie bei den Kreditinstituten, auf der Ermittlung der Produktionswerte liegen. Bei den restlichen Komponenten der Wertschöpfungsrechnung treten kaum inhaltliche Abweichungen im Vergleich zu den Produktionsunternehmen auf. Deshalb können wir uns auch hier kurz fassen und brauchen nur die spezifischen Eigenarten des Versicherungssektors herauszuarbeiten. Für die Versicherungsunternehmen bezieht das Statistische Bundesamt die Daten vom Bundesaufsichtsamt für das Versicherungswesen. Dabei geht das Statistische Bundesamt, wie zu erfahren war, auch hier davon aus, daß die Daten vollständig sind, und nimmt nur eine Anpassung an die Konzeptionen der VGR vor. Das Bundesaufsichtsamt für das Versicherungswesen lehnt sich bei der Erhebung dieser Daten sehr eng an die Gewinn- und Verlustrechnungen der Versicherungsunternehmen an.

Grundsätzlich könnte man daran denken, zur Ermittlung der Wertschöpfung der Versicherungsunternehmen die "Zins"differenzkonzeption anzuwenden, insbesondere dann, wenn wie bei bestimmten Formen der Lebensversicherung eine Art Sparkapital gebildet wird. Im Gegensatz zu den Kreditinstituten liegen bei den Versicherungsunternehmen nicht die dazu notwendigen Informationen vor, so daß für diese Unternehmungen ein anderes Verfahren gesucht werden muß.[151] Zinserträge und Zinsaufwendungen werden nach der gleichen Konvention behandelt, die für Industrie- und Handelsunternehmen gilt, obwohl dies nicht unproblematisch ist. Wie bereits erwähnt, bestehen die Versicherungsprämien bei reinen Risikoversicherungen aus einem Risikoanteil und einem Dienstleistungsanteil, zu denen bei sogenannten gemischten Versicherungen noch ein Sparanteil hinzukommt.

Der Risikoanteil ist ein Element der Umverteilung. Er dient zur Deckung der in der Periode anfallenden Versicherungsfälle. Der Sparanteil (Kapitalansammlungsanteil) ergibt sich aus Kreditbeziehungen, die aus der Vorfinanzierung des Produktionsprozesses der Versicherungsunternehmen durch die Versicherten und aus den dem Versicherungsgeschäft immanenten Spar- und Entsparprozessen resultieren.[152] Wertschöpfungsrelevant ist jeweils nur der Dienstleistungsanteil, der das Entgelt darstellt, das den Gewinn und die Aufwendungen decken soll, die notwendig sind, um den Produktionsprozeß aufrecht zu erhalten.[153] Der Dienstleistungsanteil dient als Grundlage für die Berechnung des Produktionswertes (Umsatzes) der Versicherungsunternehmen. Damit erübrigt sich für die Versicherer eine Konvention wie sie durch die "Zins"differenzkonzeption bei den Kreditinstituten nötig ist. Die Zinsaufwendungen und die Zinserträge werden deshalb wie bei den Produktionsunternehmen verrechnet, d. h. die Kapitalüberlassung und -weiterleitung zählt nicht als unternehmerische Tätigkeit.

1. Die Produktionswerte der Versicherungsunternehmen

Zur Bestimmung der Produktionswerte der Versicherungsunternehmen[154] ist es erforderlich, aus den Beitragseinnahmen (Versicherungsprämien) die Risikoanteile und, soweit es sich um gemischte Versicherungsunternehmen handelt, auch die Kapitalansammlungsanteile herauszurechnen. Da dem externen Betrachter die exakten Risikoanteile und Sparanteile nicht bekannt sind, werden die Beiträge der Periode ersatzweise um die Versicherungsleistungen der Periode gekürzt. Es

151 Vgl. dazu Weinstock, S. 21 f.

152 Vgl. Hipler, S. 331 f., und Weinstock, S. 30.

153 Vgl. Weinstock, S. 28.

154 Zum Folgenden vgl. Hipler, S. 331 f., und Statistisches Bundesamt (IV), S. 70, S. 100 und S. 238.

wird also davon ausgegangen, daß die Risiko- und die Kapitalansammlungsanteile in ihrer Höhe den in der gleichen Periode fällig werdenden Leistungen aus Versicherungsverträgen entsprechen, soweit diese Leistungen aus Beitragseinnahmen und nicht aus Vermögenserträgen und Kursgewinnen gedeckt werden.[155] Eine saubere Abgrenzung der Produktionswerte ist allerdings nicht möglich, weil die Leistungen der Versicherer, die zur Bestimmung des Dienstleistungsanteils von den Beiträgen abgezogen werden, auch Vorleistungen enthalten können. Auf die Höhe der Wertschöpfung hat diese Ungenauigkeit keinen Einfluß.

Um in den VGR den Dienstleistungsanteil zu ermitteln, werden zunächst die Beitragseinnahmen für die Periode berechnet, indem von den Beitragseinnahmen in der Periode die Beitragsüberträge in das nächste Jahr subtrahiert und zu den Beitragseinnahmen die Beitragsüberträge aus dem Vorjahr addiert werden. Diese Korrekturen der Beiträge in der Periode sind erforderlich, da sich das Versicherungsjahr in der Regel nicht mit dem Kalenderjahr deckt. Zu den Beitragseinnahmen für die Periode werden dann die Vermögenserträge und Kursgewinne (saldiert mit den Kursverlusten) hinzugezählt. Durch diesen Schritt wird erreicht, daß die Verzinsung der Verbindlichkeiten aus Versicherungsgeschäften, die den Versicherten zusteht und als Zinsaufwendung Wertschöpfungsbestandteil ist, mit zur Deckung der Versicherungsleistungen beiträgt und nur die aus Beitragseinnahmen gedeckten Risiko- und Sparanteile bei der Bestimmung des Dienstleistungsanteils eliminiert werden. Die Vermögenserträge und Kursgewinne bzw. -verluste werden behelfsmäßig anhand des Anteils der versicherungstechnischen Rückstellungen an der Gesamtheit der Passiva der Versicherungsunternehmen, der Bilanzsumme, bestimmt.[156] Nicht berücksichtigt werden die Schwankungsrückstellungen der Schaden- und Unfallversicherer und die Deckungsrückstellungen der Krankenversicherer, da bei ihnen eine Zuordnung auf den Versicherungsnehmer nicht möglich ist. Die Erträge aus der Verzinsung (Vermögenserträge) umfassen damit neben den Zinseinnahmen aus Kapitalanlagen auch die gezahlte und zurückgestellte Gewinnbeteiligung der Versicherten.[157] Nicht darin enthalten ist der Teil der Vermögenserträge, der auf die eigenen Mittel der Versicherungsunternehmen entfällt. Die Versicherungsleistungen repräsentieren die abzusetzenden Risiko- und Kapitalansammlungsanteile, die nun von den Beitragseinnahmen für die Periode einschließlich der Verzinsung der Verbindlich-

155 Vgl. Hipler, S. 332.

156 Nach Auskunft des Statistischen Bundesamtes. Vgl. auch Hipler, S. 232, insbesondere Fußnote 4.

157 Vgl. Statistisches Bundesamt (IV), S. 70.

keiten aus Versicherungsgeschäften abgezogen werden. Sie schließen sowohl die Zahlungen als auch die Rückstellungen ein. Dazu gehören die Leistungen für Versicherungsfälle, für Rückkäufe und für Beitragsrückerstattungen sowie die Veränderung der Deckungsrückstellungen. Es ergibt sich dann das Dienstleistungsentgelt aus Beitragseinnahmen,[158] das den größten Teil des Produktionswertes der Versicherungsunternehmen ausmacht. Zum Produktionswert gehören schließlich noch einige sonstige Entgelte für Dienstleistungen, wie z. B. solche aus der Vermittlung von Versicherungsgeschäften, dem aktiven Rückversicherungsgeschäft und der Vermietung von gewerblich genutzten Grundstücken. Als Erlöse aus dem aktiven Rückversicherungsgeschäft gehen die Einnahmen abzüglich der Leistungen und der Kostenerstattungen an Vorversicherer in die sonstigen Entgelte ein.

Bei den reinen Risikoversicherungsunternehmen[159] ist kein Kapitalansammlungsanteil in den Beitragseinnahmen enthalten. Vermögenserträge werden nur aus den kurzfristig zurückgestellten Leistungen und Beitragsrückerstattungen gebildet und haben deshalb eine geringe quantitative Bedeutung. Die Berechnung des Dienstleistungsanteils erfolgt wie bei den gemischten Versicherungsunternehmen durch Subtraktion des Risikoanteils von den Beitragseinnahmen für die Periode unter Einbeziehung der Vermögenserträge und Kursgewinne bzw. -verluste. Der Produktionswert ergibt sich durch die Hinzurechnung der sonstigen Entgelte für Dienstleistungen. In die Leistungen mit einbezogen sind bei den Schaden- und Unfallversicherern auch die Beteiligungen der Rückversicherungsunternehmen am Versicherungsgeschäft.

Das aktive und das passive Rückversicherungsgeschäft der Erst- und der Rückversicherer werden jeweils als Saldo ausgewiesen.[160] Beim aktiven Rückversicherungsgeschäft wird der Saldo als Differenz zwischen den Beitragseinnahmen für übernommene Rückversicherung und den Leistungen und Kostenerstattungen an die Erst- oder Vorversicherer bestimmt. Dieser Saldo geht, wie wir bereits gesehen haben, ohne Berücksichtigung der Vermögenserträge und Kursgewinne in die sonstigen Erträge für Dienstleistungen ein und umfaßt damit nur die empfangenen Dienstleistungsanteile. Beim passiven Rückversicherungsgeschäft werden von den gezahlten Rückversicherungsbeiträgen die Leistungen und Kostenerstattungen von den Rückversicherern abgezogen. Der Saldo wird als Käufe von Vorleistungen verbucht. Dieser Saldo

158 Vgl. ebenda, S. 238, Tabelle 3.10.

159 Vgl. Hipler, S. 333.

160 Vgl. ebenda, S. 333 f.

gibt die gezahlten Dienstleistungsanteile wieder. In die Berechnung der Dienstleistungsanteile werden wie bei den Schaden- und Unfallversicherungsunternehmen die gesamten, gezahlten und zurückgestellten Leistungen und nicht nur die für eigene Rechnung einbezogen.

Um diese verbalen Ausführungen zu veranschaulichen, wird im folgenden Schema 11 die Bestimmung der Produktionswerte der Versicherungsunternehmen aufgezeigt.

Beitragseinnahmen in der Periode
– Beitragsüberträge in das nächste Jahr
+ Beitragsüberträge aus dem Vorjahr
= Beitragseinnahmen für die Periode
+ Verzinsung der Verbindlichkeiten aus Versicherungsverträgen einschließlich ausgewiesener Kursgewinne bzw. -verluste
– Leistungen für Versicherungsfälle (gezahlt und zurückgestellt)
– Rückkäufe für die Periode (gezahlt und zurückgestellt)
– Beitragsrückerstattungen (gezahlt und zurückgestellt)
+ Veränderung der Deckungsrückstellungen
= Dienstleistungsentgelt aus Beitragseinnahmen
+ Entgelte für die Vermittlung von Versicherungsgeschäften
+ Entgelte aus dem aktiven Rückversicherungsgeschäft
+ Entgelte aus der Vermietung von gewerblich genutzten Grundstücken
= Produktionswert der Versicherungsunternehmen

Schema 11: Die Ermittlung der Produktionswerte der Versicherungsunternehmen[a]

a) Vgl. dazu Statistisches Bundesamt (IV), S. 238, Tabelle 3.10.

Hinter den in Schema 11 dargestellten Positionen stehen nach Auskunft des Statistischen Bundesamtes, bedingt durch die starke Anlehnung an die Gewinn- und Verlustrechnungen der Versicherungsunternehmen dieselben für die einzelbetriebliche Wertschöpfungsrechnung maßgebenden Komponenten, die im folgenden beschrieben werden. Das Statistische Bundesamt hat dabei den Vorteil, daß ihm auch interne Rechnungslegungsergebnisse zur Verfügung stehen.

Einzelbetrieblich ermittelt Weinstock die Komponenten der Wertschöpfung der verschiedenen Arten von Versicherungsunternehmen unter Hinweis auf ihre Eigenarten in Anlehnung an die VGR. Ausweis oder Nichtausweis der Vergütungen der Rückversicherer und Brutto- oder

Netto-Ausweis[161] der Veränderung der Beitragsüberträge und der Versicherungsleistungen führen dazu, daß zwei, unter Einbeziehung des Versicherungskonzerns sogar drei oder vier indirekte Wertschöpfungsstaffeln notwendig sind.[162] Diese unterscheiden sich aber nicht fundamental. So entwickelte Weinstock eine indirekte Wertschöpfungsstaffel für Lebensversicherungsunternehmen, Pensions- und Sterbekassen und Krankenversicherer, eine zweite für Schaden- und Unfallversicherer sowie Rückversicherungsunternehmen, eine dritte für Versicherungskonzerne mit ausführlicher Gewinn- und Verlustrechnung und eine vierte für Versicherungskonzerne mit vereinfachter Gewinn- und Verlustrechnung. Bei der direkten Methode genügen eine und unter Berücksichtigung von Versicherungskonzernen zwei Staffeln. Die Besonderheiten hat Weinstock ausführlich erörtert und in das jeweilige Wertschöpfungsschema eingearbeitet. Es ist also nicht erforderlich, darauf noch einmal einzugehen. Wir werden uns im folgenden die für die einzelbetriebliche Wertschöpfung relevanten Posten der Gewinn- und Verlustrechnung der Versicherungsunternehmen ansehen und uns dabei auf die schon von Weinstock vorgegebenen Hauptpositionen[163] stützen.

Ausgegangen wird auch einzelbetrieblich von den Beiträgen (in der Periode) einschließlich Nebenleistungen für das selbstabgeschlossene und das in Rückdeckung übernommene Geschäft. Die Nebenleistungen sind tarifmäßige Aufnahmegebühren, Eintrittsgelder, Ausfertigungs- und Hebegebühren u. ä. Hinzuzurechnen sind Beiträge aus bestimmten Rückstellungen, hauptsächlich Beiträge aus der Rückstellung für Beitragsrückerstattung. Diese Beiträge wirken sich nicht auf die Höhe der Wertschöpfung aus, da sie durch die ebenfalls in die indirekte Wertschöpfungsstaffel einzustellende Veränderung der Deckungsrückstellungen kompensiert werden. Um von den Beiträgen in der Periode zu den Beiträgen für die Periode zu gelangen, wird auch hier die Veränderung der Beitragsüberträge einbezogen. Dieser Posten ist, wie wir wissen, erforderlich, um die auf Vor- bzw. Folgejahre entfallenden Beitragsteile auszuschließen. Eine positive Veränderung der Beitragsüberträge ist abzuziehen, eine negative ist zu addieren. Die Risiko- und Sparan-

---

161 Durch die Unterscheidung in brutto und netto sowie für eigene Rechnung sind zwei indirekte Wertschöpfungsstaffeln erforderlich. Sie gilt für einige Bestandteile der Bruttowertschöpfung zu Marktpreisen unter Berücksichtigung aperiodischer Komponenten und resultiert aus der verdeckten Verrechnung des Rückversicherungsgeschäfts beim Nettoausweis. Auf die Wertschöpfung hat die Art der Verrechnung keinen Einfluß. Vgl. dazu Weinstock, S. 38 f.

162 Vgl. dazu ebenda, S. 189 f.

163 Zum Folgenden vgl. ebenda, S. 78 ff.

teile werden durch die Subtraktion des Postens "Aufwendungen für Versicherungsfälle" aus den Beiträgen für die Periode eliminiert. Der Posten beinhaltet gezahlte und zurückgestellte Leistungen für Versicherungsfälle der Berichtsperiode. Er ist sehr heterogen und enthält neben den Versicherungsleistungen auch Vorleistungen und Wertschöpfungsanteile. Während die Verrechnung der Vorleistungen an dieser Stelle für die Wertschöpfungsrechnung unschädlich ist, müssen die abgezogenen Wertschöpfungsanteile wieder addiert werden. Bei diesen handelt es sich um Löhne und Gehälter sowie soziale Abgaben, die für eigene Mitarbeiter im Zusammenhang mit den Versicherungsleistungen angefallen sind. Da solche Wertschöpfungsanteile wegen der funktionalen Abgrenzung der Gewinn- und Verlustrechnung anteilig auch in weiteren Positionen enthalten sind, müssen die indirekten Wertschöpfungsstaffeln global um die Posten "Löhne und Gehälter" und "Soziale Abgaben" korrigiert, d. h. additiv erweitert werden.[164] Der nächste Aufwandsposten, die Aufwendungen für Rückkäufe, Rückgewährbeträge und Austrittsvergütungen, ist wieder wertschöpfungsneutral, weil auch er eine Kompensation durch entsprechende Veränderungen der Deckungsrückstellungen erfährt. Die Erträge (Aufwendungen) aus der Verminderung (Erhöhung) bestimmter versicherungstechnischer Rückstellungen beinhalten neben der Deckungsrückstellung auch die Beitrags-Deckungsrückstellung in der Unfallversicherung mit Prämienrückgewähr, die Rückstellung für drohende Verluste aus schwebenden Geschäften und vermutlich die Stornorückstellung.[165] Aufwendungen aus der Erhöhung dieser Rückstellungen sind zu subtrahieren, Erträge aus deren Verminderung sind zu addieren, da diese für Versicherungsleistungen gebildet wurden. Wertschöpfungsanteile sind darin nur enthalten, soweit sie Löhne und Gehälter sowie soziale Abgaben für eigene Mitarbeiter betreffen. Diese werden, wie erwähnt, global korrigiert. Die ebenfalls abzuziehenden Aufwendungen für Beitragsrückerstattung sind als Preisnachlässe der Versicherungsunternehmen einzustufen und damit als Korrektur der Beiträge anzusehen.[166] Die Aufwendungen aus der Erhöhung der versicherungstechnischen Rückstellungen enthalten wohl zum Teil auch Vorleistungen, was für die Wertschöpfungsrechnung keine negativen Folgen hat. Wie die Veränderung der Deckungsrückstellungen so ist auch die Veränderung der Schwankungsrückstellungen in der einzelbetrieblichen Wertschöpfungsrechnung zu behandeln.[167] Schwan-

164 Vgl. ebenda, S. 75 und S. 77 f.

165 Vgl. ebenda, S. 95 f.

166 Vgl. ebenda, S. 87 ff., insbesondere S. 88.

167 Vgl. ebenda, S. 99.

kungsrückstellungen sind als Instrument zu sehen, mit dessen Hilfe die Prämien in den einzelnen Perioden konstant gehalten werden sollen. Sie werden (bzw. wurden) nur bei Kranken-, Schaden-, Unfall- und Rückversicherungsunternehmungen gebildet.[168] Auch in den Schwankungsrückstellungen sind wohl Vorleistungen enthalten. Ein Sammelposten sind die sonstigen versicherungstechnischen Erträge, die Weinstock in zwei Komponenten zerlegt.[169] Die sonstigen versicherungstechnischen Erträge I haben einen aperiodischen Charakter. Sie schließen die Erträge aus der Verminderung der Pauschalwertberichtigung zu den Ansprüchen für geleistete, rechnungsmäßig gedeckte Abschlußkosten der Lebensversicherungen, die nichtabgehobenen Beitragsrückerstattungen in der Kraftfahrtversicherung, die Erträge aus der Abwicklung der sonstigen versicherungstechnischen Rückstellungen und die Erträge aus der Verminderung der Pauschalwertberichtigung zu Forderungen an die Versicherungsnehmer und an die Mitglieder ein. Die sonstigen versicherungstechnischen Erträge II sind weitgehend periodisch. Zu ihnen gehören Erträge aus der Erhöhung der Ansprüche für geleistete, aber noch nicht getilgte, rechnungsmäßig gedeckte Abschlußkosten und Mahngebühren sowie die Verzugszinsen. Weiter zählen dazu die Zuwendungen von Mitglieds- und Trägerunternehmen zur Deckung der Aufwendungen für den Versicherungsbetrieb und die zu übernehmenden Rückstellungen bei der Aufnahme oder Erhöhung des indirekten Lebensversicherungsgeschäfts, die aber durch größere Leistungsverpflichtungen kompensiert werden. Die Trennung in sonstige versicherungstechnische Erträge I und II ist nur bei großen Beträgen möglich, weil die Rechnungslegungsvorschriften dann eine gesonderte Mitteilung vorschreiben. In der Gewinn- und Verlustrechnung selbst werden sie als ein Posten ausgewiesen. Beide Teile sind in der indirekten Wertschöpfungsstaffel zu addieren. Die sonstigen Erträge sind ebenfalls aufzuschlüsseln, was auch hier nur möglich ist, wenn es sich um größere Beträge handelt.[170] Sie umfassen drei Gruppen. Die sonstigen Erträge I sind außerordentliche Erträge aus der Veräußerung von Teilen der Betriebs- und Geschäftsausstattung, aus Währungsgewinnen, aus Eingängen von in früheren Jahren abgeschriebenen nichtversicherungstechnischen Forderungen und aus Steuererstattungen.[171] Die

168 Vgl. ebenda, S. 97.

169 Vgl. ebenda, S. 99 ff.

170 Auch diese Positionen sind in den Erläuterungen zur Gewinn- und Verlustrechnung aufzuschlüsseln, wenn die Beträge entsprechend hoch sind. Vgl. Weinstock, S. 99, insbesondere Fußnote 395.

171 Vgl. ebenda, S. 135 f.

außerordentlichen Erträge sind im Jahresabschluß gesondert anzugeben und in der indirekten Wertschöpfungsstaffel zu addieren. Ebenso zu addieren sind die sonstigen Erträge II, die Erträge aus Dienstleistungen für andere Unternehmen. In der direkten Staffel abzuziehen sind die sonstigen Erträge III. Diese Erträge aus Vermögensteilen, die nicht zu den Kapitalanlagen gezählt werden, verkörpern fremde Wertschöpfung. Zu den Komponenten des "Umsatzes" der Versicherer gehören schließlich noch die Erträge aus Grundstücken und grundstücksgleichen Rechten, die Erträge aus dem Abgang von Kapitalanlagen, aus Zuschreibungen und aus der Auflösung von Wertberichtigungen zu Kapitalanlagen, die Erträge aus der Herabsetzung bestimmter Pauschalwertberichtigungen zu Forderungen und die Erträge aus der Auflösung von nichtversicherungstechnischen Rückstellungen.[172] Eine genauere Erörterung erübrigt sich, da sie wie vergleichbare Posten bei Kroenlein verrechnet werden. Damit haben wir die Bestandteile des "Umsatzes" der Versicherungsunternehmen auf einzelbetrieblicher Seite aufgezeigt. Es fehlt nur noch ein Posten, die auf eigenen Berechnungen beruhende Verzinsung gegenüber den Versicherten, die aus bereits erwähnten Gründen beitragserhöhend wirkt und deshalb mit positivem Vorzeichen in die indirekte Staffel einzustellen ist. Zur Bestimmung dieser Verzinsung ist ein Schlüssel nötig, den Weinstock in Anlehnung an die Vorgehensweise in den VGR entwickelt hat.[173] Weinstock geht dabei sehr genau vor und berechnet als Schlüssel den Anteil der Fremdkapitalteile an der Gesamtheit der Passiva aus den Bilanzen der Versicherungsunternehmungen. Die Multiplikation dieses Quotienten mit den Vermögenserträgen, die er ebenfalls sehr detailliert aus den Jahresabschlüssen der Versicherungsunternehmen bestimmt, ergibt dann die unterstellte Verzinsung gegenüber dem Versicherten. Das ausführliche Rechenschema findet sich im Anhang.

Formal stimmt die Berechnung der Produktionswerte in den VGR und der "Umsätze" bei Weinstock weitgehend überein. Wir konnten uns beim Statistischen Bundesamt davon überzeugen, daß die aus dem Rechnungswesen der Versicherungsunternehmen stammenden Positionen auf nahezu dieselbe Weise verbucht werden wie das bei Weinstock der Fall ist. Im folgenden wollen wir die beiden Systeme vergleichen und insbesondere die wenigen Abweichungen aufzeigen und gegebenenfalls korrigieren.

---

172 Vgl. ebenda, S. 110, S. 113 und S. 129 f.

173 Vgl. ebenda, S. 31 f. und S. 118 ff. In den VGR beschränken sich die Informationen über die Größen, die in den Schlüssel eingehen, im wesentlichen auf eine Fußnote. Vgl. Hipler, S. 332, Fußnote 4.

Die Veränderung der Schwankungsrückstellungen wird in den VGR bei der Ermittlung der Produktionswerte nicht berücksichtigt.[174] Das führt zu einer Verschiebung von Wertschöpfungsanteilen zwischen den Perioden, d. h., daß die Wertschöpfung sich in den Jahren, in denen sich die Summe der Schwankungsrückstellungen aller Versicherten erhöht, zu niedrig ausgewiesen wird und umgekehrt.[175] Ebenfalls nicht erfaßt sind dort die auf betriebsfremde Transaktionen entfallenden Erträge und Aufwendungen, wie z. B. die Erträge aus dem Abgang von Kapitalanlagen oder die Verluste daraus. Eingang finden diese auf Kursgewinnen bzw. -verlusten beruhenden Wertänderungen in die einzelbetriebliche[176] und in die gesamtwirtschaftliche[177] Bestimmung der Verzinsung gegenüber den Versicherten. Sie sind außerdem in den Vermögensübertragungen der VGR und damit in der Nettowertschöpfung enthalten. Das aktive Rückversicherungsgeschäft wird in die sonstigen Entgelte eingestellt,[178] d. h. die Beitragseinnahmen für übernommene Rückversicherung werden um die Leistungen und Kostenerstattungen an die Erst- oder Vorversicherer gekürzt. Bei Weinstock ist es dagegen brutto in den jeweiligen Positionen nachgewiesen.[179] Das passive Rückversicherungsgeschäft wird sowohl in den VGR als auch bei Weinstock den Vorleistungen zugeordnet, mit denen wir uns im nächsten Abschnitt beschäftigen werden. Die Erträge aus Grundstücken und grundstücksgleichen Rechten sind einzelbetrieblich weiter gefaßt[180] als in den VGR, denn in den VGR werden nur die Erträge aus der Vermietung gewerblich genutzter Grundstücke eingerechnet.[181] Erträge aus der Wohnungsvermietung werden dem Untersektor "Produktionsunternehmen" zugeordnet. Für die Wertschöpfung des Unternehmenssektors ist diese Abweichung ohne Bedeutung. Von den sonstigen Erträgen wird in der Entstehungsrechnung - wie bei Weinstock (sonstige Erträge III) - ein auf einem Erfahrungssatz beruhender Anteil (Zinserträge) abgezogen.[182] Eine weitere Abweichung besteht darin, daß ab 1974 die Erträge aus der Auflösung nichtversicherungstechnischer Rückstellungen in den VGR

---

174 Vgl. auch Hipler, S. 332 f.

175 Vgl. Weinstock, S. 99.

176 Vgl. ebenda, S. 118 ff.

177 Vgl. Hipler, S. 332.

178 Vgl. ebenda, S. 333 f.

179 Vgl. Weinstock, S. 35 f.

180 Vgl. ebenda, S. 34 f. und S. 110.

181 Vgl. Hipler, S. 335 f.

182 Nach Auskunft des Statistischen Bundesamtes.

wiederum mit Hilfe von Erfahrungssätzen auf die direkten Steuern, die Produktionssteuern und die Einkommen aus unselbständiger Arbeit verteilt werden, bei Weinstock[183] in Ermangelung von Informationen dagegen nicht. Die Korrektur des Statistischen Bundesamtes ist sachlich richtig; Doppelzählungen werden so vermieden. Richtig verrechnet ist davon auf der einzelbetrieblichen Seite nur der Teil, der auf die Produktionssteuern entfällt. Die Wertschöpfung ist einzelbetrieblich um die Anteile der direkten Steuern und der Einkommen aus unselbständiger Arbeit höher als gesamtwirtschaftlich. Um das auszugleichen, müssen wir in den VGR ab 1974 die Erträge aus der Auflösung von nichtversicherungstechnischen Rückstellungen, die auf die direkten Steuern und die Einkommen aus unselbständiger Arbeit entfallen, zur Wertschöpfung des Unternehmenssektors addieren (siehe Schema 12 und Schema 13). Die unterstellte Verzinsung wird auf ähnliche Weise berechnet, weil sich Weinstock an den VGR orientiert. Gesamtwirtschaftlich wird aus den versicherungstechnischen Rückstellungen bezogen auf die unkorrigierte Bilanzsumme der Faktor ermittelt, mit dem die Vermögenserträge zu multiplizieren sind, um die unterstellte Verzinsung zu erhalten. Dieser Faktor beläuft sich nach Auskunft des Statistischen Bundesamtes auf 80 Prozent. Weinstock ist bei der Berechnung der Verzinsung gegenüber den Versicherten genauer. Er hat ein sehr detailliertes Berechnungsschema erarbeitet, auf das wir oben kurz eingegangen sind. Auf die Darstellung dieses Schemas können wir hier verzichten, weil Weinstock es bereits genau beschrieben und mit dem Verfahren verglichen hat, das in den VGR angewendet wird. Die Abweichung zwischen Weinstock und den VGR läßt sich nicht quantifizieren.

2. Die weiteren Komponenten der Entstehungsrechnung der Versicherungsunternehmen

Die weiteren Komponenten sind die Vorleistungen, die Abschreibungen und die Produktionssteuern.

Die Vorleistungen der Versicherungsunternehmen bestehen in den VGR im wesentlichen aus dem Materialverbrauch, den Aufwendungen (netto) im passiven Rückversicherungsgeschäft und den an die selbständigen Vertreter gezahlten Provisionen.[184] Sie entsprechen der einzelbetrieblichen Abgrenzung.

183 Vgl. Weinstock, S. 130.

184 Vgl. Hipler, S. 335.

Die einzelbetrieblichen Vorleistungen umfassen die Aufwendungen für den Versicherungsbetrieb und die Aufwendungen für rechnungsmäßig gedeckte Abschlußkosten, die Rückversicherungsbeiträge, die Verwaltungsaufwendungen und sonstigen Aufwendungen für Kapitalanlagen, die sonstigen versicherungstechnischen Aufwendungen I und III, die sonstigen Aufwendungen I und II ohne die Aufsichtsrats- und Beiratsvergütungen und die Verluste aus dem Abgang von Kapitalanlagen sowie die Erträge aus dem in Rückdeckung gegebenen Versicherungsgeschäft als positiven Korrekturposten.[185] Allerdings können in diesen Positionen auch Anteile stecken, die der Korrektur der "Umsätze" dienen oder als fremde Wertschöpfung einzustufen sind und insofern keine Vorleistungen darstellen. Die Aufwendungen für den Versicherungsbetrieb und die Aufwendungen für rechnungsmäßig gedeckte Abschlußkosten umfassen Wertschöpfungsanteile wie Löhne und Gehälter, die wir global korrigieren, und fremde Wertschöpfung, wie Provisionen für selbständige Versicherungsvermittler.[186] Eindeutig als Vorleistung abzuziehen sind die Rückversicherungsbeiträge, die durch die Addition des Postens "Erträge aus dem in Rückdeckung gegebenen Versicherungsgeschäft" korrigiert werden.[187] Diese Erträge setzen sich aus den Vergütungen der Rückversicherer für Versicherungsfälle und Rückkäufe sowie für Rückgewährbeträge und Austrittsvergütungen und den sonstigen Erträgen aus dem in Rückdeckung gegebenen Versicherungsgeschäft zusammen. Sie sind als durchlaufende Posten, hauptsächlich als Leistungen des Rückversicherers, und als Preiskorrekturen einzustufen. Die beiden hier brutto nachgewiesenen Positionen werden in den VGR saldiert (netto) als Aufwendungen im passiven Rückversicherungsgeschäft (als Vorleistungen) abgezogen. Der Posten "Verwaltungsaufwendungen und sonstige Aufwendungen für Kapitalanlagen" schließt Bewirtschaftungskosten für Grundstücke einschließlich Abgaben und Versicherungsbeiträge, Depotgebühren, Personal- und Sachaufwendungen für die Verwaltung der Kapitalanlagen, Vergütungen an die Treuhänder für den Deckungsstock und den Vermögensstock und übernommene Verluste aus Anteilen an Personengesellschaften ein.[188] Dieser Sammelposten enthält somit zum größten Teil ebenfalls Vorleistungen von anderen Unternehmen. Reine Sammelposten sind auch die sonstigen versicherungstechnischen Aufwendungen[189] und die sonstigen Aufwen-

185 Vgl. Weinstock, S. 90 ff., S. 101 ff., S. 104 f., S. 113 f., S. 115 f. und S. 136 f.

186 Vgl. ebenda, S. 90.

187 Vgl. ebenda, S. 105 ff.

188 Vgl. dazu im einzelnen ebenda, S. 115 f.

189 Vgl. ebenda, S. 101 ff.

dungen.[190] Die sonstigen versicherungstechnischen Aufwendungen, die auch die Feuerschutzsteuer beinhalten, zerlegt Weinstock in drei Bestandteile.[191] Die sonstigen versicherungstechnischen Aufwendungen I werden wegen ihres Charakters als aperiodischer Korrekturposten abgezogen. Hierzu gehören die Aufwendungen aus der Abwicklung der sonstigen versicherungstechnischen Rückstellungen. Die sonstigen versicherungstechnischen Aufwendungen II sind Aufwendungen für Depotzinsen, die nicht als Vorleistungen zu verrechnen sind, sondern in der direkten Staffel als eigene Wertschöpfung zu addieren sind. Allerdings sind sie nur dann im Geschäftsbericht mitzuteilen, wenn es sich um einen größeren Betrag handelt. Lassen sie sich nicht feststellen, so fällt die eigene Wertschöpfung zu klein aus. Abgezogen werden auch die sonstigen versicherungstechnischen Aufwendungen III, die hauptsächlich aus den periodengerecht abgegrenzten Beiträgen für Zuführungen zur Rückstellung für Beitragsnachverrechnungen, Aufwendungen für Schadenverhütung und Schadenbekämpfung, Aufwendungen aus der Erhöhung der Pauschalwertberichtigung zu Forderungen an Versicherungsnehmer und Mitglieder, Aufwendungen aus der Verminderung der aktiven Ansprüche für geleistete, rechnungsmäßig gedeckte Abschlußkosten, Aufwendungen aus der Erhöhung der Pauschalwertberichtigung zu den eben genannten Ansprüchen, Aufwendungen für Gesundheitsvorsorge, Zuführungen zur Rückstellung für unverbrauchte Beiträge aus ruhenden Kraftfahrzeugversicherungen und bei Rückversicherern die Beiträge aus deren Beteiligung an den Aufwendungen für Beitragsrückerstattung u. ä. bestehen.[192] Als Vorleistungen abgezogen werden auch die sonstigen Aufwendungen I und II.[193] Die erste Gruppe sind außerordentliche (aperiodische) Aufwendungen, wie realisierte Verluste beim Verkauf von Teilen der Betriebs- und Geschäftsausstattung und Währungskursverluste. Die sonstigen Aufwendungen II haben periodischen Charakter. Sie umfassen die Aufwendungen für die Mitglieder des Aufsichtsrats und sonstiger Beiräte, die Aufwendungen für die Abschlußprüfung, für vereinsinterne Revisoren und für Gutachter, die Aufwendungen für Rechts- und Steuerberatung, die Aufwendungen für die Hauptversammlung und die Aufwendungen für den Druckbericht.[194] Darin enthaltene Personalaufwendungen werden durch die Addition der Löhne und Gehälter und der sozialen Abgaben neutralisiert. Herauszu-

---

190 Vgl. ebenda, S. 136 f.

191 Vgl. ebenda, S. 101 ff.

192 Vgl. dazu ebenda, S. 102 f.

193 Vgl. ebenda, S. 136.

194 Vgl. ebenda, S. 136 f.

rechnen sind die Aufsichtsrats- und Beiratsvergütungen, die in die direkte Wertschöpfungsstaffel mit positivem Vorzeichen eingehen. Der letzte abzuziehende aperiodische Vorleistungsposten sind die Verluste aus dem Abgang von Kapitalanlagen. Diese realisierten Wertverluste ergeben sich insbesondere bei Grundstücken und Wertpapieren.[195]

Auch bei den Vorleistungen können wir eine weitgehende Übereinstimmung zwischen einzelbetrieblicher und gesamtwirtschaftlicher Vorgehensweise feststellen. Die Verluste aus dem Abgang von Kapitalanlagen gehen wie die Erträge daraus in die Vermögensübertragungen ein. Ein Teil der Vorleistungen ist, wie wir bei den "Umsätzen" festgestellt haben, dort berücksichtigt. Die sonstigen versicherungstechnischen Aufwendungen werden in den VGR ebenso differenziert behandelt wie bei Weinstock. Die in ihnen enthaltenen Zinsen aus angesammelten Überschußanteilen, die das Statistische Bundesamt aus den internen Rechnungslegungsergebnissen herauslesen kann, werden in der Entstehungsrechnung eliminiert und sind damit in der Restgröße "Einkommen aus Unternehmertätigkeit und Vermögen" in der Verteilungsrechnung ausgewiesen.

Nach den Vorleistungen sind die Abschreibungen zu subtrahieren. Bei den Versicherungsunternehmen sind einzelbetrieblich die Abschreibungen und Wertberichtigungen auf Kapitalanlagen und die sonstigen Abschreibungen und Wertberichtigungen abzuziehen.[196] Im letzten Posten sind vor allem Abschreibungen und Wertberichtigungen auf die Betriebs- und Geschäftsausstattung enthalten. Wir verweisen an dieser Stelle wieder auf unsere Überlegungen zu den Abschreibungen der Produktionsunternehmen und übernehmen unsere Ergebnisse auch für die Versicherungsunternehmen.

Genauso ist es mit der Einteilung der Steuern, insbesondere mit den Korrekturposten, die in die Entstehungsrechnung und die Verteilungsrechnung des Unternehmenssektors einzubeziehen sind, um eine Angleichung der Produktionssteuern an die sonstigen Steuern zu erzielen. Wie wir bereits erwähnt haben, müssen wir aber kurz auf die Feuerschutzsteuer und die Versicherungsteuer eingehen.[197] Die Feuerschutzsteuer ist nicht in den sonstigen Steuern enthalten, sondern wird in den sonstigen versicherungstechnischen Aufwendungen berücksichtigt. Die Börsenumsatzsteuer und die Grundsteuer werden wie bei den Industrie- und Handelsunternehmen und bei den Kreditinstituten als Teil der An-

195 Vgl. ebenda, S. 113 f.

196 Vgl. ebenda, S. 114 f. und S. 131.

197 Vgl. ebenda, S. 134 f.

schaffungsnebenkosten aktiviert.[198] Die Nettowertschöpfung zu Faktorkosten wird unabhängig davon in richtiger Höhe ermittelt. Die Versicherungsteuer taucht als durchlaufender Posten in den Gewinn- und Verlustrechnungen der Versicherungsunternehmen nicht auf. In den VGR ist sie in den Produktionswerten enthalten, wird aber beim Übergang auf das Nettoinlandsprodukt mit den Produktionssteuern abgezogen. Da uns die Wertschöpfung zu Marktpreisen nicht interessiert, erübrigt sich die von Weinstock vorgeschlagene Korrektur.

Die Subventionen spielen für die Versicherungsunternehmen ebenso wie für die Kreditinstitute keine Rolle.

Die Korrekturen der Entstehungsrechnung der Versicherungsunternehmen sind im folgenden Schema 12 zusammengefaßt.

Produktionswerte der Versicherungsunternehmen
– Vorleistungen der Versicherungsunternehmen
+ Vom Ausland empfangene Patent- und Lizenzgebühren der Versicherungsunternehmen
– Ans Ausland geleistete Patent- und Lizenzgebühren der Versicherungsunternehmen
+ Auf die direkten Steuern und die Einkommen aus unselbständiger Arbeit entfallender Anteil der Erträge aus der Auflösung von nichtversicherungstechnischen Rückstellungen der Versicherungsunternehmen (ab 1974)
= Korrigierte Bruttowertschöpfung der Versicherungsunternehmen
– Abschreibungen der Versicherungsunternehmen
= Korrigierte Wertschöpfung der Versicherungsunternehmen
– Produktionssteuern der Versicherungsunternehmen
+ Gewerbesteuer (E und K) einschließlich Lohnsummensteuer der Versicherungsunternehmen
+ Grundsteuer (A und B) der Versicherungsunternehmen
= Korrigierte Nettowertschöpfung der Versicherungsunternehmen

Schema 12: Korrigierte Entstehungsrechnung der Versicherungsunternehmen

198 Vgl. ebenda, S. 134.

3. Die Bestandteile der Verteilungsrechnung der Versicherungsunternehmen

Für die Versicherungsunternehmen gilt ebenfalls die im ersten Kapitel in Schema 3 und Schema 4 dargestellte Verteilungsrechnung, die auch hier keine eigenständige Rechnung ist. Wichtigster Bestandteil der geleisteten Einkommen aus Unternehmertätigkeit und Vermögen und somit Wertschöpfungsbestandteil sind die Vermögenserträge und Kursgewinne (abzüglich Kursverluste), d. h. die Verzinsung der Verbindlichkeiten aus Versicherungsgeschäften[199] oder wie es bei Weinstock heißt, die Verzinsung gegenüber den Versicherten.[200] Als Korrekturposten sind die Gewerbesteuer (E und K) einschließlich Lohnsummensteuer und die Grundsteuer (A und B) sowie die Anteile der direkten Steuern und der Einkommen aus unselbständiger Arbeit an den Erträgen aus der Auflösung nichtversicherungstechnischer Rückstellungen in der Verteilungsrechnung ebenso zu addieren, wie in der Entstehungsrechnung. Es sei hier nochmals vermerkt, daß eine Untersuchung von Branchen oder Untersektoren nicht möglich ist. Die bei den einzelnen Untersektoren notwendigen Korrekturen sind deshalb global an der Wertschöpfung bzw. den Produktionssteuern des Unternehmenssektors vorzunehmen.

Bei den Versicherungsunternehmen entstandene Einkommen aus unselbständiger Arbeit
\+ Bei den Versicherungsunternehmen entstandene Einkommen aus Unternehmertätigkeit und Vermögen
\+ Vom Ausland empfangene Patent- und Lizenzgebühren der Versicherungsunternehmen
– Ans Ausland geleistete Patent- und Lizenzgebühren der Versicherungsunternehmen
\+ Auf die direkten Steuern und die Einkommen aus unselbständiger Arbeit entfallender Anteil der Erträge aus der Auflösung von nichtversicherungstechnischen Rückstellungen der Versicherungsunternehmen (ab 1974)
\+ Gewerbesteuer (E und K) einschließlich Lohnsummensteuer der Versicherungsunternehmen
\+ Grundsteuer (A und B) der Versicherungsunternehmen
= Korrigierte Nettowertschöpfung der Versicherungsunternehmen

Schema 13: Korrigierte Verteilungsrechnung der Versicherungsunternehmen

---

199 Vgl. Hipler, S. 335.

200 Vgl. Weinstock, S. 118 ff.

Die korrigierte Verteilungsrechnung enthält dieselben Bestandteile wie die direkte Wertschöpfungsstaffel bei Weinstock.[201] Letztere enthält neben den Löhnen und Gehältern, den sozialen Abgaben, den Aufwendungen für Altersversorgung und Unterstützung, die Vergütungen für Mitglieder des Beirats, des Aufsichtsrats oder eines vergleichbaren Organs. Weiter gehören der Jahresüberschuß bzw. -fehlbetrag,[202] die Verzinsung gegenüber den Versicherten, die anderen Zinsen und ähnlichen Aufwendungen, der technische Zins, die aufgrund einer Gewinngemeinschaft, eines Gewinnabführungs- oder eines Teilgewinnabführungsvertrages abgeführten Gewinne, die Aufwendungen aus Verlustübernahme, die Einstellungen in Sonderposten mit Rücklageanteil und die sonstigen versicherungstechnischen Aufwendungen II dazu. Abzuziehen sind als fremde Wertschöpfung der technische Zinsertrag für eigene Rechnung, die Zinsen und ähnliche Erträge aus Kapitalanlagen, die Erträge aus Beteiligungen, die Erträge aus Gewinngemeinschaften, Gewinnabführungs- und Teilgewinnabführungsverträgen, die Erträge aus Verlustübernahme, die Erträge aus der Auflösung von Sonderposten mit Rücklageanteil und die sonstigen Erträge III. Zum Schluß kommen noch die Steuern vom Einkommen, vom Ertrag und vom Vermögen dazu.

Wir wollen uns nun kurz die Besonderheiten gegenüber den Produktionsunternehmen anschauen. Die erste Besonderheit ist die Bestimmung der Verzinsung gegenüber den Versicherten, die mit Hilfe eines Schlüssels vorgenommen werden muß, da der Geschäftsbericht den Betrag nicht explizit ausweist. Weitere Besonderheiten sind der technische Zins und der technische Zinsertrag für eigene Rechnung, die bei Schaden-, Unfall- und Rückversicherungsunternehmen zu verrechnen sind,[203] und als Korrekturposten zu den Zinsen und ähnlichen Aufwendungen fungieren. Die sonstigen versicherungstechnischen Aufwendungen II und die sonstigen Erträge III haben wir bereits im Zusammenhang mit der indirekten Wertschöpfungsstaffel besprochen.

---

201 Vgl. zum Folgenden ebenda, S. 190.

202 Bei den Pensions- und Sterbekassen ist eine Besonderheit zu berücksichtigen. Diese Versicherungsunternehmen müssen ihre Deckungsrückstellungen nicht in jedem Jahr versicherungsmathematisch ermitteln, so daß ein Ausgleichsposten aus dem Vorjahr notwendig wird. Die Wertschöpfung eines Jahres muß deshalb als Durchschnitt bestimmt werden, weil sie sich nur für den gesamten Zeitraum zwischen zwei Berechnungsstichtagen der Deckungsrückstellungen berechnen läßt. Vgl. dazu Weinstock, S. 138 f.

203 Vgl. ebenda, S. 117 f.

VI. Die Wertschöpfung der Konzerne

Die Wertschöpfung eines Konzerns umfaßt die diesem Konzern insgesamt zuzurechnende Wertschöpfung, die sich im Prinzip aus den Wertschöpfungen der Konzernunternehmen zusammensetzt.[204]

Das Statistische Bundesamt geht von rechtlich selbständigen Einheiten aus, die in der Regel selbst bilanzieren, da in den VGR für Unternehmensverbindungen keine statistischen Daten vorliegen.[205] Diese rechtlich selbständigen Einheiten werden dann zu Wirtschaftsbereichen, zu Untersektoren, zu Sektoren und schließlich zur Volkswirtschaft zusammengefaßt.

Auf der einzelbetrieblichen Seite sind neben den Einzelabschlüssen auch verschiedenartige Konzernabschlüsse vorhanden. So gibt es voll- und teilkonsolidierte Konzernabschlüsse, Inlands-Konzernabschlüsse und Welt-Konzernabschlüsse sowie Kombinationen daraus. Für diese Konzernabschlüsse gelten bestimmte Konsolidierungsregeln, die sich auf die Kapital- und Schuldenkonsolidierung, die Eliminierung von Zwischengewinnen und die Aufrechnung von Erträgen und Aufwendungen der in dem Konzernabschluß enthaltenen Unternehmen beziehen. In der Konsolidierungspraxis hat sich dafür die sogenannte Einheitstheorie durchgesetzt.[206]

Mit der Frage, ob die Konzernrechnungslegung zu Auswirkungen auf die einzelbetriebliche Wertschöpfungsrechnung führt und ob die aus den Einzelabschlüssen entwickelten Wertschöpfungsstaffeln auch für Konzerne anwendbar sind, haben sich Kroenlein, Göckeler und Weinstock eingehend befaßt.[207] Lediglich für die Versicherungskonzerne war es notwendig, besondere Wertschöpfungsstaffeln aufzustellen.

Werden die Grundsätze der Konsolidierung sachgerecht und einheitlich angewandt, so ist es für die Wertschöpfungsermittlung an sich unerheblich, ob von den Jahresabschlüssen rechtlich selbständiger Einheiten oder von Konzernabschlüssen ausgegangen wird. Insofern wären das Vorgehen des Statistischen Bundesamtes und das einzelbetriebliche

---

204 Vgl. Kroenlein, S. 119.

205 Darauf wurde bereits vom im Zusammenhang mit der Abgrenzung der Erhebungs- und Darstellungseinheiten hingewiesen. Vgl. auch Laux, S. 386.

206 Vgl. Busse von Colbe, Walther, und Ordelheide, Dieter: Konzernabschlüsse, Rechnungslegung für Konzerne nach betriebswirtschaftlichen Grundsätzen und gesetzlichen Vorschriften, Mit Text und Erläuterung der 7. EG-Richtlinie, Fünfte, durchgesehene und ergänzte Auflage, Wiesbaden 1984, S. 37 f.

207 Vgl. Kroenlein, S. 117 ff.; Göckeler, S. 115 ff., und Weinstock, S. 140 ff.

Vorgehen kompatibel, denn auch hier könnte die Konzernwertschöpfung aus den Einzelabschlüssen ermittelt werden, wenn alle dazu notwendigen Informationen vorlägen. Zwei Problemkreise bedürfen jedoch einer eingehenderen Erörterung.

Zunächst unterscheidet sich die aus Einzelabschlüssen additiv ermittelte Wertschöpfung von der aus sachgerecht konsolidierten Konzernabschlüssen berechneten dadurch, daß konzerninterne Zwischengewinne nicht eliminiert werden. Insofern weist das Statistische Bundesamt die gesamtwirtschaftliche Wertschöpfung um diese Gewinne zu hoch aus. Dieser Fehler könnte nur korrigiert werden, wenn für alle Konzernunternehmen Einzelabschlüsse vorliegen würden und die Beteiligungsverhältnisse vollständig bekannt wären. Dies ist nicht der Fall, so daß eine Korrektur dieser Abweichung nicht möglich ist. Die überhöhte gesamtwirtschaftliche Wertschöpfungsgröße entspricht aber unserer Intention, in Zweifelsfällen die Bezugsgröße lieber zu groß und damit die concentration ratios zu klein auszuweisen als umgekehrt.

Kritischer ist der zweite Problemkreis, der sich auf die Auslandsbeteiligungen bezieht, die bei manchen Unternehmen im Welt-Konzernabschluß ein erhebliches Gewicht haben können. Da sich die Konzentrationsmessung auf das Inland beziehen soll, haben wir uns gesamtwirtschaftlich für die Wertschöpfung nach dem Inlandskonzept als Bezugsgröße für die Berechnung der concentration ratios entschieden. Deshalb müssten diese Auslandsbeteiligungen auf der einzelbetrieblichen Seite aus den Welt-Konzernabschlüssen herausgerechnet werden, es sei denn, es läge auch ein Inlands-Konzernabschluß vor.[208] Hier können nur auf den Einzelfall zugeschnittene Näherungslösungen gesucht werden, wie dies etwa bei der Monopolkommission geschieht.[209]

D. Die weitere Vorgehensweise

Damit ist der formale Vergleich abgeschlossen. Im nächsten Kapitel wollen wir klären, inwiefern die Daten der Wertschöpfungsrechnung für den Unternehmenssektor in den VGR den aus den Gewinn- und Verlustrechnungen gewonnen Daten der einzelbetrieblichen Wertschöpfungsrechnungen entsprechen, und wo die Abweichungen liegen. Dabei soll auch auf die Fragen der Bewertung und Periodisierung eingegangen

---

208 Auf diese Frage wurde bereits im Zusammenhang mit der Abgrenzung der Volkswirtschaft hingewiesen. Vgl. auch Kroenlein, S. 132 f.

209 Vgl. Monopolkommission (II), S. 87 f., Tz. 329.

werden. Da das Statistische Bundesamt bisher noch keine geschlossene Veröffentlichung seiner Methoden herausgegeben hat, sind wir in erster Linie auf vereinzelt in der Literatur anklingende Informationen, Übersichten über Statistiken und verbale Auskünfte des Statistischen Bundesamtes angewiesen. Der folgende materielle Vergleich kann sich deshalb auch nur im Rahmen der erreichbaren Informationen bewegen.

Wir konzentrieren uns dabei auf die Komponenten der Entstehungsrechnung, die Produktionswerte, die Vorleistungen, die Abschreibungen, die Produktionssteuern und die Subventionen, für die wir geordnet nach Wirtschaftsbereichen die wichtigsten Quellen aufzeigen wollen. Da die Verteilungsrechnung bei der Bestimmung der Einkommen aus Unternehmertätigkeit und Vermögen vom Ergebnis der Entstehungsrechnung ausgeht, d. h. von der Nettowertschöpfung die originär bestimmten Einkommen aus unselbständiger Arbeit abzieht, wird sie nur ergänzend untersucht.

3. Kapitel

Die statistische Erfassung der Komponenten der Wertschöpfungsrechnung des Unternehmenssektors in den Volkswirtschaftlichen Gesamtrechnungen - Versuch eines materiellen Vergleichs mit den einzelbetrieblichen Daten

Die VGR sind ein über Jahre bzw. Jahrzehnte historisch gewachsenes System statistischer Ergebnisse, die nicht auf einem eigens dafür entwickelten umfassenden statistischen Erhebungsprogramm, sondern hauptsächlich auf der Auswertung von primär für andere Zwecke erhobenen Statistiken beruhen. "Sie werden anhand von statistischem Ausgangsmaterial aus der gesamten Wirtschafts- und Finanzstatistik (einschließl. verwandter Statistikbereiche) berechnet bzw. durch Schätzung ermittelt."[1] Die Gründe für die Verwendung dieser Quellen sind wohl in erster Linie im großen Umfang der für die VGR zu erhebenden Daten und den mit Primärstatistiken verbundenen hohen Kosten zu suchen. Eine methodische Arbeit, in der die für die Ermittlung der einzelnen Komponenten der VGR verwendeten Statistiken und ihre Verrechnung beschrieben werden, hat das Statistische Bundesamt bisher noch nicht veröffentlicht. Es hat nur vereinzelt in der Zeitschrift Wirtschaft und Statistik die wichtigsten Quellen erwähnt. Die meisten Fachbücher beschränken sich deshalb und angesichts der zahlreichen Statistiken[2] ebenfalls auf eine knappe Aufzählung dieser wichtigsten Quellen.[3] Die Dissertation von Rinne[4] aus dem Jahre 1967, die sich vor allem mit den Fehlerquellen der Sozialproduktsberechnung beschäftigt, geht etwas

1 Statistisches Bundesamt (IV), S. 43.

2 Vgl. dazu Statistisches Bundesamt (I), S. 91 ff.

3 Vgl. dazu Brümmerhoff, S. 98 ff.; Stobbe (III), S. 285 ff., und Haslinger, S. 74 ff.

4 Vgl. Rinne, S. 93 ff. und S. 325 ff.

weiter. Sie zählt eine Vielzahl von Statistiken auf und ordnet sie den verschiedenen Ansätzen (Enstehungs-, Verwendungs- und Verteilungsrechnung) der Sozialproduktsberechnung zu. Einen etwas tieferen methodischen Einblick geben auch die Arbeiten von Gerß,[5] der die regionale Entstehungsrechnung für Nordrhein-Westfalen und ihre Abstimmung auf die nationalen Ergebnisse beschreibt. Allerdings sind dabei die Besonderheiten der regionalen Statistik zu beachten. Wir stützen unsere Überlegungen auf die nationale Statistik, weil die regionalen sehr oft von Bundeswerten ausgehen und diese mit Hilfe von Schlüsseln auf die Länder verteilen. Außerdem sind die Länderwerte ungenauer als die Bundeswerte, weil die regionale Statistik mit einer unvollständigeren Datenbasis arbeiten muß, und größere Schwierigkeiten bei der gebietlichen Abgrenzung der Daten bestehen.[6]

Wir wollen nun ebenfalls versuchen, anhand der wenigen Veröffentlichungen und anhand von Auskünften des Statistischen Bundesamtes zu klären, welche Statistiken für die Entstehungs- und Verteilungsrechnung des Unternehmenssektors relevant sind und inwieweit sie mit den Daten der einzelbetrieblichen Jahresabschlüsse übereinstimmen. Auch wir können nur die wichtigsten Statistiken benennen, zumal die meisten kleineren nur zur Ergänzung der Lücken und zur Überprüfung anderer Quellen dienen. Eine Aussage über die "statistische" Verarbeitung der Daten ist uns nicht möglich. Deshalb können wir auch nichts zu den

---

5 Vgl. Gerß, Wolfgang (I): Volkswirtschaftliche Gesamtrechnung, Materialgrundlagen, Berechnungsverfahren und Fehlerquellen der Entstehungsrechnung für Nordrhein-Westfalen (Erster Teil), in: Statistische Rundschau für das Land Nordrhein-Westfalen, 29. Jg. (1977), S. 257 ff.; Gerß, Wolfgang (II): Volkswirtschaftliche Gesamtrechnung, Materialgrundlagen, Berechnungsverfahren und Fehlerquellen der Entstehungsrechnung für Nordrhein-Westfalen (Zweiter Teil), in: Statistische Rundschau für das Land Nordrhein-Westfalen, 29. Jg. (1977), S. 443 ff.; Gerß, Wolfgang (III): Volkswirtschaftliche Gesamtrechnung, - Materialgrundlagen, Berechnungsverfahren und Fehlerquellen der Entstehungsrechnung für Nordrhein-Westfalen (Dritter Teil) -, in: Statistische Rundschau für das Land Nordrhein-Westfalen, 29. Jg. (1977), S. 509 ff.; Gerß, Wolfgang (IV): Volkswirtschaftliche Gesamtrechnung, - Revisionsbedingte Ergebnisänderungen der Entstehungsrechnung für Nordrhein-Westfalen -, in: Statistische Rundschau für das Land Nordrhein-Westfalen, 30. Jg. (1978), S. 3 ff.; Gerß, Wolfgang (V): Volkswirtschaftliche Gesamtrechnung, - Fortschreibungsmethoden der Entstehungsrechnung für Nordrhein-Westfalen -, in: Statistische Rundschau für das Land Nordrhein-Westfalen, 30. Jg. (1978), S. 229 ff.; Gerß, Wolfgang (VI): Volkswirtschaftliche Gesamtrechnung, - Auswirkungen der Neuordnung der Statistiken über das Produzierende Gewerbe auf die Entstehungsrechnung für Nordrhein-Westfalen -, in: Statistische Rundschau für das Land Nordrhein-Westfalen, 30. Jg. (1978), S. 589 ff.; Gerß (VII), S. 289 ff., und Gerß, Wolfgang (VIII): Verfahren der Abstimmung der regionalen Ergebnisse auf das nationale Ergebnis in der volkswirtschaftlichen Gesamtrechnung, in: Statistische Rundschau für das Land Nordrhein-Westfalen, 31. Jg. (1979), S. 695 ff.

6 Vgl. Gerß (VII), S. 291 f.

Fehlerquellen und ihren Größenordnungen sagen.[7] Um eine genaue Analyse durchführen zu können, wäre eine methodische Abhandlung des Statistischen Bundesamtes erforderlich. Nach dessen Auskunft scheitert eine solche Erläuterung u. a. an der Tatsache, daß sich die Methoden im Laufe der Zeit verändern, weil das Statistische Bundesamt bemüht ist, sie zu verbessern, und weil sich an den Rahmenbedingungen und der Datenbasis Änderungen ergeben können, die eine von Fall zu Fall verschiedene Handhabung notwendig machen. So brachte beispielsweise die Einführung der jährlichen Kostenstrukturerhebungen mit der Neuordnung der Statistik des Produzierenden Gewerbes[8] im Jahre 1975 neue und bessere Daten, was zwangsläufig zu einer Änderung der Methoden führte. Für die Versicherungen liegen seit 1974 neue Rechnungslegungsvorschriften vor, die ebenfalls eine Änderung der Ermittlung mit sich brachten. In den Jahren vor 1974 mußten die amtlichen Statistiker von einer anderen Gliederung der Gewinn- und Verlustrechnung der Versicherungsunternehmen ausgehen. Natürlich ist das Statistische Bundesamt dabei bestrebt, im Zuge von Revisionen ganze Zeitreihen den veränderten Bedingungen anzupassen, soweit das möglich ist. Eine Beschreibung der Methoden könnte aber immer nur einen bestimmten Stand wiedergeben und müßte laufend geändert und ergänzt werden. Auch unsere folgenden Ausführungen zeigen nur eine mehr oder weniger aktuelle Situation auf. Das gilt im übrigen genauso für unsere formalen Vergleiche im ersten und zweiten Kapitel. Dort sind Änderungen aber nicht so häufig und nicht so gravierend, weil die einmal festgelegten Konzeptionen und Definitionen der VGR langfristig gelten sollen, die Datenbasis dagegen ständig verbessert werden soll.

A. Erhebung und Darstellung der Komponenten der Entstehungsrechnung des Unternehmenssektors

Die Berechnung der Entstehung des Sozialprodukts beruht zu einem wesentlichen Teil auf Unterlagen, die aus dem Rechnungswesen der Betriebe stammen. Diese Aussage von Raabe[9] aus dem Jahre 1953 gilt auch heute noch. Die vielen Statistiken, die als Grundlage für die

7 Mit den in der Sozialproduktsberechnung möglichen Fehlerquellen hat sich vor allem Rinne befaßt. Vgl. dazu Rinne, passim. Seine Überlegungen sind allerdings nicht mehr aktuell.

8 Vgl. dazu Sobotschinski, Arnim: Die Neuordnung der Statistik des Produzierenden Gewerbes, in: Wirtschaft und Statistik, N. F., 28. Jg. (1976), S. 405 ff.

9 Vgl. Raabe, Karl-Heinz (I): Der Zusammenhang zwischen dem betrieblichen Rechnungswesen und der Sozialproduktsberechnung, in: Wirtschaft und Statistik, N. F., 5. Jg. (1953), S. 399.

Entstehungsrechnung und - wie wir später sehen werden - für die Verteilungsrechnung dienen, beziehen die wichtigsten ihrer Daten aus dem betrieblichen Rechnungswesen.

Rinne zählt für den Unternehmenssektor 101 Statistiken als Grundlage für die Entstehungsrechnung auf,[10] ohne die einzelnen zu gewichten. Die Untersuchung von Rinne ist zwar nicht mehr aktuell, sie zeigt aber die Vielzahl der Statistiken, die im Rahmen der VGR verarbeitet wurden und zum Teil auch heute noch verarbeitet werden. Die wichtigsten Quellen für den Untersektor "Produktionsunternehmen" sind seit der Neuordnung der Statistik des Produzierenden Gewerbes neben den zweijährlichen Umsatzsteuerstatistiken und den vierjährlichen Kostenstrukturstatistiken die jährliche Kostenstrukturerhebung und die jährliche Investitionserhebung. Der vier- bis sechsjährliche Zensus spielt keine Rolle mehr. Allgemein gilt, daß dort, wo keine Kostenstrukturerhebungen vorhanden sind, die Umsatzsteuerstatistik herangezogen wird. Während die Kostenstrukturstatistiken und -erhebungen auf die Konzeptionen der VGR zugeschnitten sind, müssen die Ergebnisse der Umsatzsteuerstatistik angepaßt werden, da sie auch betriebsfremde Umsätze enthalten. Diese werden, wie wir wissen, in den VGR nicht erfaßt, weil sie sich weitgehend ausgleichen oder mit den entsprechenden Aufwendungen anderer Unternehmen saldieren. Die Daten für die Kreditinstitute und Bausparkassen und für die Versicherungsunternehmen erhält das Statistische Bundesamt von der Deutschen Bundesbank und dem Bundesaufsichtsamt für das Versicherungswesen.[11] Es geht davon aus, daß diese beiden Untersektoren damit vollständig erfaßt sind und verarbeitet die aus dem Rechnungswesen der Unternehmen stammenden Zahlen so, wie wir es im zweiten Kapitel beschrieben haben. Besonderheiten ergeben sich bei den Abschreibungen, den Steuern und den Subventionen, auf die wir zurückkommen werden. Überblicke über bedeutende Quellen für die einzelnen Wirtschaftsbereiche finden sich bei Bartels[12] sowie bei Engelmann und Mitarbeitern,[13] auf die wir uns im folgenden u. a. beziehen.

---

10 Vgl. Rinne, S. 326 ff.

11 Nach Auskunft des Statistischen Bundesamtes.

12 Vgl. dazu Bartels (VIII), S. 228 ff.

13 Vgl. Engelmann, Margot, und Mitarbeiter (I): Ergebnisse der Volkswirtschaftlichen Gesamtrechnungen für Zwecke der sektoralen Strukturberichterstattung, in: Wirtschaft und Statistik, N. F., 31. Jg. (1979), S. 720.

I. Die Summe der Produktionswerte des Unternehmenssektors

Die Produktionswerte der einzelnen Unternehmen oder in weniger tiefer Gliederung der Wirtschaftsbereiche des Unternehmenssektors ergeben die Summe der Produktionswerte für den Unternehmenssektor.

In der Land- und Forstwirtschaft und in der Fischerei ist ein betriebliches Rechnungswesen nicht sehr weit verbreitet. Deshalb dienen in diesen Wirtschaftsbereichen vor allem Angaben über die Produktion, über die Verkäufe und die Vorratsveränderungen von pflanzlichen und tierischen Produkten und über den Holzeinschlag als statistisches Ausgangsmaterial für die Berechnung der Produktionswerte.[14] Die Grundlagen liefern z. B. die Arbeitsstättenzählung, die etwa alle 10 Jahre durchgeführte Landwirtschaftszählung, die zweijährliche Agrarberichterstattung, die Bodenbenutzungs- und Gemüseerhebungen, die Ernteberichterstattung, die Viehzählung, die Geflügelstatistik, die Schlachtungsstatistik, die Milcherzeugungs- und -verwendungsstatistik u. ä. sowie die Forst- und Fischereistatistiken.[15] Die auf diesem Wege erfaßten Produktionsmengen werden mit ihren Verkaufspreisen bewertet,[16] die der Preisstatistik entnommen werden. Außerdem liefern die Umsatzsteuerstatistik und das Bundesministerium für Ernährung, Landwirtschaft und Forsten wichtige Daten, wie von den amtlichen Statistikern zu erfahren war.

Das Warenproduzierende Gewerbe umfaßt neben der Energie- und Wasserversorgung und dem Bergbau das Verarbeitende Gewerbe und das Baugewerbe. Für diese Bereiche liegen gut fundierte und aufeinander abgestimmte Ausgangsstatistiken vor. Die wichtigste Quelle ist die jährliche mit Auskunftspflicht belegte Kostenstrukturerhebung,[17] die als hochrechnungsfähige Stichprobe 15 000 Unternehmen im Bergbau und im Verarbeitenden Gewerbe und 4 000 Unternehmen im Baugewerbe sowie als Totalerhebung bis zu 1 100 Unternehmen in der Energie- und Wasserversorgung mit 20 und mehr Beschäftigten erfaßt. Sie wurde 1975 eingeführt. Damit wurden die vierjährlichen freiwilligen Kostenstrukturstatistiken für die erwähnten Bereiche abgelöst. Für die anderen Bereiche einschließlich der freien Berufe werden sie weiterhin erhoben.

---

14 Vgl. ebenda.

15 Vgl. Bartels (VIII), S. 228.

16 Vgl. Raabe (III), S. 367.

17 Vgl. Brandner/Glaab, S. 689.

Die Zensen haben dadurch ihre Bedeutung verloren. Außerdem spielen Handwerkszählungen, Industrie-, Handwerks- und Bauberichte und industrielle Produktionsstatistiken eine Rolle.[18]

Für den Handel stehen Ergebnisse umfassender Bereichszensen und die Handels- und Gaststättenzählungen zur Verfügung. Längerfristig fallen Daten aus der Umsatzsteuerstatistik und kurzfristig aus der Handelsberichterstattung an.[19] Der Verkehrsbereich wird neben Angaben der Deutschen Bundesbank aus der Zahlungsbilanz über die Einnahmen der Seeschiffahrt, neben Unternehmenserhebungen und neben der Umsatzsteuerstatistik vor allem durch ausführliche Angaben der Deutschen Bundespost und der Deutschen Bundesbahn aus deren Rechnungswesen, namentlich aus ihren Geschäftsberichten, abgedeckt.[20]

Die Daten über die Kreditinstitute und Bausparkassen kommen - wie bereits erwähnt - von der Deutschen Bundesbank, diejenigen über die Versicherungsunternehmen vom Bundesaufsichtsamt für das Versicherungswesen. Diese Institutionen beziehen sie aus dem Rechnungswesen der Unternehmen, insbesondere aus deren Gewinn- und Verlustrechnungen.[21] Für die Wohnungsvermietung wird der Produktionswert hauptsächlich aus Angaben über den jeweiligen Wohnungsbestand und die Entwicklung der Mieten berechnet.[22] Für die Ermittlung der Produktionswerte der sonstigen Dienstleistungsunternehmen werden die Umsatzsteuerstatistiken, Unterlagen der gesetzlichen Krankenkassen und Geschäfts- und Verbandsberichte herangezogen.[23]

Mit den genannten Statistiken werden die Komponenten der Produktionswerte, die Verkäufe von Waren und Dienstleistungen aus eigener Produktion sowie Verkäufe von Handelsware an in- und ausländische Wirtschaftseinheiten, die Bestandsveränderungen an Halb- und Fertigfabrikaten und die selbsthergestellten Anlagen, erhoben. Erstere werden zu Marktpreisen aber ohne Umsatzsteuer, die letzten beiden mit ihren Herstellungskosten bewertet. Da es sich für die meisten Bereiche um Stichproben handelt, müssen die Ergebnisse mit Hilfe statistischer Verfahren hochgerechnet werden. Wie dies im einzelnen durchgeführt wird,

18 Vgl. Bartels (VIII), S. 228.

19 Vgl. Engelmann (I), S. 720.

20 Nach Auskunft des Statistischen Bundesamtes. Vgl. auch Engelmann (I), S. 720.

21 Vgl. ebenda.

22 Vgl. ebenda, aber auch Dorow/Hartmann, S. 315.

23 Vgl. Engelmann (I), S. 720.

kann von uns nicht nachvollzogen werden. Die Produktionswerte werden schließlich für die einzelnen Wirtschaftsbereiche dargestellt.

Bei der Bewertung und Periodisierung der Komponenten der Produktionswerte ergeben sich kaum Probleme. Eine vom betrieblichen Rechnungswesen abweichende Bewertung findet sich bei den Bestandsveränderungen an Halb- und Fertigfabrikaten (Output-Vorräte), die ein Bestandteil der Vorratsveränderungen in den VGR sind.[24] Ausgegangen wird bei der Berechnung der Vorratsveränderungen von Bestandsangaben über Vorräte zu Buchwerten (in der Landwirtschaft zu Preisen zum Jahresende). Diese werden auf eine konstante Preisbasis (z. Zt. 1980) umgerechnet. Die Differenz aus Anfangs- und Endbeständen wird dann mit jahresdurchschnittlichen Preisen bewertet, um Scheingewinne bzw. -verluste zu eliminieren. Hierzu sind preisstatistische Erhebungen notwendig. Wir kommen darauf bei den Vorleistungen zurück. Bei der Wohnungsvermietung wird mit Durchschnittsmieten gearbeitet, die ebenfalls der Preisstatistik entnommen werden.

Hinsichtlich der Periodisierung der Produktionswerte ergeben sich bei der Land- und Forstwirtschaft und bei der Fischerei Schwierigkeiten, da das Wirtschaftsjahr, von dem hier ausgegangen wird, vom Kalenderjahr abweicht und nicht ohne weiteres umgerechnet werden kann.[25] Früher wurde deshalb auf eine Umrechnung verzichtet, während sie heute nach Auskunft des Statistischen Bundesamtes vorgenommen wird. Dieses Problem besteht natürlich bei den anderen Komponenten der Wertschöpfung ebenfalls und kann auch bei anderen Wirtschaftsbereichen auftreten. Es ist aber kein spezifisch gesamtwirtschaftliches Problem, sondern ist auch einzelwirtschaftlich vorhanden. Das ist im ersten Kapitel bereits angeklungen, als die Möglichkeiten einer Umrechnung der Gewinn- und Verlustrechnungen bzw. der betrieblichen Wertschöpfung vom Geschäftsjahr auf das Kalenderjahr besprochen wurden.[26]

II. Die Summe der Vorleistungen des Unternehmenssektors

Für die Summe der Vorleistungen gilt dasselbe wie für die Produktionswerte. Auch sie wird über die Vorleistungen der einzelnen Wirtschaftsbereiche bestimmt und für diese dargestellt.

---

24 Zum Folgenden vgl. Statistisches Bundesamt (IV), S. 75 f.

25 Vgl. hierzu Raabe (III), S. 367 ff., insbesondere S. 370.

26 Vgl. dazu Fußnote 12 im ersten Kapitel.

Zur Errechnung der Vorleistungen der Land- und Forstwirtschaft und der Fischerei dienen teilweise Daten über den Absatz vorgelagerter Bereiche sowie die Einfuhrstatistik, teilweise Ergebnisse der Buchführungsstatistik landwirtschaftlicher Betriebe sowie Angaben von Verbänden und Landwirtschaftskammern. Außerdem werden die Forstbetriebsstatistik, die Buchführungsstatistik gartenbaulicher Betriebe und Angaben über Kosten und Ertragslage der Hochseefischerei herangezogen.[27] Schließlich gehen auch hier Angaben des Bundesministeriums für Ernährung, Landwirtschaft und Forsten in die Berechnung ein.

Für das Warenproduzierende Gewerbe liefert hauptsächlich die jährliche Kostenstrukturerhebung die notwendigen Daten. Ergänzend kommt für handwerkliche Betriebe die vierjährliche Kostenstrukturstatistik zum Einsatz.[28] Die Zensen spielen im Produzierenden Gewerbe keine Rolle mehr.[29]

Der Hauptteil der Vorleistungen des Handels wird durch Jahreserhebungen im Einzel- und Großhandel sowie in der Handelsvermittlung über Wareneingangsquoten bestimmt. Die Vorleistungen des Verkehrsbereichs und die sonstigen Kosten des Handels werden aus der vierjährlichen Kostenstrukturstatistik geschätzt.[30] Zur Ermittlung der Vorleistungen der Deutschen Bundesbahn und der Deutschen Bundespost stehen ebenfalls deren Geschäftsberichte zur Verfügung.

Für die Kreditinstitute, Bausparkassen und Versicherungsunternehmen bilden wiederum die von der Deutschen Bundesbank und vom Bundesaufsichtsamt für das Versicherungswesen bereitgestellten Zusammenfassungen der Gewinn- und Verlustrechnungen der entsprechenden Unternehmen die Quellen für die Bestimmung der Vorleistungen.[31] Gewinn- und Verlustrechnungen von verschiedenen Unternehmen und Verbänden sind auch neben Einkommens- und Verbrauchsstichproben und der Bilanzstatistik die Grundlage für die Berechnung der Vorleistungen der Wohnungswirtschaft.[32] Die Vorleistungen der sonstigen Dienstleistungsunternehmen werden hauptsächlich mit Hilfe von Angaben aus Kostenstrukturerhebungen und Geschäftsberichten ermittelt.[33]

---

27 Vgl. Engelmann (I), S. 720.

28 Vgl. ebenda, und Stock, S. 678 ff., insbesondere S. 683 ff.

29 Nach Auskunft des Statistischen Bundesamtes.

30 Nach Auskunft des Statistischen Bundesamtes.

31 Vgl. Engelmann (I), S. 720.

32 Vgl. ebenda, aber auch Dorow/Hartmann, S. 315.

33 Vgl. Engelmann (I), S. 720.

Die Vorleistungen umfassen den Wert der Waren und Dienstleistungen, die inländische Wirtschaftseinheiten von anderen in- und ausländischen Wirtschaftseinheiten bezogen haben. Ihre Bestandteile werden durch die Kostenstrukturerhebungen als Verbrauch an Roh-, Hilfs- und Betriebsstoffen, als Einsatz an Handelsware, als Kosten für durch andere Unternehmen ausgeführte Lohnarbeiten, als Kosten für sonstige industrielle und handwerkliche Dienstleistungen, als Mieten und Pachten und als sonstige Kosten erfaßt.[34] Um zur "bereinigten" Bruttowertschöpfung der Wirtschaftsbereiche zu gelangen, wird auch die unterstellte Bankgebühr einbezogen. Sie wird aus den von der Deutschen Bundesbank zusammengestellten Gewinn- und Verlustrechnungen der Kreditinstitute bestimmt. Da wir von der "unbereinigten" Bruttowertschöpfung der Wirtschaftsbereiche ausgehen, ist die unterstellte Bankgebühr für uns ohne Belang. Auf die Abweichungen und Doppelzählungen, die sich daraus ergeben, haben wir wiederholt hingewiesen.

Die Vorleistungen sind in der Regel zu Marktpreisen aber ohne abzugsfähige Vorsteuer bewertet, so daß die nichtabzugsfähige Umsatzsteuer und die Einfuhrabgaben enthalten sind. Ebenfalls in die Vorleistungen einbezogen ist die Veränderung der sogenannten Input-Vorräte, die wie die Output-Vorräte bei den Produktionswerten mit Durchschnittspreisen der Periode bewertet sind. Diese werden den Preisstatistiken entnommen. Beide zusammen ergeben die Vorratsveränderungen. Die vom Statistischen Bundesamt berechneten Scheingewinne und -verluste können den Konten und Standardtabellen entnommen werden, so daß wir die Abweichung korrigieren und damit die VGR an die einzelbetriebliche Handhabung anpassen können (siehe Schema 14 und Schema 15). Dazu sind die Scheingewinne in der Entstehungsrechnung bei der Bestimmung der Bruttowertschöpfung des Unternehmenssektors und in der Verteilungsrechnung zu addieren, die Scheinverluste sind abzuziehen. Die Zahlen enthalten zwar auch noch Anteile des Staates, können aber vernachlässigt werden, da die Vorratsveränderungen des Staates sehr gering sind.[35]

Das Periodisierungsproblem bei der Land- und Forstwirtschaft und der Fischerei besteht, wie bereits erwähnt, auch bei den Vorleistungen. Ansonsten treten hier keine Probleme bei der Bewertung und Periodisierung auf.

34 Vgl. Brandner/Glaab, S. 691, und Stock, S. 681.

35 Vgl. Statistisches Bundesamt (III), S. 126 ff.

III. Die Abschreibungen des Unternehmenssektors

Die Abschreibungen werden neuerdings in tiefer Untergliederung nach Wirtschaftsbereichen auf der Basis von Wiederbeschaffungspreisen vom Statistischen Bundesamt nachgewiesen.

Bei ihrer Bestimmung greift das Statistische Bundesamt nicht direkt auf die Kostenstrukturerhebungen, Bilanzstatistiken o. ä. zurück, weil eine Anpassung der steuerlichen oder handelsrechtlichen Daten an die Konzeptionen der VGR mit erheblichen Schätzproblemen verbunden wäre.[36] Zur Anwendung kommt deshalb die sogenannte Perpetual-Inventory-Methode, die wir im zweiten Kapitel bereits so ausführlich wie möglich beschrieben haben. Die Perpetual-Inventory-Methode geht von langen Investitionsreihen aus.[37] Ab 1960 stützt sie sich dabei auf bei den Investoren im Rahmen der VGR erhobene Anlageinvestitionen nach Wirtschaftsbereichen. Ergänzend werden Angaben aus der Produktions- und Außenhandelsstatistik, der Bauberichterstattung und der Bautätigkeitsstatistik (Commodity-Flow-Methode) berücksichtigt. Für die 50er Jahre wurden vor allem Angaben aus den Ifo-Investitionstests, den Berechnungen des Deutschen Instituts für Wirtschaftsforschung (DIW), Bilanzstatistiken, Geschäftsberichten und Verbandsstatistiken herangezogen. Die Anlageinvestitionen für die Jahre vor 1950 konnten nur sehr schwer aus Angaben der amtlichen Statistik und wiederum aus Untersuchungen des DIW u. a. Berechnungen ermittelt werden.[38] Heute sind Zahlen aus der Zeit vor 1950 nur noch für die Bauinvestitionen von Bedeutung. Die wichtigsten Grundlagen für die Schätzung der Nutzungsdauer sind neben Statistiken des Kraftfahrt-Bundesamtes vor allem die AfA-Tabellen des Bundesministeriums der Finanzen.[39] Für die Umrechnung auf Wiederbeschaffungspreise sind detaillierte Angaben aus der Preisstatistik erforderlich.[40]

Wir können an dieser Stelle nur festhalten, daß im Gegensatz zu den Produktionswerten und den Vorleistungen, die in starker Anlehnung an die einzelbetrieblichen Gewinn- und Verlustrechnungen ermittelt werden, bei den Abschreibungen ein ganz anderer Weg eingeschlagen wird, und damit eine materielle Abweichung vorliegt. Die Informationen über die Anlageinvestitionen werden zwar aus dem betrieblichen Rechnungs-

36 Vgl. dazu Schäfer/Schmidt, S. 923.

37 Zum Folgenden vgl. ebenda, S. 923 f., und Schmidt, S. 501 ff.

38 Vgl. hierzu Lützel (I), S.597 f.

39 Vgl. dazu Schäfer/Schmidt, S. 924.

40 Vgl. ebenda, S. 923 f.

wesen bezogen, die Bestimmung der Abschreibungen ist aber in den VGR eine völlig andere. Dem Statistischen Bundesamt stehen natürlich auch die Abschreibungen aus den zusammengefaßten Gewinn- und Verlustrechnungen der Kreditinstitute und Versicherungsunternehmungen und den Kostenstrukturerhebungen zur Verfügung, es verwendet aber ausschließlich die über die Anlageinvestitionen errechneten volkswirtschaftlichen Abschreibungen der Wirtschaftsbereiche. Früher wurden die betriebswirtschaftlichen Erhebungen zur Ergänzung der Lücken herangezogen, weil nur für 10 Wirtschaftsbereiche Daten vorlagen. Heute spielen sie keine Rolle mehr. Hinzu kommen die Abweichung bei der Bewertung, die einzelbetrieblich auf Anschaffungskostenbasis, gesamtwirtschaftlich dagegen auf der Basis von Wiederbeschaffungspreisen erfolgt und die Abweichung bei der Schätzung der Nutzungsdauer. Auch damit haben wir uns bereits ausführlich im zweiten Kapitel befaßt.

IV. Die Produktionssteuern des Unternehmenssektors

Die Steuern werden zunächst als kassenmäßige Eingänge beim Staat aus den Haushalts- und Finanzplänen ermittelt.[41]

Für die Kreditinstitute teilt die Deutsche Bundesbank dem Statistischen Bundesamt die Steuern vom Einkommen, vom Ertrag und vom Vermögen und die sonstigen Steuern als Summe mit, die aus den Gewinn- und Verlustrechnungen der Kreditinstitute ermittelt wurde. Das Statistische Bundesamt weist davon auf Erfahrungswerten beruhend 65 Prozent den direkten Steuern und 35 Prozent den Produktionssteuern zu.[42] Den gleichen Weg beschreitet es bei den Versicherungsunternehmen. Das Bundesaufsichtsamt für das Versicherungswesen teilt die Summe der betrieblichen Steuern mit und das Statistische Bundesamt ordnet wiederum nach Erfahrungswerten 40 Prozent den direkten Steuern und 60 Prozent den Produktionssteuern zu. Zur Schätzung der indirekten Steuern und damit der Produktionssteuern der Wohnungswirtschaft dienen Unterlagen aus dem Rechnungswesen von Wohnungsbaugesellschaften, Einkommens- und Verbrauchsstichproben und Daten aus der Bilanzstatistik.[43] Daten über die Deutsche Bundespost und die Deutsche Bundesbahn stammen aus deren Geschäftsberichten. Für die anderen Wirtschaftsbereiche liefern die Kostenstrukturerhebungen und die -statistiken die Werte. Die Steuern der verbleibenden offenen Berei-

41 Nach Auskunft des Statistischen Bundesamtes.

42 Nach Auskunft des Statistischen Bundesamtes.

43 Vgl. Dorow/Hartmann, S. 315.

che werden über Analogieschlüsse bestimmt. Die betriebswirtschaftlichen Werte dienen als Anhaltspunkte für die Verteilung. Sie werden mit dem kassenmäßigen Aufkommen abgestimmt.

Hinsichtlich der Bewertung bestehen keine Probleme. In der Periodisierung kann es aber zu Abweichungen zwischen den einzelbetrieblichen Steueraufwendungen und den kassenmäßigen Steuereinnahmen kommen, deren Größenordnung nicht abgeschätzt werden kann.

Da die Produktionssteuern nicht ganz den sonstigen Steuern des betrieblichen Rechnungswesens entsprechen, sind ihre im zweiten Kapitel beschriebenen Korrekturen um die Gewerbesteuer (E und K), einschließlich der Lohnsummensteuer und die Grundsteuer (A und B) erforderlich.

V. Die Subventionen des Unternehmenssektors

Als Subventionen werden in den VGR direkte Zahlungen (offene Form), aber auch bestimmte Steuervergünstigungen, namentlich die einbehaltene Umsatzsteuer ausgewiesen. Sie fließen in den VGR nur den Produktionsunternehmen zu. Bei den Kreditinstituten und den Versicherungsunternehmen kommen Subventionen nicht vor. Auch die einzelbetrieblichen Gewinn- und Verlustrechnungen der Kreditinstitute und Versicherungsunternehmen weisen einen derartigen Posten nicht aus. Das statistische Ausgangsmaterial zur Bestimmung der Subventionen bilden vor allem die öffentlichen Haushalte und der Subventionsbericht der Bundesregierung.[44] Die auf diese Weise bestimmten Subventionsarten werden den einzelnen Wirtschaftsbereichen zugeordnet. Die Zahlen aus der Kostenstrukturerhebung liefern keine brauchbaren Ergebnisse über Subventionen. Sie kommen quantitativ nicht an die kassenmäßigen Zahlen heran.[45] Offensichtlich sind die Unternehmen hier sehr zurückhaltend mit ihren Auskünften. Allerdings kann es auch an Schwierigkeiten bei der Abgrenzung gegenüber den Vermögensübertragungen liegen. Die entsprechende Frage in den Kostenstrukturerhebungen läßt dabei wohl einen zu großen Ermessensspielraum.

Hinsichtlich der Bewertung gibt es bei den Subventionen an sich keine Probleme, diese bestehen eher bei der bereits erwähnten Abgrenzung. Bei der Periodisierung kann es zu ähnlichen Abweichungen wie bei den Steuern kommen.

---

44 Vgl. von der Lippe, Peter: Wirtschaftsstatistik, 3., neubearbeitete und erweiterte Auflage, Stuttgart und New York 1985, S. 106.

45 Nach Auskunft des Statistischen Bundesamtes.

VI. Die korrigierte "unbereinigte" Nettowertschöpfung des Unternehmenssektors

Die meisten Komponenten der Wertschöpfung werden in starker Anlehnung an das betriebliche Rechnungswesen bestimmt. Das gilt vor allem für die Kreditinstitute und die Versicherungsunternehmungen, deren Daten zum überwiegenden Teil, mit Ausnahme der Abschreibungen, den von der Deutschen Bundesbank und dem Bundesaufsichtsamt für das Versicherungswesen zusammengefaßten Gewinn- und Verlustrechnungen dieser beiden Untersektoren entnommen werden. Aber auch für die Produktionsunternehmen liegt eine sehr enge Beziehung zu den einzelbetrieblichen Daten vor. Das gilt uneingeschränkt für die Deutsche Bundespost und die Deutsche Bundesbahn, deren Geschäftsberichte als Datengrundlage dienen. Die anderen Wirtschaftsbereiche werden zum größten Teil über die Kostenstrukturerhebungen und -statistiken erfaßt, die den Konzeptionen der VGR entsprechend bei den Unternehmen Aufwands- und Ertragsgrößen[46] aus dem betrieblichen Rechnungswesen erfragen. Da es sich aber dabei in der Regel um Stichproben handelt, müssen die Ergebnisse hochgerechnet und ergänzt werden, so daß es zu Abweichungen kommen kann. Die enge Beziehung zum betrieblichen Rechnungswesen gilt bei den Produktionsunternehmen für die Produktionswerte, die Vorleistungen und die Produktionssteuern. Die Abschreibungen und die Subventionen werden, wie wir wissen, anders bestimmt. Bei den Produktionsunternehmen wird schließlich die Abstimmung der Entstehungsrechnung mit der Verwendungsrechnung vorgenommen.[47] Die Daten der Kreditinstitute, der Versicherungsunternehmen, der Bahn, der Post und der Landwirtschaft werden nicht mehr verändert. Die Anpassung der Wertschöpfung wird über die Vorleistungen anteilig bei allen verbleibenden Wirtschaftsbereichen durchgeführt. Die Produktionswerte bleiben unverändert, da von ihnen angenommen wird, daß sie sicherer sind als die Vorleistungen. Eine Aussage über die Abweichungen und Fehlerquellen ist nicht möglich. Nicht erfaßt werden betriebsfremde Erträge und Aufwendungen, was aber ohne Bedeutung ist, da sie sich gesamtwirtschaftlich weitgehend ausgleichen oder Bestandteil der Wertschöpfung sind, wie wir bereits im zweiten Kapitel erörtert haben.

Die Bewertung und die Periodisierung der Komponenten der Entstehungsrechnung weisen keine größeren Probleme auf. Soweit es möglich ist, wie im Fall der Scheingewinne und -verluste bei den Vorratsverän-

---

46 Vgl. Brandner/Glaab, S. 689.

47 Nach Auskunft des Statistischen Bundesamtes.

derungen, werden Abweichungen von uns korrigiert. Außerdem sind zur Angleichung der VGR an die betriebliche Wertschöpfungsrechnung die von uns ebenfalls im zweiten Kapitel erarbeiteten Korrekturen durchzuführen. Das Ergebnis unserer Wertschöpfungsrechnung ist die korrigierte "unbereinigte" Nettowertschöpfung des Unternehmenssektors.

B. Erhebung und Darstellung der Komponenten der Verteilungsrechnung des Unternehmenssektors

Die Verteilungsrechnung setzt das Nettoinlandsprodukt zu Faktorkosten als Ergebnis der Entstehungsrechnung voraus, um die Einkommen aus Unternehmertätigkeit und Vermögen als Residuum zu bestimmen. Dazu werden von der Nettowertschöpfung die Einkommen aus unselbständiger Arbeit abgezogen. Diese Einkommen werden mit Hilfe der Beschäftigungsstatistiken, der Lohn- und Gehaltsstatistiken, der Sozialversicherungsstatistiken und der Steuerstatistiken relativ genau bestimmt. Nicht erfaßt wird aber der wachsende Bereich der Schwarzarbeit, so daß die Einkommen und damit die Wertschöpfung insgesamt zu niedrig ausfallen. Rinne[48] zählt insgesamt 35 Statistiken auf, die der Verteilungsrechnung zugrunde liegen. Wie wir bereits angedeutet haben, ist er nicht mehr aktuell. Etwas mehr Informationen liefern ein Aufsatz von Hamer/Richter[49] aus dem Jahre 1966, die bereits erwähnte Publikation von Engelmann und Mitarbeitern[50] und eine etwas neuere Arbeit von Schoer[51] von 1981. Nach Auskunft des Statistischen Bundesamtes ist die Entwicklung aber auch hier schon weiter. Es liegen nun hauptsächlich monatliche Daten aus den oben erwähnten Statistiken zugrunde, die bei Schoer noch als Ankündigung enthalten sind. Den drei Veröffentlichungen läßt sich aber sehr gut die Entwicklung der statistischen Erfassung der Einkommen aus unselbständiger Arbeit entnehmen.

Die Einkommen aus unselbständiger Arbeit setzen sich aus den Bruttolöhnen und -gehältern und den Sozialbeiträgen der Arbeitgeber zusammen.

Zur Berechnung der Bruttolöhne und -gehälter kommen drei Methoden in Betracht, die sich zur gegenseitigen Kontrolle bestens eignen.

48 Vgl. Rinne, S. 331 f.

49 Vgl. hierzu Hamer/Richter, S. 537 ff., insbesondere S. 541 ff.

50 Vgl. Engelmann (I), S. 724.

51 Vgl. hierzu Schoer, Karl: Vierteljahresergebnisse der Volkswirtschaftlichen Gesamtrechnungen über Erwerbstätige und Einkommen aus unselbständiger Arbeit, in: Wirtschaft und Statistik, N. F., 33. Jg. (1981), S. 239 ff.

Während früher die Unterlagen der Sozialversicherung (erste Methode) als zentrales Instrument dienten, und die Angaben über Beschäftigte, Löhne und Gehälter und Durchschnittsverdienste aus der Arbeitsstättenzählung, der Berufszählung, dem Industriezensus, der Handwerkszählung, dem Verkehrszensus, der Handels- und Gaststättenzählung, der Landwirtschaftszählung und die Kostenstrukturstatistik (zweite Methode) sowie die Lohnsteuerstatistik (dritte Methode) als Kontrollrechnungen herangezogen wurden,[52] hat sich der Schwerpunkt nunmehr auf die beiden zuerst genannten Methoden verlagert,[53] die beide noch verfeinert wurden. Beide Methoden werden unabhängig voneinander gleichberechtigt angewendet und die Ergebnisse aufeinander abgestimmt.[54]

Die erste Methode basiert hauptsächlich auf den monatlichen Beitragsunterlagen der Renten- und Arbeitslosenversicherung. Ausgegangen wird von den Sozialversicherungsbeiträgen. Sie dienen als Grundlage für die Berechnung der sozialversicherungspflichtigen Entgelte. Diese müssen um die geschätzten Entgeltteile, die über der Beitragsbemessungsgrenze der Sozialversicherung liegen, und um die Löhne und Gehälter der nichtbeitragspflichtigen Arbeitnehmer ergänzt werden.

Bei der zweiten Methode zur Bestimmung der Bruttolöhne und -gehälter kommen vor allem Bereichsstatistiken, wie die Beschäftigten- und Entgeltstatistik, die Kostenstrukturerhebung und -statistik, die Verdienststatistik und die Tarifstatistik zum Einsatz.

Die dritte Methode, die wie erwähnt auf der Lohnsteuerstatistik basiert, wird kaum noch angewendet.

Die Sozialbeiträge der Arbeitgeber setzen sich aus den tatsächlichen und den unterstellten Sozialbeiträgen zusammen. Erstere werden aufgrund der Meldungen der Sozialversicherungsträger bestimmt. Die unterstellten Sozialbeiträge werden für die Beamten als Prozentsatz, bezogen auf die Summe der Beamtengehälter, berechnet.[55] Das Verfahren haben wir bereits im ersten Kapitel beschrieben. Für die unterstellten Sozialbeiträge aufgrund von Ruhegeldverpflichtungen liegen Statistiken des Pensionsvereins auf Gegenseitigkeit vor. Darüber hinaus müssen Sozialbeiträge proportional zu den Bruttolohn- und -gehaltssummen geschätzt werden, weil geeignete statistische Unterlagen fehlen.[56] Für

52 Vgl. hierzu Hamer/Richter, S. 541.

53 Vgl. Engelmann (I), S. 724, und Schoer, S. 241 f.

54 Vgl. dazu und zum Folgenden Schoer, S. 241 f.

55 Vgl. ebenda, S. 242.

56 Vgl. Engelmann (I), S. 724.

den Unternehmenssektor spielen unterstellte Sozialbeiträge bei der Deutschen Bundesbank, der Deutschen Bundesbahn, der Deutschen Bundespost, den Sparkassen und kleineren Betrieben, wie z. B. Forstbetrieben, eine Rolle.

Bei der Bewertung - oder wohl besser Abgrenzung - treten keine Probleme auf, weil in den VGR die der Sozialversicherungsgesetzgebung zugrundeliegenden Definitionen gelten. Bei den Kreditinstituten und Versicherungsunternehmen werden nur Vollbeschäftigte erfaßt,[57] was eine Schätzung für die Teilzeitbeschäftigten notwendig macht. Hinsichtlich der Periodisierung treten heute keine Schwierigkeiten mehr auf, da inzwischen monatliche Daten kurzfristig zur Verfügung stehen, aus denen ohne Mühe Jahreswerte berechnet werden können.

Auch für die Bestimmung der Einkommen aus unselbständiger Arbeit können wir festhalten, daß die Daten aus dem betrieblichen Rechnungswesen stammen bzw. der für alle Beteiligten, den Unternehmen, den Sozialversicherungsträgern und dem Statistischen Bundesamt, geltenden Gesetzgebung entsprechen.

Die Einkommen aus Unternehmertätigkeit und Vermögen werden, wie schon mehrfach erwähnt, als Restgröße durch Abzug der Einkommen aus unselbständiger Arbeit vom Nettoinlandsprodukt zu Faktorkosten berechnet.

In den Einkommen aus unselbständiger Arbeit und den Einkommen aus Unternehmertätigkeit und Vermögen sind in den VGR die direkten Steuern enthalten. Diese entsprechen nicht den Steuern vom Einkommen, vom Ertrag und vom Vermögen. Deshalb müssen wir die Nettowertschöpfung in der Verteilungsrechnung um diese Steuern erhöhen. Auch die anderen von uns im zweiten und dritten Kapitel erarbeiteten Korrekturen sind in der Verteilungsrechnung vorzunehmen, so daß sich auch hier die korrigierte "unbereinigte" Nettowertschöpfung des Unternehmenssektors ergibt.

Zusammenfassung und Schlußbemerkungen

Ziel dieser Arbeit war es, die gesamtwirtschaftliche Wertschöpfungsrechnung des Statistischen Bundesamtes mit den einzelbetrieblichen Wertschöpfungsrechnungen von Kroenlein, Göckeler und Weinstock zu vergleichen und die für die Berechnung der concentration ratios zur Messung der Unternehmungskonzentration erforderliche "gesamtwirtschaftliche" Bezugsgröße zu bestimmen, die formal und materiell der betrieblichen Nettowertschöpfung zu Faktorkosten entspricht. Den Sektor "Private Haushalte und private Organisationen o. E." konnten wir aus der Betrachtung ausschließen, weil es hier keine Abgrenzungsprobleme zum Sektor "Unternehmen" gibt. Anders sieht das bei der Abgrenzung der Sektoren "Staat" und "Unternehmen" aus. Hier bestehen geringfügige Probleme, die wir nicht quantifizieren können. Deshalb haben wir uns für zwei Bezugsgrößen entschieden: die korrigierte "unbereinigte" Nettowertschöpfung des Unternehmenssektors (Bezugsgröße I) und die korrigierte "unbereinigte" Nettowertschöpfung des Unternehmenssektors ergänzt um die Nettowertschöpfung des Staates (Bezugsgröße II). Bezugsgröße I ist vorbehaltlos anwendbar. Dagegen muß bei Bezugsgröße II immer das Gewicht und die Struktur der Wertschöpfung des Staatssektors beobachtet werden; denn nur solange sich diese nicht verändern, führen beide Bezugsgrößen zu tendenziell gleichen Ergebnissen.

Rein formal hat der Vergleich eine nahezu vollständige Übereinstimmung der Konzeptionen ergeben. Als zentrales Verfahren zur Bestimmung des Nettoinlandsprodukts zu Faktorkosten (der Nettowertschöpfung) hat sich in den VGR die Entstehungsrechnung herausgebildet. Das Ergebnis der Entstehungsrechnung ist die Grundlage der Verteilungsrechnung. Unsere Vergleiche im zweiten und dritten Kapitel haben für den Unternehmenssektor ergeben, daß im Detail einige Abweichungen bestehen, die - soweit das möglich ist - bei der Berechnung der Bezugsgröße I berücksichtigt werden müssen.

Bevor wir auf die wichtigsten Abweichungen, die wir nicht korrigieren werden, noch einmal kurz hinweisen, wollen wir in Schema 14 die Entstehungsrechnung und in Schema 15 die Verteilungsrechnung des Unternehmenssektors mit den Korrekturen aufstellen, die sich aus unseren Überlegungen ergeben haben. Zu diesem Zweck fassen wir die für die Produktionsunternehmen, Kreditinstitute und Versicherungsunternehmen sowie die im letzten Kapitel erarbeiteten Korrekturen der Scheingewinne und Scheinverluste zusammen. In den beiden Schemata sind diese Korrekturen sehr detailliert dargestellt. Die Verteilungsrechnung stellt keine eigenständige Rechnung dar, weil ein Teil ihrer Komponenten als Residuum bestimmt werden muß. Sie ist hier nur der Vollständigkeit halber angeführt. Die im Anschluß an die Schemata folgende Tabelle 20 weist zunächst die der einzelbetrieblichen Wertschöpfung angepaßte "unbereinigte" Wertschöpfung der Unternehmen und ihre Komponenten von 1968 bis 1986 als erste Bezugsgröße nach. Tabelle 20 gibt die Entstehungsrechnung wieder. Eine Tabelle, die die Verteilungsrechnung beinhaltet, wäre nicht sinnvoll, weil sie die Einkommen aus Unternehmertätigkeit und Vermögen um die unterstellten Entgelte für Bankdienstleistungen überhöht ausweisen würde. Ansonsten würde sie dieselben Korrekturposten wie die Entstehungsrechnung enthalten. In Tabelle 20 sind die Korrekturen im Gegensatz zum Schema 14 teilweise saldiert. Die für die Korrekturen notwendigen Zahlen hat uns das Statistische Bundesamt zur Verfügung gestellt, soweit sie nicht veröffentlicht waren. Das Ergebnis unseres Vergleichs im dritten Kapitel ist die korrigierte "unbereinigte" Nettowertschöpfung der Unternehmen. Sie entspricht formal und materiell weitgehend der einzelbetrieblichen Nettowertschöpfung zu Faktorkosten im Sinne von Kroenlein, Göckeler und Weinstock. Um auf die zweite Bezugsgröße zu kommen, ist in Tabelle 20 zur korrigierten "unbereinigten" Nettowertschöpfung der Unternehmen die Nettowertschöpfung des Staates, also sein Beitrag zum Nettoinlandsprodukt zu Faktorkosten addiert.

Produktionswert der Unternehmen
– Vorleistungen der Unternehmen
+ Vom Ausland empfangene Patent- und Lizenzgebühren der Unternehmen
– Ans Ausland geleistete Patent- und Lizenzgebühren der Unternehmen
– Beteiligungserträge der Kreditinstitute
– Erträge aus Ergebnisabführungsverträgen der Kreditinstitute
– Erträge aus Verlustübernahme der Kreditinstitute
+ Aufwendungen aus Verlustübernahme der Kreditinstitute
+ Zinserträge nichtselbständiger Auslandsfilialen der Kreditinstitute (ab 1975)
– Zinsaufwendungen nichtselbständiger Auslandsfilialen der Kreditinstitute (ab 1975)
+ Auf die direkten Steuern entfallender Anteil der Erträge aus der Auflösung von Rückstellungen der Kreditinstitute
+ Auf die direkten Steuern und die Einkommen aus unselbständiger Arbeit entfallender Anteil der Erträge aus der Auflösung von nichtversicherungstechnischen Rückstellungen der Versicherungsunternehmen (ab 1974)
+ Scheingewinne/– Scheinverluste bei den Vorratsveränderungen
= Korrigierte "unbereinigte" Bruttowertschöpfung der Unternehmen
– Abschreibungen der Unternehmen
= Korrigierte "unbereinigte" Wertschöpfung der Unternehmen
– Produktionssteuern der Unternehmen
+ Gewerbesteuer (E und K) inklusive Lohnsummensteuer
+ Grundsteuer (A und B)
+ Subventionen der Unternehmen
= Korrigierte "unbereinigte" Nettowertschöpfung der Unternehmen

Schema 14: Korrigierte "unbereinigte" Entstehungsrechnung des Unternehmenssektors

Bei den Unternehmen entstandene Einkommen aus unselbständiger Arbeit
\+ Bei den Unternehmen entstandene Einkommen aus Unternehmertätigkeit und Vermögen
\+ Vom Ausland empfangene Patent- und Lizenzgebühren der Unternehmen
– Ans Ausland geleistete Patent- und Lizenzgebühren der Unternehmen
– Beteiligungserträge der Kreditinstitute
– Erträge aus Ergebnisabführungsverträgen der Kreditinstitute
– Erträge aus Verlustübernahme der Kreditinstitute
\+ Aufwendungen aus Verlustübernahme der Kreditinstitute
\+ Zinserträge nichtselbständiger Auslandsfilialen der Kreditinstitute (ab 1975)
– Zinsaufwendungen nichtselbständiger Auslandsfilialen der Kreditinstitute (ab 1975)
\+ Auf die direkten Steuern entfallender Anteil der Erträge aus der Auflösung von Rückstellungen der Kreditinstitute
\+ Auf die direkten Steuern und die Einkommen aus unselbständiger Arbeit entfallender Anteil der Erträge aus der Auflösung von nichtversicherungstechnischen Rückstellungen der Versicherungsunternehmen (ab 1974)
\+ Scheingewinne/– Scheinverluste bei den Vorratsveränderungen
\+ Gewerbesteuer (E und K) inklusive Lohnsummensteuer
\+ Grundsteuer (A und B)
= Korrigierte "unbereinigte" Nettowertschöpfung der Unternehmen

Schema 15: Korrigierte "unbereinigte" Verteilungsrechnung des Unternehmenssektors

Tabelle 20: Die der einzelbetrieblichen Wertschöpfung angepaßte "unbereinigte" Wertschöpfung der Unternehmen und ihre Komponenten nach der Entstehungsrechnung und die Wertschöpfung des Staates von 1968 bis 1986[a)]

Gegenstand der Nachweisung	1968	1969	1970	1971	1972	1973	1974	1975	1976	1977
	in Milliarden DM									
Produktionswert	1230,55	1392,42	1572,42	1714,49	1852,65	2078,52	2305,09	2361,86	2611,57	2758,86
– Vorleistungen[b)]	776,54	886,77	999,06	1082,62	1160,24	1308,37	1480,37	1507,67	1674,51	1757,91
+ Saldo des Patent- und Lizenzverkehrs mit dem Ausland[c)]	– 0,58	– 0,72	– 0,80	– 0,94	– 0,90	– 1,06	– 1,02	– 1,26	– 1,26	– 1,46
+ Saldo der Beteiligungserträge, der Erträge aus Ergebnisabführungsverträgen und der Erträge und Aufwendungen aus Verlustübernahme der Kreditinstitute[d)]	– 0,21	– 0,25	– 0,30	– 0,36	– 0,44	– 0,48	– 0,50	– 0,56	– 0,86	– 0,94
+ Saldo der Zinserträge und Zinsaufwendungen nichtselbständiger Auslandsfilialen der Kreditinstitute[d)]	x	x	x	x	x	x	x	0,17	0,23	0,35

Gegenstand der Nachweisung	1978	1979	1980	1981	1982	1983	1984	1985	1986
	in Milliarden DM								
Produktionswert	2918,85	3193,63	3446,41	3629,71	3733,64	3866,59	4110,30	4287,51	4282,70
– Vorleistungen[b)]	1848,64	2035,77	2223,09	2353,04	2398,90	2464,01	2637,13	2749,71	2659,80
+ Saldo des Patent- und Lizenzverkehrs mit dem Ausland[c)]	– 1,47	– 1,56	– 1,52	– 1,43	– 1,34	– 1,50	– 1,51	– 1,74	– 2,18
+ Saldo der Beteiligungserträge, der Erträge aus Ergebnisabführungsverträgen und der Erträge und Aufwendungen aus Verlustübernahme der Kreditinstitute[d)]	– 1,16	– 1,22	– 1,28	– 1,25	– 1,41	– 1,54	– 1,58	– 1,61	– 3,52
+ Saldo der Zinserträge und Zinsaufwendungen nichtselbständiger Auslandsfilialen der Kreditinstitute[d)]	0,48	0,48	0,43	1,44	1,72	1,19	1,29	1,96	2,43

Gegenstand der Nachweisung	1968	1969	1970	1971	1972	1973	1974	1975	1976	1977
	in Milliarden DM									
+ Auf die direkten Steuern entfallender Anteil der Erträge aus der Auflösung von Rückstellungen der Kreditinstitute[d)]	0,02	0,01	0,02	0,01	0,02	0,03	0,03	0,03	0,04	0,05
+ Auf die direkten Steuern und die Einkommen aus unselbständiger Arbeit entfallender Anteil der Erträge aus der Auflösung nichtversicherungstechnischer Rückstellungen der Versicherungsunternehmen[d)]	x	x	x	x	x	x	0,02	0,03	0,04	0,03
+ Scheingewinne/– Scheinverluste bei den Vorratsveränderungen	– 3,30	2,50	6,70	7,40	8,30	8,60	25,00	17,30	7,80	2,90
= Korrigierte "unbereinigte" Bruttowertschöpfung	449,93	507,19	578,98	637,99	699,39	777,24	848,25	869,90	943,06	1001,87
– Abschreibungen	50,47	54,68	63,82	72,69	79,98	88,58	99,72	108,60	116,32	124,30

Gegenstand der Nachweisung	1978	1979	1980	1981	1982	1983	1984	1985	1986
	in Milliarden DM								
+ Auf die direkten Steuern entfallender Anteil der Erträge aus der Auflösung von Rückstellungen der Kreditinstitute[d)]	0,05	0,07	0,06	0,09	0,17	0,09	0,11	0,13	0,11
+ Auf die direkten Steuern und die Einkommen aus unselbständiger Arbeit entfallender Anteil der Erträge aus der Auflösung nichtversicherungstechnischer Rückstellungen der Versicherungsunternehmen[d)]	0,03	0,03	0,04	0,07	0,15	0,05	0,05	0,06	0,06
+ Scheingewinne/– Scheinverluste bei den Vorratsveränderungen	5,30	16,60	21,60	31,00	17,30	9,60	5,60	2,60	– 4,80
= Korrigierte "unbereinigte" Bruttowertschöpfung	1073,44	1172,26	1242,66	1306,59	1351,33	1410,47	1465,93	1542,20	1615,00
– Abschreibungen	133,95	146,01	161,67	175,34	186,83	196,38	206,16	215,35	223,68

Gegenstand der Nachweisung	1968	1969	1970	1971	1972	1973	1974	1975	1976	1977
	in Milliarden DM									
= Korrigierte "unbereinigte" Wertschöpfung	399,46	452,51	515,16	565,30	619,41	688,66	748,53	761,30	826,74	877,57
– Produktionssteuern	37,80	43,71	41,62	45,55	51,79	59,27	61,55	62,51	68,27	74,16
+ Gewerbesteuer (E und K) inklusive Lohnsummensteuer	10,54	14,22	10,73	12,32	14,85	17,77	18,77	17,90	20,11	23,03
+ Grundsteuer (A und B)	2,47	2,59	2,69	2,81	3,01	3,21	3,52	4,15	4,80	5,29
+ Subventionen[e)]	12,98	11,62	11,78	12,61	15,78	18,65	18,86	20,39	22,13	24,61
= Korrigierte "unbereinigte" Nettowertschöpfung der Unternehmen	387,65	437,23	498,74	547,49	601,26	669,02	728,13	741,23	805,51	856,34
+ Nettowertschöpfung des Staates	44,51	50,45	59,20	70,76	79,52	92,60	107,66	117,02	123,43	131,76
= Korrigierte "unbereinigte" Nettowertschöpfung der Unternehmen plus Nettowertschöpfung des Staates	432,16	487,68	557,94	618,25	680,78	761.62	835,79	858,25	928,94	988,10

Gegenstand der Nachweisung	1978	1979	1980	1981	1982	1983	1984	1985	1986
	in Milliarden DM								
= Korrigierte "unbereinigte" Wertschöpfung	939,49	1026,25	1080,99	1131,25	1164,50	1214,09	1259,77	1326,85	1391,32
– Produktionssteuern	78,06	83,19	83,16	83,22	85,44	88,68	93,47	96,95	101,00
+ Gewerbesteuer (E und K) inklusive Lohnsummensteuer	24,00	25,06	27,09	26,04	26,10	26,19	28,33	30,76	31,98
+ Grundsteuer (A und B)	5,48	5,70	5,80	5,98	6,31	6,77	7,11	7,37	7,63
+ Subventionen[e)]	29,67	31,12	30,53	29,13	29,42	31,78	36,21	37,81	41,34
= Korrigierte "unbereinigte" Nettowertschöpfung der Unternehmen	920,58	1004,94	1061,25	1109,18	1140,89	1190,15	1237,95	1305,84	1371,27
+ Nettowertschöpfung des Staates	140,52	150,54	162,66	173,00	178,07	183,59	187,23	194,11	203,54
= Korrigierte "unbereinigte" Nettowertschöpfung der Unternehmen plus Nettowertschöpfung des Staates	1061,10	1155,48	1223,91	1282,18	1318,96	1373,74	1425,18	1499,95	1574,81

a) Vgl. Statistisches Bundesamt (III), S. 39, S. 46, S. 126 ff. und S. 236 ff., und Statistisches Bundesamt (IV), S. 218, S. 224, S. 255 und S. 296 sowie eigene Berechnungen. Die Zahlen sind soweit es erforderlich ist gerundet, gerechnet wurde aber mit den ungerundeten.

b) Ohne unterstellte Entgelte für Bankdienstleistungen.

c) Vgl. Entwicklung des Patent- und Lizenzverkehrs mit dem Ausland in den Jahren 1984 und 1985, in: Monatsberichte der Deutschen Bundesbank, 38.Jg. (Mai 1986), S. 30, und Patent und Lizenzverkehr mit dem Ausland sowie sonstiger Austausch von technischem Wissen durch Dienstleistungen in den Jahren 1986 und 1987, in: Monatsberichte der Deutschen Bundesbank, 40. Jg. (Mai 1988), S. 40.

d) Nach Auskunft des Statistischen Bundesamtes.

e) Da nur den Unternehmen Subventionen zufließen, entsprechen diese den Subventionen aller Wirtschaftsbereiche in Tabelle 1.

Wie wir bereits angekündigt haben, wollen wir noch einmal kurz auf die wichtigsten Unterschiede der einzelbetrieblichen und der gesamtwirtschaftlichen Wertschöpfungsrechnung eingehen, die wir nicht berichtigen, weil uns die Daten fehlen oder weil sie sich ausgleichen.

Eine erste Abweichung liegt in der Definition der unternehmerischen Betätigung. Die Pachten für Grundstücke und die Einkommen aus immateriellen Werten werden in den VGR im Gegensatz zur betrieblichen Wertschöpfungsrechnung nicht als Ergebnis unternehmerischer Betätigung, sondern als Einkommen aus Vermögen angesehen. Sie sind zu einem Teil Bestandteil der Wertschöpfung und gleichen sich zum anderen Teil gesamtwirtschaftlich weitgehend aus. Zu Abweichungen kommt es hier nur, soweit es sich um Patent- und Lizenzgebühren handelt, die zwischen dem In- und dem Ausland fließen. Diese Abweichungen korrigieren wir entsprechend.

Betriebsfremde Erträge und Aufwendungen, die zum großen Teil aus Bewertungsdifferenzen resultieren, werden in den VGR nicht erfaßt, da sie sich ebenfalls gesamtwirtschaftlich aufheben oder Bestandteil der Wertschöpfung sind. Sie spielen hauptsächlich bei den Produktionsunternehmen eine Rolle.

Die nichtgewerbliche Wohnungsvermietung und die Nutzung von Eigentümerwohnungen vereinen den größten Anteil an dem quantitativ ohnehin nicht bedeutenden Wirtschaftsbereich Wohnungsvermietung auf sich. Sie sind in den VGR in der Wertschöpfung des Unternehmenssektors mit erfaßt. In den einzelbetrieblichen Rechnungen tauchen sie dagegen natürlich nicht auf. Eine Korrektur ist in Ermangelung von geeigneten Daten nicht möglich und angesichts der geringen Bedeutung auch nicht nötig. Die Entwicklung der Wohnungsvermietung sollte aber im Auge behalten werden, obwohl eine Veränderung sehr unwahrscheinlich ist.

Da die unterstellten Entgelte für Bankdienstleistungen der Kreditinstitute nicht als Vorleistungen bzw. letzter Verbrauch den anderen Sektoren bzw. Untersektoren zugerechnet werden, kommt es in Höhe der unterstellten Bankgebühr bei der "unbereinigten" Wertschöpfung zu Doppelzählungen, die wir bewußt in Kauf nehmen, weil sie auf der einzelbetrieblichen Seite ebenfalls auftreten. Allerdings wird die korrigierte "unbereinigte" Nettowertschöpfung der Unternehmen (erste Bezugsgröße) auch um die Anteile des Staates, der privaten Haushalte und der privaten Organisationen o. E. sowie der übrigen Welt zu hoch ausgewiesen. Die zweite Bezugsgröße ist noch um die Anteile der privaten Haushalte und der privaten Organisationen o. E. sowie der übrigen Welt überhöht.

Die Versicherungsprämien gehen in die Vorleistungen der Entstehungsrechnung nur in Höhe ihres Dienstleistungsanteils, in die betriebswirtschaftlichen Vorleistungen dagegen voll ein. Dieser Unterschied wird dadurch kompensiert, daß die einzelbetrieblichen Umsätze die Differenz zwischen Prämie und Dienstleistungsanteil, die Versicherungsleistungen, ebenfalls enthalten, die Produktionswerte der VGR aber nicht.

Nicht zu quantifizieren sind die formalen und materiellen Abweichungen bei den Abschreibungen, bei denen wir ebenfalls auf eine Korrektur verzichten, weil sie sich zumindest teilweise ausgleichen. Über die Richtung und die Höhe der Abweichung läßt sich nichts sagen.

Bei den Steuern und den Subventionen kann es schließlich noch zu Unterschieden kommen, die aus dem Zeitpunkt ihrer Erfassung resultieren. Während einzelbetrieblich Aufwendungen (Entstehung von Verbindlichkeiten) und Erträge (Entstehung von Forderungen) erfaßt werden, werden gesamtwirtschaftlich kassenmäßige Zahlungseingänge und Zahlungsausgänge verbucht. Die Subventionen lassen sich ohnehin einzelbetrieblich und gesamtwirtschaftlich nur sehr schwer fassen. Über die Richtung und die Höhe der Abweichungen läßt sich auch hier nichts sagen.

Die Frage, wie die unkorrigierten Abweichungen die Wertschöpfung des Unternehmenssektors im Vergleich zur einzelbetrieblichen Wertschöpfung beeinflussen, kann nicht eindeutig beantwortet werden. Die zuerst genannten Abweichungen erhöhen die Wertschöpfung. Das würde unserer Intention entsprechen, die gesamtwirtschaftliche Wertschöpfung lieber zu hoch als zu niedrig und damit die Konzentration lieber zu niedrig als zu hoch auszuweisen. Zu beachten sind aber auch die Unterschiede bei den Abschreibungen, den Steuern und den Subventionen, die die Wertschöpfung noch weiter erhöhen aber auch wieder vermindern können.

Mit unserer Arbeit sind nun auch die bei Kroenlein, Göckeler und Weinstock noch offenen Fragen geklärt. Die korrigierte "unbereinigte" Nettowertschöpfung des Unternehmenssektors (Bezugsgröße I) und die korrigierte "unbereinigte" Nettowertschöpfung der Unternehmen plus Nettowertschöpfung des Staates (Bezugsgröße II) sind brauchbare Bezugsgrößen zur Messung der Unternehmungskonzentration mit Hilfe von concentration ratios. Beide enthalten allerdings noch die Wertschöpfung einiger Wirtschaftsbereiche, die aufgrund ihrer Eigenarten auch aus der Konzentrationsmessung ausgeschlossen werden könnten, die wir aber nicht eliminieren können. Dazu gehören z. B. die beiden Monopolunternehmen Deutsche Bundespost und Deutsche Bundesbahn, die nicht unternehmenstypische Deutsche Bundesbank und die nichtgewerbliche Wohnungswirtschaft.

Schließlich wird die Bedeutung der Unternehmungskonzentration auch von der Schattenwirtschaft tangiert, die in unseren Basisgrößen nicht enthalten ist. Würde die Schattenwirtschaft in der Entstehungsrechnung berücksichtigt, so wäre die Nettowertschöpfung höher und die Unternehmungskonzentration würde niedriger ausfallen. Inwieweit davon allerdings die Großunternehmen, um die es bei einer Konzentrationsuntersuchung vor allem geht, betroffen wären, müßte näher untersucht werden.

Offen ist noch die Frage, zu welchem Zeitpunkt eine langfristige Untersuchung der Unternehmungskonzentration sinnvoll unter Zugrundelegung des vorhandenen Datenmaterials einsetzen kann. Wir haben uns aufgrund unserer Erkenntnisse für 1968 entschieden. Offen ist aber auch, wie lange eine solche Untersuchung ohne Beeinträchtigung durch Änderungen auf der betriebswirtschaftlichen aber auch auf der volkswirtschaftlichen Seite fortlaufen kann. Hier ist vor allem an die Auswirkungen der EG-Harmonisierungsbestrebungen der Rechnungslegungsvorschriften auf die einzelbetrieblichen Wertschöpfungsrechnungen und damit auf die VGR zu denken. Für diese Arbeit ergibt sich daraus 1986 als Grenze, da in diesem Jahr das Aktiengesetz letztmalig als Grundlage der Rechnungslegung diente.

Anhang

A. Wertschöpfungsstaffeln für Industrie- und Handelsunternehmen

I. Indirekte Wertschöpfungsstaffel für Industrie- und Handelsunternehmen[a)]

Umsatzerlöse
+ Erhöhungen des Bestands an fertigen und unfertigen Erzeugnissen
– Verminderungen des Bestands an fertigen und unfertigen Erzeugnissen
+ Andere aktivierte Eigenleistungen
+ Sonstige Erträge (ohne außerordentliche Erträge und ohne Erträge aus der Weiterbelastung von Steuern bei Organverhältnissen)
+ Vergütungen für die Mitglieder des Aufsichtsrats und sonstiger Beiräte, soweit nicht in "Gehälter und Löhne" enthalten
– Aufwendungen für Roh-, Hilfs- und Betriebsstoffe sowie für bezogene Waren
– Sonstige Aufwendungen (ohne Aufsichtsratsvergütungen, Montanunion-Umlage und Steuerumlagen bei Organschaftsverhältnissen)
– Verluste aus Wertminderungen oder dem Abgang von Gegenständen des Umlaufvermögens außer Vorräten und Einstellung in die Pauschalwertberichtigung zu Forderungen

---

= Überwiegend periodische Bruttowertschöpfung
+ Erträge aus dem Abgang von Gegenständen des Anlagevermögens und aus Zuschreibungen zu Gegenständen des Anlagevermögens
+ Erträge aus der Herabsetzung der Pauschalwertberichtigung zu Forderungen
+ Erträge aus der Auflösung von Rückstellungen
+ Außerordentliche Erträge
– Verluste aus dem Abgang von Gegenständen des Anlagevermögens

---

= Bruttowertschöpfung zu Marktpreisen (unter Berücksichtigung aperiodischer Erträge und Aufwendungen)
– Abschreibungen und Wertberichtigungen auf Sachanlagen und immaterielle Anlagewerte (einschließlich Sonderabschreibungen)

– Abschreibungen und Wertberichtigungen auf Finanzanlagen (mit Ausnahme des Betrags, der in die Pauschalwertberichtigung zu Forderungen eingestellt ist)

= Nettowertschöpfung zu Marktpreisen (unter Berücksichtigung aperiodischer Erträge und Aufwendungen)
– Sonstige Steuern (bei Organträgern ohne die Steuern der Organe und bei Organen einschließlich der an die Obergesellschaft abgeführten Umlagen)
– Lastenausgleichs-Vermögensabgabe
– Montanunion-Umlage

= Nettowertschöpfung zu Faktorkosten (unter Berücksichtigung aperiodischer Erträge und Aufwendungen)

a) Vgl. Kroenlein, S. 155 f.

II. Direkte Wertschöpfungsstaffel für Industrie- und Handelsunternehmen[a)]

\+ Jahresüberschuß/– Jahresfehlbetrag
\+ Aufgrund einer Gewinngemeinschaft, eines Gewinnabführungs- oder Teilgewinnabführungsvertrags abgeführte Gewinne
\+ Aufwendungen aus Verlustübernahme
\+ Einstellungen in Sonderposten mit Rücklageanteil
– Erträge aus Gewinngemeinschaften, Gewinnabführungs- oder Teilgewinnabführungsverträgen
– Erträge aus Verlustübernahme
– Erträge aus Beteiligungen
– Erträge aus den anderen Finanzanlagen
– Sonstige Zinsen und ähnliche Erträge
– Erträge aus der Auflösung von Sonderposten mit Rücklageanteil
\+ Zinsen und ähnliche Aufwendungen
\+ Gehälter und Löhne
\+ Soziale Abgaben
\+ Aufwendungen für Altersversorgung und Unterstützung
\+ Vergütungen für die Mitglieder des Aufsichtsrats und sonstiger Beiräte, soweit nicht in "Gehälter und Löhne" enthalten
\+ Steuern vom Einkommen, vom Ertrag und vom Vermögen

= Nettowertschöpfung zu Faktorkosten (unter Berücksichtigung aperiodischer Erträge und Aufwendungen)

a) Vgl. Kroenlein, S. 156 f.

B. Wertschöpfungsstaffeln für Kreditinstitute und Bausparkassen

I. Indirekte Wertschöpfungsstaffel für Kreditinstitute[a)]

Zinsen und zinsähnliche Erträge aus Kredit- und Geldmarktgeschäften
\+ Laufende Erträge aus
a) festverzinslichen Wertpapieren und Schuldbuchforderungen
b) anderen Wertpapieren
\- Zinsen und zinsähnliche Aufwendungen

= Zinsdifferenz
\+ Provisionen und andere Erträge aus Dienstleistungsgeschäften
\+ Vergütungen für die Mitglieder des Aufsichtsrats und sonstiger Beiräte, soweit nicht in "Gehälter und Löhne" enthalten
\- Provisionen und ähnliche Aufwendungen für Dienstleistungsgeschäfte
\- Sachaufwand für das Bankgeschäft (ohne die Vergütungen für die Mitglieder des Beirats, des Aufsichtsrats oder vergleichbarer Organe)
\- Sonstige Aufwendungen (ohne die Vergütungen für die Mitglieder des Beirats, des Aufsichtsrats oder vergleichbarer Organe)

= Überwiegend periodische Bruttowertschöpfung zu Marktpreisen
\+ Andere Erträge einschließlich der Erträge aus der Auflösung von Rückstellungen im Kreditgeschäft (Posten 4)
\+ Erträge aus der Auflösung von Rückstellungen, soweit sie nicht unter Posten 4 auszuweisen sind

---

= Rumpf-Bruttowertschöpfung zu Marktpreisen (unter Berücksichtigung aperiodischer Erträge und Aufwendungen)
\- Abschreibungen und Wertberichtigungen auf Forderungen und Wertpapiere sowie Zuführungen zu Rückstellungen im Kreditgeschäft
\- Abschreibungen und Wertberichtigungen auf Grundstücke und Gebäude sowie auf Betriebs- und Geschäftsausstattung
\- Abschreibungen und Wertberichtigungen auf Beteiligungen

= Nettowertschöpfung zu Marktpreisen (unter Berücksichtigung aperiodischer Erträge und Aufwendungen)
\- Sonstige Steuern

= Nettowertschöpfung zu Faktorkosten (unter Berücksichtigung aperiodischer Erträge und Aufwendungen)

a) Vgl. Göckeler, S. 101 f.

II. Direkte Wertschöpfungsstaffel für Kreditinstitute[a)]

Gehälter und Löhne
+ Soziale Abgaben
+ Aufwendungen für Altersversorgung und Unterstützung
+ Vergütungen für die Mitglieder des Aufsichtsrats und sonstiger Beiräte, soweit nicht in "Gehälter und Löhne" enthalten
+ Jahresüberschuß/– Jahresfehlbetrag
+ Aufgrund einer Gewinngemeinschaft, eines Gewinnabführungs- oder Teilgewinnabführungsvertrags abgeführte Gewinne
+ Steuern vom Einkommen, vom Ertrag und vom Vermögen
+ Aufwendungen aus Verlustübernahme
+ Einstellungen in Sonderposten mit Rücklageanteil
– Erträge aus Gewinngemeinschaften, Gewinnabführungs- oder Teilgewinnabführungsverträgen
– Laufende Erträge aus Beteilgungen
– Erträge aus der Auflösung von Sonderposten mit Rücklageanteil
– Erträge aus Verlustübernahme

= Nettowertschöpfung zu Faktorkosten (unter Berücksichtigung aperiodischer Erträge und Aufwendungen)

a) Vgl. Göckeler, S. 102.

III. Indirekte Wertschöpfungsstaffel für Bausparkassen bis 1975[a)]

Zinsen (Erträge)
– Zinsen (Aufwendungen)

= Zinsdifferenz
+ Gebühren der Bausparer
+ Andere Erträge
+ Vergütungen für die Mitglieder des Aufsichtsrats und sonstiger Beiräte, soweit nicht in "Gehälter und Löhne" enthalten
+ Pensionszahlungen, Zuführungen an Pensionsrückstellungen und Pensionskassen
– Provisionen
– Sach- und allgemeine Aufwendungen (ohne die Vergütungen für die Mitglieder des Beirats, des Aufsichtsrats oder vergleichbarer Organe)
– Sonstige Aufwendungen (ohne die Vergütungen für die Mitglieder des Beirats, des Aufsichtsrats oder vergleichbarer Organe)

= Überwiegend periodische Bruttowertschöpfung zu Marktpreisen
+ Mehrerlös aus Wertpapierverkäufen
+ Außerordentliche Erträge

+ Einstellungen in Sonderposten mit Rücklageanteil
– Entnahmen aus Rücklagen
– Erträge aus der Auflösung von Sonderposten mit Rücklageanteil
– Mindererlös aus Wertpapierverkäufen
– Außerordentliche Aufwendungen

= Bruttowertschöpfung zu Marktpreisen (unter Berücksichtigung aperiodischer Erträge und Aufwendungen)
– Abschreibungen und Wertberichtigungen

= Nettowertschöpfung zu Marktpreisen (unter Berücksichtigung aperiodischer Erträge und Aufwendungen)
– Sonstige Steuern und Abgaben

= Nettowertschöpfung zu Faktorkosten (unter Berücksichtigung aperiodischer Erträge und Aufwendungen)

a) Vgl. Göckeler, S. 112 f.

IV. Indirekte Wertschöpfungsstaffel für Bausparkassen ab 1975

Zinsen (Erträge)
+ Andere Zinsen und zinsähnliche Erträge
– Zinsen (Aufwendungen)
– Andere Zinsen und zinsähnliche Aufwendungen

= Zinsdifferenz
+ Gebühren
+ Vergütungen für die Mitglieder des Aufsichtsrats und sonstiger Beiräte, soweit nicht in "Gehälter und Löhne" enthalten
– Provisionen für Vertragsabschluß und -vermittlung
– Sachaufwand (ohne Vergütungen für die Mitglieder des Beirats, des Aufsichtsrats oder vergleichbarer Organe)
– Sonstige Aufwendungen (ohne Vergütungen für die Mitglieder des Beirats, des Aufsichtsrats oder vergleichbarer Organe)

= Überwiegend periodische Bruttowertschöpfung zu Marktpreisen
+ Andere Erträge einschließlich der Erträge aus der Auflösung von Rückstellungen im Kreditgeschäft (Posten 5)
+ Erträge aus der Auflösung von Rückstellungen, soweit sie nicht unter Posten 5 auszuweisen sind

---

= Bruttowertschöpfung zu Marktpreisen (unter Berücksichtigung aperiodischer Erträge und Aufwendungen)
– Abschreibungen und Wertberichtigungen auf Forderungen und Wertpapiere sowie Zuführungen zu Rückstellungen im Kreditgeschäft

– Abschreibungen und Wertberichtigungen auf Grundstücke und Gebäude sowie auf Betriebs- und Geschäftsausstattung
– Abschreibungen und Wertberichtigungen auf Beteiligungen

= Nettowertschöpfung zu Marktpreisen (unter Berücksichtigung aperiodischer Erträge und Aufwendungen)
– Sonstige Steuern

= Nettowertschöpfung zu Faktorkosten (unter Berücksichtigung aperiodischer Erträge und Aufwendungen)

V. Direkte Wertschöpfungsstaffel für Bausparkassen bis 1975[a)]

Gehälter und Löhne
+ Soziale Abgaben
+ Pensionszahlungen, Zuführungen an Pensionsrückstellungen und Pensionskassen
+ Jahresüberschuß/– Jahresfehlbetrag
+ Zuführungen an Rücklagen und Rückstellungen
+ Vergütungen für die Mitglieder des Aufsichtsrats und sonstiger Beiräte, soweit nicht in "Gehälter und Löhne" enthalten
+ Einstellungen in Sonderposten mit Rücklageanteil
+ Steuern vom Einkommen, vom Ertrag und vom Vermögen
– Erträge aus Beteiligungen
– Entnahmen aus Rücklagen
– Entnahmen aus bauspartechnischen Rückstellungen
– Erträge aus der Auflösung von Sonderposten mit Rücklageanteil

---

= Nettowertschöpfung zu Faktorkosten (unter Berücksichtigung aperiodischer Erträge und Aufwendungen)

a) Vgl. Göckeler, S. 113.

VI. Direkte Wertschöpfungsstaffel für Bausparkassen ab 1975

Gehälter und Löhne
+ Soziale Abgaben
+ Aufwendungen für Altersversorgung und Unterstützung
+ Vergütungen für die Mitglieder des Aufsichtsrats und sonstiger Beiräte, soweit nicht in "Gehälter und Löhne" enthalten
+ Jahresüberschuß/– Jahresfehlbetrag
+ Aufgrund einer Gewinngemeinschaft, eines Gewinnabführungs- oder Teilgewinnabführungsvertrags abgeführte Gewinne

+ Steuern vom Einkommen, vom Ertrag und vom Vermögen
+ Aufwendungen aus Verlustübernahme
+ Einstellungen in Sonderposten mit Rücklageanteil
– Erträge aus Gewinngemeinschaften, Gewinnabführungs- oder Teilgewinnabführungsverträgen
– Erträge aus Beteiligungen
– Erträge aus der Auflösung von Sonderposten mit Rücklageanteil
– Erträge aus Verlustübernahme

= Nettowertschöpfung zu Faktorkosten (unter Berücksichtigung aperiodischer Erträge und Aufwendungen)

C. Ermittlung der in Versicherungsleistungen eingehenden Vermögenserträge[a)]

Die nach Anhang C.I. ermittelten Vermögensreinerträge, die während des Berichtsjahres angefallenen sind, werden mit dem nach Anhang C.II. zu errechnenden Schlüssel multipliziert, damit man die in die Versicherungsleistungen eingehenden Vermögenserträge (Verzinsung gegenüber den Versicherten) erhält. Für die Bestimmung des Schlüssels ist das arithmetische Mittel der Quotienten aus dem den Versicherten gegenüber zu verzinsenden Fremdkapital (Anhang C.II.2.) sowie der modifizierten Gesamtheit der Passiva (Anhang C.II.1.) jeweils am Ende des Vorjahres und am Ende des Berichtsjahres zu bilden:

$$\text{Schlüssel} = \frac{\dfrac{\text{Versicherten gegenüber zu verzinsendes Fremdkapital am Ende des Vorjahres}}{\text{Modifizierte Gesamtheit der Passiva am Ende des Vorjahres}} + \dfrac{\text{Versicherten gegenüber zu verzinsendes Fremdkapital am Ende des Berichtsjahres}}{\text{Modifizierte Gesamtheit der Passiva am Ende des Berichtsjahres}}}{2}$$

Die in die Versicherungsleistungen eingehenden Vermögenserträge sind schließlich als Verzinsung gegenüber den Versicherten in die Wertschöpfungsstaffeln im Anhang D. einzustellen.

a) Vgl. Weinstock, S. 187.

I. Vermögensreinerträge als zu schlüsselnde Größe[a)]

Erträge aus Grundstücken und grundstücksgleichen Rechten
\+ Erträge aus Beteiligungen an nicht in den Konzernabschluß einbezogenen Unternehmen
\+ Erträge aus Gewinngemeinschaften, Gewinnabführungs- und Teilgewinnabführungsverträgen mit nicht in den Konzernabschluß einbezogenen Unternehmen
\+ Zinsen und ähnliche Erträge
\+ Erträge aus dem Abgang von Kapitalanlagen, aus Zuschreibungen und aus der Auflösung von Wertberichtigungen zu Kapitalanlagen
– Abschreibungen und Wertberichtigungen
– Aufwendungen aus Verlustübernahme von nicht in den Konzernabschluß einbezogenen Unternehmen
– Verluste aus dem Abgang von Kapitalanlagen
– Verwaltungsaufwendungen und sonstige Aufwendungen

= Vermögensreinerträge

a) Vgl. Weinstock, S. 188.

II. Schlüssel zur Bestimmung der in Versicherungsleistungen eingehenden Vermögenserträge

1. Modifizierte Gesamtheit der Passiva als Bezugsgröße des Schlüssels[a)]

Bilanzsumme
– Wertberichtigungen
– Pauschalwertberichtigungen
– Ausstehende Einlagen auf das Grundkapital oder Wechsel der Zeichner des Gründungsstocks oder ausstehende Einlagen auf den dem Grundkapital entsprechenden Posten
– Eigene Aktien
– Ansprüche für geleistete, rechnungsmäßig gedeckte Abschlußkosten oder Forderungen aus dem Versicherungsgeschäft an Mitglieds- und Trägerunternehmen sowie an Mitglieder (außer Unternehmen)
– Anteile an einer herrschenden oder mit Mehrheit beteiligten (nicht in den Konzernabschluß einbezogenen) Gesellschaft
– Bilanzverlust oder Konzernverlust
– Aktiver Konsolidierungsausgleichsposten, vorausgesetzt daß dieser auf einer Überbewertung der Beteiligung bei der Obergesellschaft beruht
– Passiver Konsolidierungsausgleichsposten, vorausgesetzt daß dieser Ausdruck eines Geschäftsminderwertes ist und die Beteiligung deshalb von der Obergesellschaft abgeschrieben wurde oder daß

Vermögensgegenstände bei der Untergesellschaft unterbewertet sind
– Aktiver Restposten aus erfolgswirksamer Schuldenkonsolidierung

---

= Modifizierte Gesamtheit der Passiva

a) Vgl. Weinstock, S. 188 f.

2. Versicherungstechnische Fremdkapitalteile als bezogene Größe des Schlüssels[a)]

Versicherungstechnische Rückstellungen
– Nachrichtlich mitgeteilte Depotverbindlichkeiten
+ Verbindlichkeiten aus dem selbst abgeschlossenen Versicherungsgeschäft gegenüber Versicherungsnehmern oder Verbindlichkeiten aus dem Versicherungsgeschäft gegenüber Mitglieds- und Trägerunternehmen sowie Mitgliedern (außer Unternehmen)
– Ansprüche für geleistete, rechnungsmäßig gedeckte Abschlußkosten oder Forderungen aus dem Versicherungsgeschäft an Mitglieds- und Trägerunternehmen sowie an Mitglieder (außer Unternehmen)

= Versicherten gegenüber zu verzinsendes Fremdkapital

a) Vgl. Weinstock, S. 189.

D. Wertschöpfungsstaffeln für Versicherungsunternehmen

I. Indirekte Wertschöpfungsstaffeln für Versicherungsunternehmen

1. Indirekte Wertschöpfungsstaffel für Lebensversicherer und für Krankenversicherer[a)]

Beiträge einschließlich Nebenleistungen
+ Beiträge aus der Rückstellung für Beitragsrückerstattung, für satzungsgemäße Überschußbeteiligung bzw. für erfolgsabhängige Beitragsrückerstattung
– Erhöhung/+ Verminderung der Beitragsüberträge
– Aufwendungen für Versicherungsfälle
– Aufwendungen für Rückkäufe, Rückgewährbeträge und Austrittsvergütungen
– Aufwendungen für Beitragsrückerstattung bzw. für satzungsgemäße Überschußbeteiligung
– Aufwendungen für den Versicherungsbetrieb

– Aufwendungen für rechnungsmäßig gedeckte Abschlußkosten
+ Erträge aus der Verminderung bestimmter versicherungstechnischer Rückstellungen
– Aufwendungen aus der Erhöhung bestimmter versicherungstechnischer Rückstellungen
– Erhöhung/+ Verminderung der Schwankungsrückstellung
– Rückversicherungsbeiträge
+ Erträge aus dem in Rückdeckung gegebenen Versicherungsgeschäft
+ Verzinsung gegenüber den Versicherten (gemäß eigener Berechnung)
+ Erträge aus Grundstücken und grundstücksgleichen Rechten
– Verwaltungsaufwendungen und sonstige Aufwendungen für Kapitalanlagen
+ Sonstige versicherungstechnische Erträge II
– Sonstige versicherungstechnische Aufwendungen III
+ Sonstige Erträge II
– Sonstige Aufwendungen II (ohne die Vergütungen für die Mitglieder des Beirats, des Aufsichtsrats oder eines vergleichbaren Organs)
+ Gehälter und Löhne
+ Soziale Abgaben

= Überwiegend periodische Bruttowertschöpfung zu Marktpreisen
+ Erträge aus dem Abgang von Kapitalanlagen, aus Zuschreibungen und aus der Auflösung von Wertberichtigungen zu Kapitalanlagen
– Verluste aus dem Abgang von Kapitalanlagen
+ Erträge aus der Herabsetzung bestimmter Pauschalwertberichtigungen zu Forderungen
+ Erträge aus der Auflösung von nichtversicherungstechnischen Rückstellungen
+ Sonstige versicherungstechnische Erträge I
– Sonstige versicherungstechnische Aufwendungen I
+ Sonstige Erträge I
– Sonstige Aufwendungen I

= Bruttowertschöpfung zu Marktpreisen (unter Berücksichtigung aperiodischer Erträge und Aufwendungen)
– Abschreibungen und Wertberichtigungen zu Kapitalanlagen
– Sonstige Abschreibungen und Wertberichtigungen

= Nettowertschöpfung zu Marktpreisen (unter Berücksichtigung aperiodischer Erträge und Aufwendungen)
– Sonstige Steuern

= Nettowertschöpfung zu Faktorkosten (unter Berücksichtigung aperiodischer Erträge und Aufwendungen)

a) Vgl. Weinstock, S. 191 f.

2. Indirekte Wertschöpfungsstaffel für Schaden- und Unfallversicherungsunternehmungen sowie für Rückversicherungsunternehmungen[a)]

Beiträge einschließlich Nebenleistungen
– Erhöhung/+ Verminderung der Beitragsüberträge für eigene Rechnung
– Aufwendungen für Versicherungsfälle für eigene Rechnung
– Aufwendungen für Rückkäufe und Rückgewährbeträge für eigene Rechnung
– Aufwendungen für Beitragsrückerstattung für eigene Rechnung
– Aufwendungen für den Versicherungsbetrieb
+ Erträge aus der Verminderung bestimmter versicherungstechnischer Rückstellungen für eigene Rechnung
– Aufwendungen aus der Erhöhung bestimmter versicherungstechnischer Rückstellungen für eigene Rechnung
– Erhöhung/+ Verminderung der Schwankungsrückstellung
– Rückversicherungsbeiträge
+ Erhaltene Rückversicherungsprovisionen aus dem in Rückdeckung gegebenen Versicherungsgeschäft
+ Verzinsung gegenüber den Versicherten (gemäß eigener Berechnung)
+ Erträge aus Grundstücken und grundstücksgleichen Rechten
– Verwaltungsaufwendungen und sonstige Aufwendungen für Kapitalanlagen
+ Sonstige versicherungstechnische Erträge für eigene Rechnung II
– Sonstige versicherungstechnische Aufwendungen für eigene Rechnung III
+ Sonstige Erträge II
– Sonstige Aufwendungen II (ohne die Vergütungen für die Mitglieder des Beirats, des Aufsichtsrats oder eines vergleichbaren Organs)
+ Gehälter und Löhne
+ Soziale Abgaben

= Überwiegend periodische Bruttowertschöpfung zu Marktpreisen
+ Erträge aus dem Abgang von Kapitalanlagen, aus Zuschreibungen und aus der Auflösung von Wertberichtigungen zu Kapitalanlagen
– Verluste aus dem Abgang von Kapitalanlagen
+ Erträge aus der Herabsetzung bestimmter Pauschalwertberichtigungen zu Forderungen
+ Erträge aus der Auflösung von nichtversicherungstechnischen Rückstellungen
+ Sonstige versicherungstechnische Erträge für eigene Rechnung I
– Sonstige versicherungstechnische Aufwendungen für eigene Rechnung I
+ Sonstige Erträge I
– Sonstige Aufwendungen I

= Bruttowertschöpfung zu Marktpreisen (unter Berücksichtigung aperiodischer Erträge und Aufwendungen)

– Abschreibungen und Wertberichtigungen zu Kapitalanlagen
– Sonstige Abschreibungen und Wertberichtigungen

= Nettowertschöpfung zu Marktpreisen (unter Berücksichtigung aperiodischer Erträge und Aufwendungen)
– Feuerschutzsteuer
– Sonstige Steuern

= Nettowertschöpfung zu Faktorkosten (unter Berücksichtigung aperiodischer Erträge und Aufwendungen)

a) Vgl. Weinstock, S. 192 f.

3. Indirekte Wertschöpfungsstaffel für den Versicherungskonzern mit ausführlicher Gewinn- und Verlustrechnung[a)]

Beiträge einschließlich Nebenleistungen
+ (Einmal-)Beiträge aus der Rückstellung für (erfolgsabhängige) Beitragsrückerstattung
– Erhöhung/+ Verminderung der Beitragsüberträge für eigene Rechnung
– Aufwendungen für Versicherungsfälle für eigene Rechnung
– Aufwendungen für Rückkäufe und Rückgewährbeträge für eigene Rechnung
– Aufwendungen für Beitragsrückerstattung für eigene Rechnung
– Aufwendungen für den Versicherungsbetrieb
– Aufwendungen für rechnungsmäßig gedeckte Abschlußkosten
+ Erträge aus der Verminderung bestimmter versicherungstechnischer Rückstellungen für eigene Rechnung
– Aufwendungen aus der Erhöhung bestimmter versicherungstechnischer Rückstellungen für eigene Rechnung
– Erhöhung/+ Verminderung der Schwankungsrückstellung
– Rückversicherungsbeiträge
+ Erhaltene Rückversicherungsprovisionen aus dem in Rückdeckung gegebenen Versicherungsgeschäft
+ Verzinsung gegenüber den Versicherten (gemäß eigener Berechnung)
+ Erträge aus Grundstücken und grundstücksgleichen Rechten
– Verwaltungsaufwendungen und sonstige Aufwendungen für Kapitalanlagen
+ Sonstige versicherungstechnische Erträge für eigene Rechnung II
– Sonstige versicherungstechnische Aufwendungen für eigene Rechnung III
+ Sonstige Erträge II
– Sonstige Aufwendungen II (ohne die Vergütungen für die Mitglieder des Beirats, des Aufsichtsrats oder eines vergleichbaren Organs)
+ Gehälter und Löhne
+ Soziale Abgaben

= Überwiegend periodische Bruttowertschöpfung zu Marktpreisen

+ Erträge aus dem Abgang von Kapitalanlagen, aus Zuschreibungen und aus der Auflösung von Wertberichtigungen zu Kapitalanlagen
– Verluste aus dem Abgang von Kapitalanlagen
+ Erträge aus der Herabsetzung bestimmter Pauschalwertberichtigungen zu Forderungen
+ Erträge aus der Auflösung von nichtversicherungstechnischen Rückstellungen
+ Sonstige versicherungstechnische Erträge für eigene Rechnung I
– Sonstige versicherungstechnische Aufwendungen für eigene Rechnung I
+ Sonstige Erträge I
– Sonstige Aufwendungen I

= Bruttowertschöpfung zu Marktpreisen (unter Berücksichtigung aperiodischer Erträge und Aufwendungen)
– Abschreibungen und Wertberichtigungen zu Kapitalanlagen
– Sonstige Abschreibungen und Wertberichtigungen

= Nettowertschöpfung zu Marktpreisen (unter Berücksichtigung aperiodischer Erträge und Aufwendungen)
– Feuerschutzsteuer
– Sonstige Steuern

= Nettowertschöpfung zu Faktorkosten (unter Berücksichtigung aperiodischer Erträge und Aufwendungen)

a) Vgl. Weinstock, S. 193 f.

4. Indirekte Wertschöpfungsstaffel für den Versicherungskonzern mit vereinfachter Gewinn- und Verlustrechnung[a)]

Beiträge einschließlich Nebenleistungen
– Aufwendungen für Versicherungsfälle, Rückkäufe und Rückgewährbeträge für eigene Rechnung
– Aufwendungen für den Versicherungsbetrieb
– Aufwendungen für rechnungsmäßig gedeckte Abschlußkosten
– Erhöhung/+ Verminderung der Schwankungsrückstellung
– Rückversicherungsbeiträge
+ Erhaltene Rückversicherungsprovisionen aus dem in Rückdeckung gegebenen Versicherungsgeschäft
+ Verzinsung gegenüber den Versicherten (gemäß eigener Berechnung)
+ Erträge aus Grundstücken und grundstücksgleichen Rechten
– Verwaltungsaufwendungen und sonstige Aufwendungen für Kapitalanlagen
+ Sonstige nicht gesondert auszuweisende versicherungstechnische Erträge für eigene Rechnung (ohne sonstige versicherungstechnische Erträge für eigene Rechnung I und ohne Zinsertrag für eigene Rechnung für das übrige Versicherungsgeschäft)

– Sonstige nicht gesondert auszuweisende versicherungstechnische Aufwendungen für eigene Rechnung (ohne sonstige versicherungstechnische Aufwendungen I und II)
+ Sonstige Erträge II
– Sonstige Aufwendungen II (ohne die Vergütungen für die Mitglieder des Beirats, des Aufsichtsrats oder eines vergleichbaren Organs)
+ Gehälter und Löhne
+ Soziale Abgaben

= Überwiegend periodische Bruttowertschöpfung zu Marktpreisen
+ Erträge aus dem Abgang von Kapitalanlagen, aus Zuschreibungen und aus der Auflösung von Wertberichtigungen zu Kapitalanlagen
– Verluste aus dem Abgang von Kapitalanlagen
+ Erträge aus der Auflösung von nichtversicherungstechnischen Rückstellungen
+ Sonstige versicherungstechnische Erträge für eigene Rechnung I
– Sonstige versicherungstechnische Aufwendungen für eigene Rechnung I
+ Sonstige Erträge I
– Sonstige Aufwendungen I

= Bruttowertschöpfung zu Marktpreisen (unter Berücksichtigung aperiodischer Erträge und Aufwendungen)
– Abschreibungen und Wertberichtigungen zu Kapitalanlagen
– Sonstige Abschreibungen und Wertberichtigungen

= Nettowertschöpfung zu Marktpreisen (unter Berücksichtigung aperiodischer Erträge und Aufwendungen)
– Feuerschutzsteuer
– Sonstige Steuern

= Nettowertschöpfung zu Faktorkosten (unter Berücksichtigung aperiodischer Erträge und Aufwendungen)

a) Vgl. Weinstock, S. 195.

II. Direkte Wertschöpfungsstaffeln für Versicherungsunternehmen

1. Direkte Wertschöpfungsstaffel für die einzelnen Versicherungsunternehmungen[a)]

+ Jahresüberschuß/– Jahresfehlbetrag
+ Überschuß/– Fehlbetrag
+ Gehälter und Löhne
+ Soziale Abgaben
+ Aufwendungen für Altersversorgung und Unterstützung

+ Vergütungen für Mitglieder des Beirats, des Aufsichtsrats oder eines vergleichbaren Organs
+ Steuern vom Einkommen, vom Ertrag und vom Vermögen
+ Verzinsung gegenüber den Versicherten (gemäß eigener Berechnung)
+ Andere Zinsen und ähnliche Aufwendungen
+ Technischer Zins
– Technischer Zinsertrag für eigene Rechnung
– Zinsen und ähnliche Erträge aus Kapitalanlagen
– Erträge aus Beteiligungen
– Erträge aus Gewinngemeinschaften, Gewinnabführungs- oder Teilgewinnabführungsverträgen
– Erträge aus Verlustübernahme
+ Aufgrund einer Gewinngemeinschaft, eines Gewinnabführungs- oder Teilgewinnabführungsvertrages abgeführte Gewinne
+ Aufwendungen aus Verlustübernahme
+ Einstellungen in Sonderposten mit Rücklageanteil
– Erträge aus der Auflösung von Sonderposten mit Rücklageanteil
+ Sonstige versicherungstechnische Aufwendungen für eigene Rechnung II
– Sonstige Erträge III

= Nettowertschöpfung zu Faktorkosten (unter Berücksichtigung aperiodischer Erträge und Aufwendungen)

a) Vgl. Weinstock, S. 190.

2. Direkte Wertschöpfungsstaffel für den Versicherungskonzern[a)]

+ Jahresüberschuß/– Jahresfehlbetrag
+ Gehälter und Löhne
+ Soziale Abgaben
+ Aufwendungen für Altersversorgung und Unterstützung
+ Vergütungen für Mitglieder des Beirats, des Aufsichtsrats oder eines vergleichbaren Organs
+ Steuern vom Einkommen, vom Ertrag und vom Vermögen
+ Verzinsung gegenüber den Versicherten (gemäß eigener Berechnung)
+ Andere Zinsen und ähnliche Aufwendungen
+ Technischer Zins
– Technischer Zinsertrag für eigene Rechnung für das übrige Versicherungsgeschäft
– Zinsen und ähnliche Erträge
– Erträge aus Beteiligungen an nicht in den Konzernabschluß einbezogenen Unternehmen
– Erträge aus Gewinngemeinschaften, Gewinnabführungs- oder Teilgewinnabführungsverträgen mit nicht in den Konzernabschluß einbezogenen Unternehmen
– Erträge aus der Übernahme eines Verlustes durch nicht in den Konzernabschluß einbezogene Unternehmen

+ Aufgrund einer Gewinngemeinschaft, eines Gewinnabführungs- oder Teilgewinnabführungsvertrages mit nicht in den Konzernabschluß einbezogenen Unternehmen abgeführte Gewinne
+ Aufwendungen aus Verlustübernahme von nicht in den Konzernabschluß einbezogenen Unternehmen
+ Einstellungen in Sonderposten mit Rücklageanteil
– Erträge aus der Auflösung von Sonderposten mit Rücklageanteil
+ Sonstige versicherungstechnische Aufwendungen für eigene Rechnung II
– Sonstige Erträge III

= Nettowertschöpfung zu Faktorkosten (unter Berücksichtigung aperiodischer Erträge und Aufwendungen)

a) Vgl. Weinstock, S. 190 f.

Literaturverzeichnis

Adler/Düring/Schmaltz: Rechnungslegung und Prüfung der Aktiengesellschaft, Handkommentar, Band 1, Rechnungslegung, Vierte Auflage, völlig neu bearbeitet von Kurt Schmaltz u. a., Stuttgart 1968.

Angenendt, Beate: Volkswirtschaftliche Gesamtrechnungen, Materialgrundlagen, Berechnungsverfahren und Fehlerquellen bei der Ermittlung der Bruttoanlageinvestitionen für Nordrhein-Westfalen, in: Statistische Rundschau für das Land Nordrhein-Westfalen, 31. Jg. (1979), S. 597 ff.

Arbeitskreis "Das Unternehmen in der Gesellschaft" im Betriebswirtschaftlichen Ausschuß des Verbandes der Chemischen Industrie e. V.: Das Unternehmen in der Gesellschaft, in: Der Betrieb, 28. Jg. (1975), S. 161 ff.

Arndt, Helmut, und *Ollenburg*, Günter: Begriff und Arten der Konzentration, in: Die Konzentration in der Wirtschaft, On Economic Concentration, Erster Band: Einleitung - Grundprobleme, Gestaltung der Unternehmenskonzentration, Schriften des Vereins für Socialpolitik, N. F., Band 20/I, herausgegeben von Helmut Arndt unter redaktioneller Mitarbeit von Hans-Jürgen Scheler, Zweite, völlig neu bearbeitete Auflage, Berlin 1971, S. 3 ff.

Auler, Wilhelm: Wertschöpfungsrechnung, in: Lexikon des kaufmännischen Rechnungswesens, herausgegeben von Karl Bott, Zweite, vollständig neugestaltete Auflage, Stuttgart 1957, Sp. 2810 ff.

Bartels, Hildegard (I): Probleme der Volkswirtschaftlichen Gesamtrechnungen, in: Wirtschaft und Statistik, N. F., 3. Jg. (1951), S. 222 ff.

Bartels, Hildegard (II): Das Programm der Kostenstrukturerhebung 1950, in: Wirtschaft und Statistik, N. F., 3. Jg. (1951), S. 382 ff.

Bartels, Hildegard (III): Volkswirtschaftliche Gesamtrechnungen und Sozialproduktsberechnung in der Bundesrepublik, in: Allgemeines Statistisches Archiv, 36. Band (1952), S. 141 ff.

Bartels, Hildegard (IV): Einkommensbegriffe und Gruppierung der Einkommen, in: Wirtschaft und Statistik, N. F., 7. Jg. (1955), S. 6 ff.

Bartels, Hildegard (V): Das Einkommenskonto für den Staat in den Volkswirtschaftlichen Gesamtrechnungen, in: Wirtschaft und Statistik, N. F., 7. Jg. (1955), S. 119 ff.

Bartels, Hildegard (VI): Das Kontensystem für die Volkswirtschaftlichen Gesamtrechnungen der Bundesrepublik Deutschland, Erster Teil: Das angestrebte Kontensystem, in: Wirtschaft und Statistik, N. F., 12. Jg. (1960), S. 317 ff.

Bartels, Hildegard (VII): Volkswirtschaftliche Gesamtrechnung, (II) Statistik, in: Handwörterbuch der Sozialwissenschaften, Elfter Band, herausgegeben von Erwin von Beckerath, Hermann Bente u. a., Stuttgart, Tübingen und Göttingen 1961, S. 404 ff.

Bartels, Hildegard (VIII): Statistik, amtliche, in der Bundesrepublik Deutschland, in: Handwörterbuch der Wirtschaftswissenschaft (HdWW), Siebter Band, herausgegeben von Willi Albers, Karl Erich Born u. a., Stuttgart, New York u. a. 1977, S. 224 ff.

Bartels, Hildegard; *Hamer*, Günter, und Mitarbeiter: Halbjahresergebnisse der Sozialproduktsberechnung ab 1960, in: Wirtschaft und Statistik, N. F., 17. Jg. (1965), S. 771 ff.

Bartels, Hildegard, und *Oppermann*, Willi: Die Anlageinvestitionen von 1950 bis 1960, Weitere Ergebnisse der Volkswirtschaftlichen Gesamtrechnungen, in: Wirtschaft und Statistik, N. F., 14. Jg. (1962), S. 311 ff.

Bartels, Hildegard; *Raabe*, Karl-Heinz; *Schörry*, Otto, und Mitarbeiter (I): Die Neuberechnung des Sozialprodukts für die Bundesrepublik Deutschland, Ergebnisse für die Jahre 1950 bis 1954, in: Wirtschaft und Statistik, N. F., 9. Jg. (1957), S. 123 ff.

Bartels, Hildegard; *Raabe*, Karl-Heinz; *Schörry*, Otto, und Mitarbeiter (II): Das Kontensystem für die Volkswirtschaftlichen Gesamtrechnungen der Bundesrepublik Deutschland, Zweiter Teil: Das ausgefüllte vereinfachte Kontensystem, Erste Ergebnisse der Volkswirtschaftlichen Gesamtrechnungen für 1950 bis 1959, in: Wirtschaft und Statistik, N. F., 12. Jg. (1960), S. 571 ff.

Bartels, Hildegard; *Raabe*, Karl-Heinz, und *Spilker*, Hans: Die Verteilung des Volkseinkommens in der Bundesrepublik Deutschland 1950 bis 1956, in: Wirtschaft und Statistik, N. F., 10. Jg. (1958), S. 135 ff.

Bartels, Hildegard, und *Sievers*, Ingeborg: Der Staat als Teil der Volkswirtschaft 1950 bis 1959, Weitere Ergebnisse der Volkswirtschaftlichen Gesamtrechnungen, in: Wirtschaft und Statistik, N. F., 13. Jg. (1961), S. 133 ff.

Bartels, Hildegard, und *Spilker*, Hans: Das Einkommen aus unselbständiger Arbeit im Rahmen der Volkseinkommensberechnung, in: Wirtschaft und Statistik, N. F., 6. Jg. (1954), S. 319 ff.

Bombach, Gottfried: Staatshaushalt und Volkswirtschaftliche Gesamtrechnung, in: Finanzarchiv, N. F., Band 17 (1956/57), S. 344 ff.

Brandner, Hela; *Glaab*, Hermann, u. a.: Methode der Kostenstrukturerhebungen im Produzierenden Gewerbe, in: Wirtschaft und Statistik, N. F., 29. Jg. (1977), S. 689 ff.

Brümmerhoff, Dieter: Gesamtwirtschaftliches Rechnungswesen, Eine problemorientierte Einführung mit einem Kompendium wichtiger Begriffe des gesamtwirtschaftlichen Rechnungswesens, Zweite, überarbeitete und erweiterte Auflage, Köln 1982.

Bundesministerium der Finanzen (Hrsg.) (I): Beteiligungen des Bundes im Jahre 1988, Bonn 1989.

Bundesministerium der Finanzen (Hrsg.) (II): Unsere Steuern von A – Z, 12. Auflage, Bonn 1989.

Busse von Colbe, Walther, und *Ordelheide*, Dieter: Konzernabschlüsse, Rechnungslegung für Konzerne nach betriebswirtschaftlichen Grundsätzen und gesetzlichen Vorschriften, Mit Text und Erläuterung der 7. EG-Richtlinie, Fünfte, durchgesehene und ergänzte Auflage, Wiesbaden 1984.

Cassel, Dieter: Schattenwirtschaft - eine Wachstumsbranche?, in: List Forum, Band 11 (1981/82), S. 343 ff.

Cassel, Dieter, und *Caspers*, Anja: Was ist Schattenwirtschaft?, Begriff und Erscheinungsformen der Second Economy, in: Wirtschaftswissenschaftliches Studium, 13. Jg. (1984), S. 1 ff.

Cassel, Dieter, und *Müller*, Herbert: Kreislaufanalyse und Volkswirtschaftliche Gesamtrechnung, Einführung in die ex-post-Analyse des Sozialprodukts, Stuttgart 1975.

Coenenberg, Adolf Gerhard, unter Mitarbeit von *Brandi*, Ernst; *Eifler*, Günter, und *Schmidt*, Franz: Jahresabschluß und Jahresabschlußanalyse, Betriebswirtschaftliche, handels- und steuerrechtliche Grundlagen, 8., durchgesehene Auflage, München 1985.

Colm, Gerhard: Volkswirtschaftliche Gesamtrechnung, (I) Theorie, in: Handwörterbuch der Sozialwissenschaften, Elfter Band, herausgegeben von Erwin von Beckerath, Hermann Bente u. a., Stuttgart, Tübingen und Göttingen 1961, S. 390 ff.

Dorow, Frank (I): Zur Behandlung der unterstellten Bankgebühr in den Volkswirtschaftlichen Gesamtrechnungen, in: Wirtschaft und Statistik, N. F., 24. Jg. (1972), S. 377 ff.

Dorow, Frank (II): Vermögenseinkommen und Unternehmensgewinne 1960 bis 1972, Ergebnisse der Volkswirtschaftlichen Gesamtrechnungen, in: Wirtschaft und Statistik, N. F., 26. Jg. (1974), S. 246 ff.

Dorow, Frank, und *Hartmann*, Norbert: Einkommen aus Wohnungsvermietung 1960 bis 1977, Ergebnis der Volkswirtschaftlichen Gesamtrechnungen, in: Wirtschaft und Statistik, N. F., 30. Jg. (1978), S. 314 ff.

Eick, Christian: Der Staatseinfluß in der Bundesrepublik Deutschland seit 1960, (Die Staatsquoten 1960 - 1981), in: Bremer Zeitschrift für Wirtschaftspolitik, 5. Jg. (1982), S. 117 ff.

Engelmann, Margot, und Mitarbeiter (I): Ergebnisse der Volkswirtschaftlichen Gesamtrechnungen für Zwecke der sektoralen Strukturberichterstattung, in: Wirtschaft und Statistik, N. F., 31. Jg. (1979), S. 715 ff.

Engelmann, Margot, und Mitarbeiter (II): Revision der Volkswirtschaftlichen Gesamtrechnungen 1960 bis 1981, in: Wirtschaft und Statistik, N. F., 34. Jg. (1982), S. 551 ff.

Engelmann, Margot, und *Mohr*, Dietrich: Anlageinvestitionen nach Wirtschaftsbereichen, Ergebnis der Volkswirtschaftlichen Gesamtrechnungen, in: Wirtschaft und Statstik, N. F., 30. Jg. (1978), S. 755 ff.

Entwicklung des Patent- und Lizenzverkehrs mit dem Ausland in den Jahren 1984 und 1985, in: Monatsberichte der Deutschen Bundesbank, 38. Jg. (Mai 1986), S. 29 ff.

Franzmeyer, Fritz: Die aggregative Ermittlung des industriellen Anlagevermögens, Methodik und Empirie im internationalen Vergleich, Sonderhefte, N. F., Nr. 86, herausgegeben vom Deutschen Institut für Wirtschaftsforschung, Berlin 1970.

Fürst, Gerhard (I): Stand und Probleme der Umsatzstatistik, in: Wirtschaft und Statistik, N. F., 4. Jg. (1952), S. 183 ff.

Fürst, Gerhard (II): Die Bedeutung der Nettoproduktionswerte für gesamtwirtschaftliche Statistiken, in: Allgemeines Statistisches Archiv, 43. Band (1959), S. 378 ff.

Fürst, Gerhard (III): Überblick über die Aufgaben, Begriffe und Gliederungen sowie über die vorhandenen Quellen der Einkommenstatistik, in: Stand der Einkommensstatistik, Individual- und Haushaltseinkommen, Einkommensschichtung, Sonderhefte zum Allgemeinen Statistischen Archiv, Heft 6, herausgegeben von Gerhard Fürst, Göttingen 1974, S. 7 ff.

Fürst, Gerhard, und *Bartels*, Hildegard: Grundsätze der systematischen Klassifizierung wirtschaftlicher Tatbestände, in: Wirtschaft und Statistik, N. F., 4. Jg (1952), S. 92 ff.

Fürst, Gerhard, und Mitarbeiter: Unternehmen, fachliche Unternehmensteile und örtliche Einheiten als Grundlage für die statistische Darstellung wirtschaftlicher Tatbestände, in: Wirtschaft und Statistik, N. F., 9. Jg. (1957), S. 643 ff.

Gabisch, Günter; *Hanschmann*, Rolf; *Heßhaus*, Werner, unter Mitarbeit von *Dolenc*, Vladimir: Volks- und betriebswirtschaftliches Rechnungswesen, Eine Einführung, Wiesbaden 1977.

Gemper, Bodo B.: Einige Bemerkungen zu den Abschreibungen in den Volkswirtschaftlichen Gesamtrechnungen, in: Allgemeines Statistisches Archiv, 55. Band (1971), S. 175 ff.

Gerß, Wolfgang (I): Volkswirtschaftliche Gesamtrechnung, Materialgrundlagen, Berechnungsverfahren und Fehlerquellen der Entstehungsrechnung für Nordrhein-Westfalen (Erster Teil), in: Statistische Rundschau für das Land Nordrhein-Westfalen, 29. Jg. (1977), S. 257 ff.

Gerß, Wolfgang (II): Volkswirtschaftliche Gesamtrechnung, Materialgrundlagen, Berechnungsverfahren und Fehlerquellen der Entstehungsrechnung für Nordrhein-Westfalen (Zweiter Teil), in: Statistische Rundschau für das Land Nordrhein-Westfalen, 29. Jg. (1977), S. 443 ff.

Gerß, Wolfgang (III): Volkswirtschaftliche Gesamtrechnung, - Materialgrundlagen, Berechnungsverfahren und Fehlerquellen der Entstehungsrechnung für Nordrhein-Westfalen (Dritter Teil) -, in: Statistische Rundschau für das Land Nordrhein-Westfalen, 29. Jg. (1977), S. 509 ff.

Gerß, Wolfgang (IV): Volkswirtschaftliche Gesamtrechnung, - Revisionsbedingte Ergebnisänderungen der Entstehungsrechnung für Nordrhein-Westfalen -, in: Statistische Rundschau für das Land Nordrhein-Westfalen, 30. Jg. (1978), S. 3 ff.

Gerß, Wolfgang (V): Volkswirtschaftliche Gesamtrechnung, - Fortschreibungsmethoden der Entstehungsrechnung für Nordrhein-Westfalen -, in: Statistische Rundschau für das Land Nordrhein-Westfalen, 30. Jg. (1978), S. 229 ff.

Gerß, Wolfgang (VI): Volkswirtschaftliche Gesamtrechnung, - Auswirkungen der Neuordnung der Statistiken über das Produzierende Gewerbe auf die Entstehungsrechnung für Nordrhein-Westfalen -, in: Statistische Rundschau für das Land Nordrhein-Westfalen, 30. Jg. (1978), S. 589 ff.

Gerß, Wolfgang (VII): Die regionale Gesamtrechnung im Rahmen der nationalen volkswirtschaftlichen Gesamtrechnung, in: Statistische Rundschau für das Land Nordrhein-Westfalen, 31. Jg. (1979), S. 289 ff.

Gerß, Wolfgang (VIII): Verfahren zur Abstimmung der regionalen Ergebnisse auf das nationale Ergebnis in der volkswirtschaftlichen Gesamtrechnung, in: Statistische Rundschau für das Land Nordrhein-Westfalen, 31. Jg. (1979), S. 695 ff.

Gerß, Wolfgang (IX): Ablauf der gemeinsamen Volkswirtschaftlichen Gesamtrechnungen der Bundesländer, in: Statistische Rundschau für das Land Nordrhein-Westfalen, 33. Jg. (1981), S. 137 ff.

Glaab, Hermann, und *Wartenberg*, Erwin: Zensus im Produzierenden Gewerbe für das Jahr 1979, Einführung und Methode, in: Wirtschaft und Statistik, N. F., 33. Jg. (1981), S. 27 ff.

Göckeler, Werner: Die Wertschöpfung der Kreditinstitute, Untersuchungen zu einem Merkmal für die Messung der Unternehmungskonzentration, Berlin 1975.

Görzig, Bernd: Das Sachvermögen in den Wirtschaftsbereichen der Bundesrepulik Deutschland, Beiträge zur Strukturforschung, Heft 71, herausgegeben vom Deutschen Institut für Wirtschaftsforschung, Berlin 1982.

Görzig, Bernd, und *Kirner*, Wolfgang: Anlageinvestitionen und Anlagevermögen in den Wirtschaftsbereichen der Bundesrepublik Deutschland, Ergebnisse einer Neuberechnung, Beiträge zur Strukturforschung, Heft 41, herausgegeben vom Deutschen Institut für Wirtschaftsforschung, Berlin 1976.

Häfner, Kurt: Die Landwirtschaft in der Wirtschaftsstatistik, in: Allgemeines Statistisches Archiv, 51. Band (1967), S. 258 ff.

Hamer, Günter (I): Die Behandlung der Umsatz-(Mehrwert-)steuer in den Volkswirtschaftlichen Gesamtrechnungen, in: Wirtschaft und Statistik, N. F., 20. Jg. (1968), S. 439 ff.

Hamer, Günter (II): Grundzüge der neuen internationalen Standardsysteme Volkswirtschaftlicher Gesamtrechnungen, in: Allgemeines Statistisches Archiv, 53. Band (1969), S. 125 ff.

Hamer, Günter (III): Revision der Volkswirtschaftlichen Gesamtrechnungen, in: Wirtschaft und Statistik, N. F., 22. Jg. (1970), S. 57 ff.

Hamer, Günter (IV): Revidierte Konten der Volkswirtschaftlichen Gesamtrechnungen, in: Wirtschaft und Statistik, N. F., 22. Jg. (1970), S. 281 ff.

Hamer, Günter, und Mitarbeiter (V): Revision der Volkswirtschaftlichen Gesamtrechnungen 1960 bis 1976, in: Wirtschaft und Statistik, N. F., 29. Jg. (1977), S. 215 ff.

Hamer, Günter, und *Richter*, Hans-Wilhelm: Einkommen aus unselbständiger Arbeit und Einkommen aus Unternehmertätigkeit und Vermögen nach Wirtschaftsbereichen, Weitere Ergebnisse der Volkswirtschaftlichen Gesamtrechnungen, in: Wirtschaft und Statistik, N. F., 18. Jg. (1966), S. 537 ff.

Hartmann, Norbert: Private Organisationen ohne Erwerbscharakter als Teil des Haushaltssektors in den Volkswirtschaftlichen Gesamtrechnungen, in: Wirtschaft und Statistik, N. F., 28. Jg. (1976), S. 638 ff.

Haslinger, Franz: Volkswirtschaftliche Gesamtrechnung, 4., überarbeitete und erweiterte Auflage, München und Wien 1986.

Hild, Dieter: Zur Wertschöpfung einer warenproduzierenden Aktien-Gesellschaft, in: Die Wirtschaftsprüfung, 23. Jg. (1970), S. 476 ff.

Hipler, Heinz: Die Versicherungsunternehmen in den Volkswirtschaftlichen Gesamtrechnungen, in: Wirtschaft und Statistik, N. F., 22. Jg. (1970), S. 331 ff.

International Monetary Fund: Balance of Payments Manual, Fourth Edition, Washington, D.C. 1977.

Jostock, Paul: Von den ersten Volkseinkommensberechnungen bis zur volkswirtschaftlichen Gesamtrechnung, in: Allgemeines Statistisches Archiv, 36. Band (1952), S. 130 ff.

Keller, Manfred (I): Betriebliche Wertschöpfung, Ermittlung an Hand veröffentlichter Jahresabschlüsse, in: Der Betrieb, 26. Jg. (1973), S. 289 ff.

Keller, Manfred: Der Zusammenhang zwischen aktienrechtlicher Ergebnisrechnung und volkswirtschaftlicher Inlandsproduktberechnung (Wertschöpfung), in: Der Betrieb, 30. Jg. (1977), S. 1713 ff.

Kirner, Wolfgang (I): Ermittlung von Investitionsgrößenordnungen für Wirtschaftsbereiche, Eine Untersuchung im Auftrage des Bundesministers für

Wirtschaft, Bonn, Sonderhefte, N. F., Nr. 71, herausgegeben vom Deutschen Institut für Wirtschaftsforschung, Berlin 1965.

Kirner, Wolfgang (II): Zeitreihen für das Anlagevermögen der Wirtschaftsbereiche in der Bundesrepublik Deutschland, DIW-Beiträge zur Strukturforschung, Heft 5, herausgegeben vom Deutschen Institut für Wirtschaftsforschung, Berlin 1968.

Kopsch, Günter (I): Ausgaben des Staates nach Aufgabenbereichen in den Volkswirtschaftlichen Gesamtrechnungen, in: Wirtschaft und Statistik, N. F., 32. Jg. (1980), S. 155 ff.

Kopsch, Günter (II): Der Staat in den Volkswirtschaftlichen Gesamtrechnungen 1960 bis 1982, in: Wirtschaft und Statistik, N. F., 35. Jg. (1983), S. 749 ff.

Kopsch, Günter (III): Kreditinstitute in den Volkswirtschaftlichen Gesamtrechnungen, in: Wirtschaft und Statistik, N. F., 39. Jg. (1987), S. 37 ff.

Kopsch, Günter (IV): Alternativen zum Nachweis der Kreditinstitute in den Volkswirtschaftlichen Gesamtrechnungen, in: Wirtschaft und Statistik, N. F., 39. Jg. (1987), S. 519 ff.

Kraus, Willy: Volkswirtschaftliche Gesamtrechnung, Wiesbaden 1961.

Krelle, Wilhelm: Volkswirtschaftliche Gesamtrechnung einschließlich input-output-Analyse mit Zahlen für die Bundesrepublik Deutschland, Zweite, verbesserte Auflage, Berlin 1967.

Krengel, Rolf: Anlagevermögen, Produktion und Beschäftigung der Industrie im Gebiet der Bundesrepublik von 1924 bis 1956, Sonderhefte, N. F., Nr. 42, Reihe A: Forschung, herausgegeben vom Deutschen Institut für Wirtschaftsforschung, Berlin 1958.

Kroeber Riel, Werner: Die betriebliche Wertschöpfung unter besonderer Berücksichtigung der Wertschöpfung des Handels, Vertriebswirtschaftliche Abhandlungen des Instituts für industrielle Verbrauchsforschung und Vertriebsmethoden an der Technischen Universität Berlin, Heft 6, herausgegeben von Otto R. Schnutenhaus, Berlin 1963.

Kroenlein, Günter: Die Wertschöpfung der Aktiengesellschaft und des Konzerns, Untersuchungen zu einem Merkmal für die Messung der Unternehmungskonzentration, Berlin 1975.

Kroker, Rolf: Der Staat als Wirtschaftsfaktor, Zur Aussagefähigkeit der Staatsquote, Beiträge zur Wirtschafts- und Sozialpolitik, Institut der Deutschen Wirtschaft, Band 93, Köln 1981.

Kuchenbecker, Horst: Statistik, amtliche, in: Handwörterbuch der Betriebswirtschaft, Enzyklopädie der Betriebswirtschaftslehre, Band I/3, herausgegeben von Erwin Grochla und Waldemar Wittmann, Vierte, völlig neu gestaltete Auflage, Stuttgart 1976, Sp. 3681 ff.

Kühnau, Martin: Der Formalaufbau der volkswirtschaftlichen Buchhaltung, Berlin 1961.

Kupka, Günther: Methoden der Berechnung der Anlageinvestitionen in den Volkswirtschaftlichen Gesamtrechnungen, in: Wirtschaft und Statistik, N. F., 29. Jg. (1977), S. 757 ff.

Laux, Gunter: Ausbau der Konzentrationsstatistiken im Produzierenden Gewerbe, in: Wirtschaft und Statistik, N. F., 35. Jg. (1983), S. 385 ff.

Lehmann, Max Rudolf: Leistungsmessung durch Wertschöpfungsrechnung, Essen 1954.

Lenel, Hans Otto: Ursachen der Konzentration unter besonderer Berücksichtigung der deutschen Verhältnisse, 2., neubearbeitete Auflage, Tübingen 1968.

von der Lippe, Peter: Wirtschaftsstatistik, 3., neubearbeitete und erweiterte Auflage, Stuttgart und New York 1985.

Littmann, Konrad, unter Mitarbeit von *Krüger*, Berend: Definition und Entwicklung der Staatsquote - Abgrenzung, Aussagekraft und Anwendungsbereiche unterschiedlicher Typen von Staatsquoten -, Kommission für wirtschaftlichen und sozialen Wandel, Band 42, Göttingen 1975.

Lützel, Heinrich (I): Das reproduzierbare Anlagevermögen in Preisen von 1962, in: Wirtschaft und Statistik, N. F., 23. Jg. (1971), S. 593 ff.

Lützel, Heinrich (II): Das reproduzierbare Sachvermögen zu Anschaffungs- und zu Wiederbeschaffungspreisen, in: Wirtschaft und Statistik, N. F., 24. Jg. (1972), S. 611 ff.

Lützel, Heinrich (III): Altersaufbau des Anlagevermögens, in: Wirtschaft und Statistik, N. F., 28. Jg. (1976), S. 217 ff.

Marfels, Christian: Erfassung und Darstellung industrieller Konzentration, Statistische Grundlagen und Möglichkeiten, Baden-Baden 1977.

Menrad, Siegfried: Zinsen, in: Handwörterbuch des Rechnungswesens, Enzyklopädie der Betriebswirtschaftslehre, Band III, herausgegeben von Erich Kosiol, Klaus Chmielewicz und Marcell Schweitzer unter Mitarbeit von zahlreichen Fachgelehrten und Experten aus Wissenschaft und Praxis, Zweite, völlig neu gestaltete Auflage, Stuttgart 1981, Sp. 1844 ff.

Monopolkommission (I): Fortschritte bei der Konzentrationserfassung, Hauptgutachten 1980/81, Baden-Baden 1982.

Monopolkommission (II): Ökonomische Kriterien für die Rechtsanwendung, Hauptgutachten 1982/83, Baden-Baden 1984.

Müller, Herbert: Die makroökonomische ex post-Analyse in der Volkswirtschaftlichen Gesamtrechnung, in: Das Wirtschaftsstudium, 1. Jg. (1972), S. 115 ff.

Neubauer, Werner: Makroökonomische Kostenstrukturen im System der Statistik des Sozialprodukts und der Input-Output-Verflechtung, Berlin 1968.

Patent- und Lizenzverkehr mit dem Ausland sowie sonstiger Austausch von technischem Wissen durch Dienstleistungen in den Jahren 1986 und 1987, in: Monatsberichte der Deutschen Bundesbank, 40. Jg. (Mai 1988), S. 39 ff.

Pohmer, Dieter (I): Betriebswirtschaftliche Bedeutung und Ermittlung der betrieblichen Wertschöpfung, in: Die Wissenschaft im Dienst der Wirtschaftspraxis, Festschrift aus Anlaß des zehnjährigen Bestehens des Hochschul-Instituts für Wirtschaftskunde, herausgegeben von Wilhelm Eich, Berlin 1958, S. 115 ff. (Vorabdruck in Zeitschrift für Betriebswirtschaft 1958, S. 148 ff.)

Pohmer, Dieter (II): Grundlagen der betriebswirtschaftlichen Steuerlehre, Berlin 1958.

Pohmer, Dieter (III): Die Neuordnung der Umsatzbesteuerung, Grundlagen der bisherigen Diskussion und Grundsätze einer Reform, Bonn 1960.

Pohmer, Dieter (IV): Zur Konzentration in der Wirtschaft unter besonderer Berücksichtigung der Einflüsse der Besteuerung, in: Pohmer/Steinberg: Kapitalaufstockung, Wirtschaftskonzentration in steuerlicher Sicht, Steuer und Recht, Heft 10, herausgegeben vom Institut für Steuerrecht der Rechtsanwaltschaft e. V., Herne 1961, S. 9 ff.

Pohmer, Dieter (V): Betrieb und Unternehmung als Merkmalsträger von Konzentrationserscheinungen, in: Der Betrieb in der Unternehmung, Festschrift für Wilhelm Rieger zu seinem 85. Geburtstag, herausgegeben von Johannes Fettel und Hanns Linhardt, Stuttgart 1963, S. 102 ff.

Pohmer, Dieter (VI): Über die Bedeutung des betrieblichen Werteumlaufs für das Rechnungswesen, in: Organisation und Rechnungswesen, Festschrift für Erich Kosiol zu seinem 65. Geburtstag, herausgegeben von Erwin Grochla, Berlin 1964, S. 305 ff.

Pohmer, Dieter (VII): Das Verhältnis der Wirtschaftswissenschaft zur Rechtswissenschaft dargestellt am Beispiel der Konzerngestaltungen, in: Das Verhältnis der Wirtschaftswissenschaft zur Rechtswissenschaft, Soziologie und Statistik, Verhandlungen auf der Arbeitstagung des Vereins für Socialpolitik, Gesellschaft für Wirtschafts- und Sozialwissenschaften, in Würzburg 1963, Schriften des Vereins für Socialpolitik, N. F., Band 33, herausgegeben von Ludwig Raiser, Heinz Sauermann und Erich Schneider, Berlin 1964, S. 57 ff.

Pohmer, Dieter (VIII): Wirkungen finanzpolitischer Instrumente, in: Handbuch der Finanzwissenschaft, Band I, herausgegeben von Fritz Neumark unter Mitarbeit von Norbert Andel und Heinz Haller, Dritte, gänzlich neubearbeitete Auflage, Tübingen 1977, S. 193 ff.

Pohmer, Dieter (IX): Dimensionen des direkten und indirekten Staatseinflusses, in: Unternehmerischer Handlungsspielraum in der aktuellen wirtschafts- und gesellschaftspolitischen Situation, Schriftenreihe des Ifo-Instituts für Wirtschaftsforschung, Nr. 102, herausgegeben von Karl Heinrich Oppenländer, Berlin und München 1979, S. 246 ff.

Pohmer, Dieter (X): Einige Aspekte der Unternehmungskonzentration in der Bundesrepublik Deutschland, in: Wettbewerb und Fortschritt, Festschrift zum 65. Geburtstag von Burkhardt Röper, herausgegeben von Walter Hamm und Reimer Schmidt, Baden-Baden 1980, S. 57 ff.

Pohmer, Dieter (XI): Finanzwissenschaft III: Politik, in: Handwörterbuch der Wirtschaftswissenschaft (HdWW), Dritter Band, herausgegeben von Willi Albers, Karl Erich Born u. a., Stuttgart, New York u. a. 1980, S. 261 ff.

Pohmer, Dieter (XII): Aspekte der Bedeutung der staatlichen Aktivität für die Unternehmensentscheidungen, in: Zukunftsprobleme der Sozialen Marktwirtschaft, Verhandlungen auf der Jahrestagung des Vereins für Socialpolitik, Gesellschaft für Wirtschafts- und Sozialwissenschaften, in Nürnberg 1980, Schriften des Vereins für Socialpolitik, N. F., Band 116, herausgegeben von Otmar Issing, Berlin 1981, S. 585 ff.

Pohmer, Dieter (XIII): Dimensionen des direkten und indirekten Staatseinflusses, in: Möglichkeiten und Grenzen der Staatstätigkeit, Schriftenreihe des Wirtschaftswissenschaftlichen Seminars Ottobeuren, Band 11, herausgegeben von Gottfried Bombach, Bernhard Gahlen und Alfred E. Ott, Tübingen 1982, S. 56 ff.

Pohmer, Dieter, und *Bea*, Franz Xaver: Konzentration, in: Handwörterbuch der Betriebswirtschaft, Enzyklopädie der Betriebswirtschaftslehre, Band I/2, herausgegeben von Erwin Grochla und Waldemar Wittmann, Vierte, völlig neu gestaltete Auflage, Stuttgart 1975, Sp. 2220 ff.

Pohmer, Dieter, und *Fischer*, Klaus: Steuerliche Beeinflussung der Unternehmenskonzentration unter besonderer Berücksichtigung der BRD, in: Die Konzentration in der Wirtschaft, On Economic Concentration, Erster Band: Einleitung - Grundprobleme, Gestaltung der Unternehmenskonzentration, Schriften des Vereins für Socialpolitik, N. F., Band 20/I, herausgegeben von Helmut Arndt unter redaktioneller Mitarbeit von Hans-Jürgen Scheler, Zweite, völlig neu bearbeitete Auflage, Berlin 1971, S. 805 ff.

Pohmer, Dieter, und *Kroenlein*, Günter: Wertschöpfungsrechnung, betriebliche, in: Handwörterbuch des Rechnungswesens, herausgegeben von Erich Kosiol unter Mitarbeit von zahlreichen Fachgelehrten aus Wissenschaft und Praxis, Stuttgart 1970, Sp. 1913 ff.

Potkowik, Georg: Revision der Systematik der Wirtschaftszweige, in: Wirtschaft und Statistik, N. F., 32. Jg. (1980), S. 437 ff.

Raabe, Karl-Heinz (I): Der Zusammenhang zwischen dem betrieblichen Rechnungswesen und der Sozialproduktsberechnung, in: Wirtschaft und Statistik, N. F., 5. Jg. (1953), S. 399 ff.

Raabe, Karl-Heinz (II): Die Einkommensverteilung und ihr Zusammenhang mit der Entstehung und Verwendung des Sozialprodukts, in: Wirtschaft und Statistik, N. F., 6. Jg. (1954), S. 30 ff.

Raabe, Karl-Heinz (III): Der Beitrag der Land- und Forstwirtschaft und der Fischerei zum Sozialprodukt, in: Wirtschaft und Statistik, N. F., 6. Jg. (1954), S. 367 ff.

Raabe, Karl-Heinz (IV): Übereinstimmung und Unterschiede in der Definition und Messung der Abschreibungen in betrieblicher und volkswirtschaftlicher Sicht, in: Allgemeines Statistisches Archiv, 41. Band (1957), S. 357 ff.

Raabe, Karl-Heinz (V): Ergänzungsreferat über "Das Zusammenführen volkswirtschaftlicher und betriebswirtschaftlicher Aspekte in der Wirtschaftsstatistik", in: Allgemeines Statistisches Archiv, 45. Band (1961), S. 323 ff.

Rinne, Horst: Das Sozialprodukt, Unzulänglichkeiten des Konzepts und Ungenauigkeiten der Schätzung, Dissertation, Berlin 1967.

Ruggles, Richard: Volkseinkommen und Volkswirtschaftliche Gesamtrechnungen, ins Deutsche übertragen von Richard Mortenthaler, Wien und Stuttgart 1952.

Schäfer, Dieter, und *Schmidt*, Liane: Abschreibungen nach verschiedenen Bewertungs- und Berechnungsmethoden, in: Wirtschaft und Statistik, N. F., 35. Jg. (1983), S. 919 ff. und S. 900* ff.

Schäfer, Erich: Vom "Mehrwert" zur "Wertschöpfung", in: Zeitschrift für Betriebswirtschaft, 21. Jg. (1951), S. 449 ff.

Schmedtje, Jochen: Sozialprodukt und Volkseinkommen, Einige grundsätzliche Erläuterungen über Begriffe und Berechnungsmethoden, in: Wirtschaft und Statistik, N. F., 4. Jg. (1952), S. 479 ff.

Schmidt, Liane: Reproduzierbares Anlagevermögen in erweiterter Bereichsgliederung, in: Wirtschaft und Statistik, N. F., 38. Jg. (1986), S. 499 ff.

Schneider, Erich: Einführung in die Wirtschaftstheorie, I. Teil: Theorie des Wirtschaftskreislaufs, 14., verbesserte Auflage, Tübingen 1969.

Schoer, Karl: Vierteljahresergebnisse der Volkswirtschaftlichen Gesamtrechnungen über Erwerbstätige und Einkommen aus unselbständiger Arbeit, in: Wirtschaft und Statistik, N. F., 33. Jg. (1981), S. 239 ff.

Schubert, Werner, und *Küting*, Karlheinz: Unternehmungszusammenschlüsse, München 1981.

Schüler, Klaus: Einkommensverteilung nach Haushaltsgruppen, Ergebnisse der Volkswirtschaftlichen Gesamtrechnungen 1962 bis 1983, in: Wirtschaft und Statistik, N. F., 36. Jg. (1984), S. 561 ff.

Seidler, Horst: Probleme der Abschreibungen in der Volkswirtschaftlichen Gesamtrechnung, in: Konjunkturpolitik, Zeitschrift für angewandte Konjunkturforschung, 5. Jg. (1959), S. 43 ff.

Sobotschinski, Arnim: Die Neuordnung der Statistik des Produzierenden Gewerbes, in: Wirtschaft und Statistik, N. F., 28. Jg. (1976), S. 405 ff.

Stahmer, Carsten (I): Reproduzierbares Anlagevermögen nach Wirtschaftsbereichen, in: Wirtschaft und Statistik, N. F., 31. Jg. (1979), S. 411 ff. und S. 441* ff.

Stahmer, Carsten (II): Altersaufbau des Anlagevermögens nach Wirtschaftsbereichen, in: Wirtschaft und Statistik, N. F., 35. Jg. (1983), S. 285 ff.

Ein Standard-System Volkswirtschaftlicher Gesamtrechnungen, herausgegeben von der OEEC, Paris 1952, ins Deutsche übersetzt im Statistischen Bundesamt, Wiesbaden-Biebrich, Bonn 1952.

Statistisches Amt der Europäischen Gemeinschaften: Europäisches System Volkswirtschaftlicher Gesamtrechnungen - ESVG, Luxemburg 1970.

Statistisches Bundesamt Wiesbaden (Hrsg.) (I): Das Arbeitsgebiet der Bundesstatistik 1981, Stuttgart und Mainz 1981.

Statistisches Bundesamt Wiesbaden (Hrsg.) (II): Der Staat in den Volkwirtschaftlichen Gesamtrechnungen 1960 bis 1983, Fachserie 18, Reihe S.6, Stuttgart und Mainz 1984.

Statistisches Bundesamt Wiesbaden (Hrsg.) (III): Volkswirtschaftliche Gesamtrechnungen, Revidierte Ergebnisse 1960 bis 1984, Fachserie 18, Reihe S.8, Stuttgart und Mainz 1985.

Statistisches Bundesamt Wiesbaden (Hrsg.) (IV): Volkswirtschaftliche Gesamtrechnungen, Konten und Standardtabellen 1988, Hauptbericht, Fachserie 18, Reihe 1.3, Stuttgart 1989.

Steden, Werner: Abschreibungen in der Volkswirtschaftlichen Gesamtrechnung der Bundesrepublik, in: Jahrbücher für Nationalökonomie und Statistik, Band 186 (1971/72), S. 217 ff.

Stobbe, Alfred (I): Wirtschaftskreislauf und Sozialprodukt, in: Kompendium der Volkswirtschaftslehre, Band 1, herausgegeben von Werner Ehrlicher, Ingeborg Esenwein-Rothe u. a., 5., überarbeitete und ergänzte Auflage, Göttingen 1975, S. 16 ff.

Stobbe, Alfred (II): Volkswirtschaftliche Gesamtrechnung, in: Handwörterbuch der Wirtschaftswissenschaft (HdWW), Achter Band, herausgegeben von Willi Albers, Karl Erich Born u. a., Stuttgart, New York u. a. 1980, S. 368 ff.

Stobbe, Alfred (III): Volkswirtschaftslehre I, Volkswirtschaftliches Rechnungswesen, Sechste, revidierte Auflage, Berlin, Heidelberg u. a. 1984.

Stock, Gerhard: Kostenstrukturerhebungen im Bergbau und im Verarbeitenden Gewerbe, in: Wirtschaft und Statistik, N. F., 35. Jg. (1983), S. 678 ff.

Ein System volkswirtschaftlicher Gesamtrechnungen und Ergänzungstabellen, Statistische Studien der Vereinten Nationen, herausgegeben vom Institut für international vergleichende Wirtschafts- und Sozialstatistik an der Universität Heidelberg, Heft 3, Freiburg i. B. o. J.

Szameitat, Klaus: Die Haushaltung als wirtschaftende Einheit und ihre statistische Erfassung, in: Allgemeines Statistisches Archiv, 39. Band (1955), S. 312 ff.

United Nations: A System of National Accounts, Studies in Methods, Series F, No. 2, Rev. 3, New York 1968.

Wagenführ, Rolf: Einige Bemerkungen zur industriellen Produktionsstatistik, in: Allgemeines Statistisches Archiv, 50. Band (1966), S. 69 ff.

Weber, Helmut Kurt (I): Die Bedeutung der betrieblichen Wertschöpfungsrechnung, in: Unternehmen und Gesellschaft, Festschrift zum 75. Geburtstag von Wilhelm Hasenack, herausgegeben von Hans-Joachim Engeleiter in Gemeinschaft mit Klaus Bar-tölke, Wilhelm Bierfelder u. a., Herne und Berlin 1976, S. 33 ff.

Weber, Helmut Kurt (II): Wertschöpfungsrechnung, Stuttgart 1980.

Wedell, Harald: Die Wertschöpfung als Maßgröße für die Leistungskraft eines Unternehmens, in: Der Betrieb, 29. Jg. (1976), S. 205 ff.

Weinstock, Helmut: Die Wertschöpfung der Versicherungsunternehmungen, Untersuchungen zu einem Merkmal für die Messung der Unternehmungskonzentration, Berlin 1986.

Werner, Kurt: Die Industriestatistik der Bundesrepublik Deutschland, Zweite, neubearbeitete Auflage, Berlin 1965.

Wirtschaftsprüfer-Handbuch 1985/86, Handbuch für Rechnungslegung, Prüfung und Beratung, Band I, bearbeitet von Wolfgang Dieter Budde, Wolfgang Dörner u. a., herausgegeben vom Institut der Wirtschaftsprüfer in Deutschland e. V., 9. Auflage, Düsseldorf 1985.

Wissenschaftlicher Beirat beim Bundesministerium der Finanzen: Gutachten zur Aussagefähigkeit staatswirtschaftlicher Quoten, in: Bulletin, Nr. 90 vom 30. Juli 1976, S. 849 ff.

Wöhe, Günter: Einführung in die Allgemeine Betriebswirtschaftslehre, 16., überarbeitete Auflage, München 1986.

Zeitel, Gerhard: Zur Unterscheidung zwischen direkten und indirekten Steuern in der volkswirtschaftlichen Gesamtrechnung, in: Konjunkturpolitik, Zeitschrift für angewandte Konjunkturforschung, 4. Jg. (1958), S. 336 ff.

FSC
www.fsc.org
MIX
Papier | Fördert
gute Waldnutzung
FSC® C083411

Kolibri 360 GmbH
Ferdinand-Jühlke-Straße 7
99095 Erfurt, Deutschland
produktsicherheit@kolibri360.de

Druck:
CPI Druckdienstleistungen GmbH
im Auftrag der
Kolibri 360 GmbH
Ferdinand-Jühlke-Str. 7
99095 Erfurt